図説
北条氏康

黒田基樹 著

戎光祥出版

はじめに

戦国北条《ほうじょう》家五代のうち、最も「名将」として評価が高いのは、三代目の北条氏康《うじやす》であることは衆目の一致するところであろう。しかも、その評価は後世だけでなく、すでに当時、京都宗教界の代表的存在から「今代天下無双《こんだいてんかむそう》の覇主《はしゅ》」といわれていて、いわば〝最も優れた戦国大名〟と評されているのであった。すなわち、北条氏康は戦国大名のなかの戦国大名、現代風にいうならば「ミスター戦国大名」ともいうべき存在であった、といいうる。

ところが、北条氏康について容易に入手でき、かつ良質な内容の評伝書はいまだみられない。私は近年、戦国北条家歴代である「宗瑞《そうずい》・氏綱《うじつな》・氏政《うじまさ》・氏直《うじなお》」の四代については上梓してきたが、氏康についてだけは、いまだ刊行していない。氏康の本格的な評伝書はもう少し時間が必要であると思っている。検討すべき問題がいくつか残っているからである。しかし、それまで氏康について容易に入手できる良質の評伝書が存在しない、というのは、戦国北条家について関心を寄せている方々にとって、好ましくないだろうと考えた。

そこで今回、『図説 北条氏康』というかたちで、氏康のわかりやすい評伝書を刊行することにした。本格的な評伝書は、おそらく本書の倍の分量を必要とする。本書はそれまでの繋ぎの役割を果たしてくれるだろう。しかし、それだけでなく独自の役割も果たすことになる。本書の特徴として、戎光祥出版の図説シリーズであることから、豊富な写真と地図を掲載している。本文も氏康の生涯について、ほど詳しく把握するには適当な分量である。そのため、氏康の生涯を容易に把握することができるものとして最適な書籍であると思う。

氏康の生涯は五十七年におよび、天文十年（一五四一）に家督を相続してから事蹟が豊富になるが、それからでも満三〇年である。その期間、満遍なくその動向を叙述することは、本書の分量では難しかった。そのため、氏康の動向については家督の時期はもちろんだが、永禄二年（一五五九）末に嫡男氏政に家督を譲って隠居の立場になってからも、同八年までは北条家の軍事行動について主宰していたため、それまでの時期を可能な範囲で詳述することにした。なかでも、天文年間（一五三二～五五）終わりから弘治年間（一五五五～五七）の動向については、私自身、十分に整理してきていない部分で、本書はそれについて初めて行ったものである。

もっとも、氏康の生涯の特徴は領国統治という政治と、軍事・外交の両面を見事に両立させていたことにある。しかし本書では、残念ながら分量の都合からすべてについて詳しく取り上げることができなかった。そのため、前者は最重要の事柄を簡潔にしか取り上げていないので、詳細は『戦国大名の危機管理』（角川ソフィア文庫）・『戦国北条家の判子行政』（平凡社新書）を参照していただきたい。後者は永禄八年までを中心にしているので、それ以降は『関東戦国史』『戦国関東覇権史』（ともに角川ソフィア文庫）を参照していただきたい。それらをあわせ読むことで、氏康の生涯をさらに深く認識していただけることであろう。

北条氏康の生涯をあらためてとらえてみると、まさに波乱の一語に尽きる。そこでは幾多の困難を一つずつ乗り越えていった感を抱く。本書によって、北条氏康の生涯について多くの方々がその魅力を感じていただけることを望みたい。

二〇二四年六月

黒田基樹

【目次】

I　誕生から家督継承まで

永正十二年（1515）～天文十二年（1543）

紅裾濃縅腹巻　個人蔵
画像提供：大阪狭山市教育委員会

Ⅱ 関東・東海での軍事行動、唯一の関東管領へ
天文十二年（1543）～天文二十一年（1552）

北条家陣羽織
神奈川県立歴史博物館蔵

Ⅲ 長尾景虎との戦いと古河公方の擁立

天文二十一年（1552）〜永禄二年（1559）

Ⅳ 関東制覇の野望と氏政への家督譲渡

永禄二年（1559）〜永禄八年（1565）

伝北条氏規使用の腹巻
小田原城天守閣蔵

虎印判

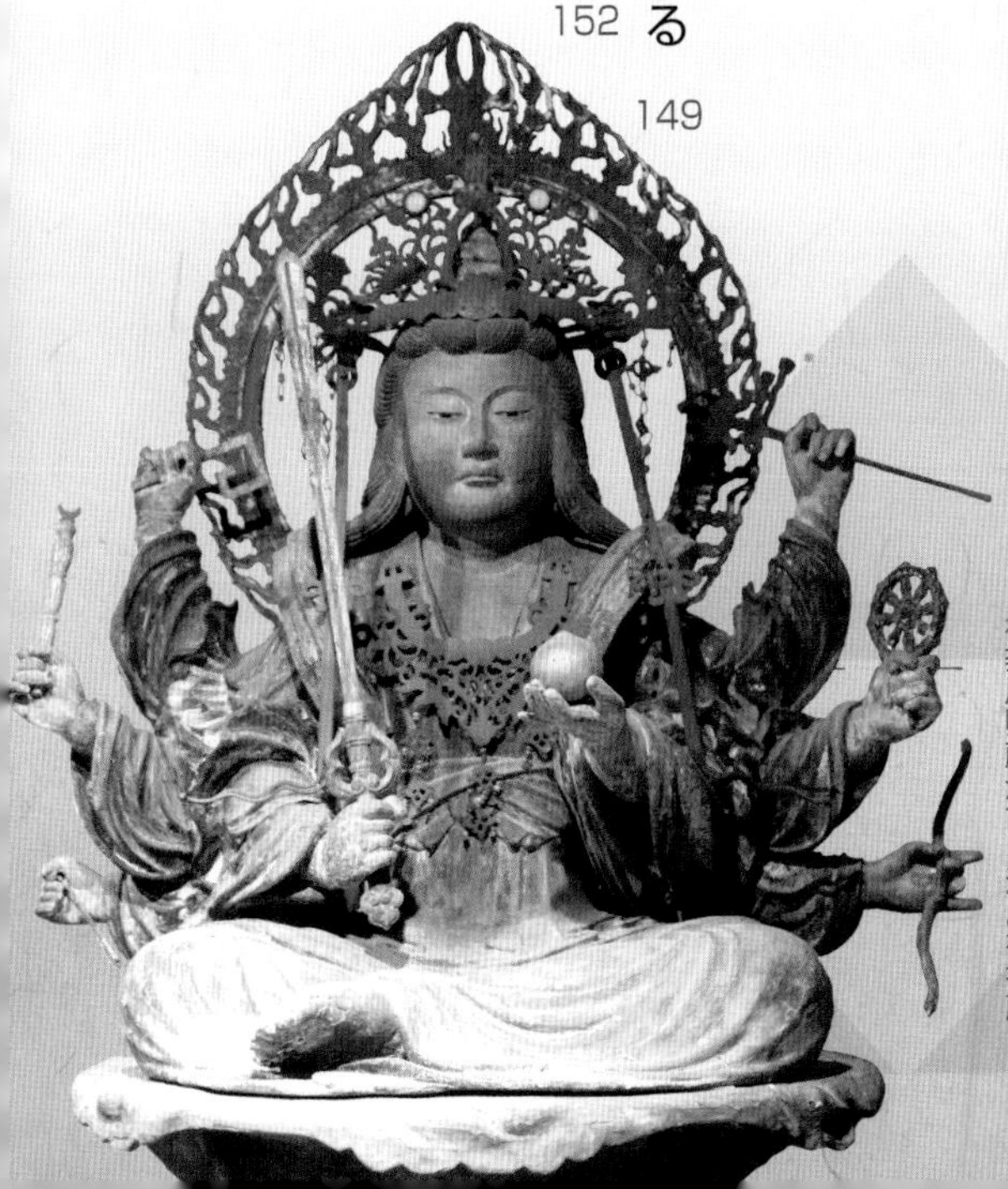

八臂弁財天坐像
神奈川県藤沢市・江島神社蔵

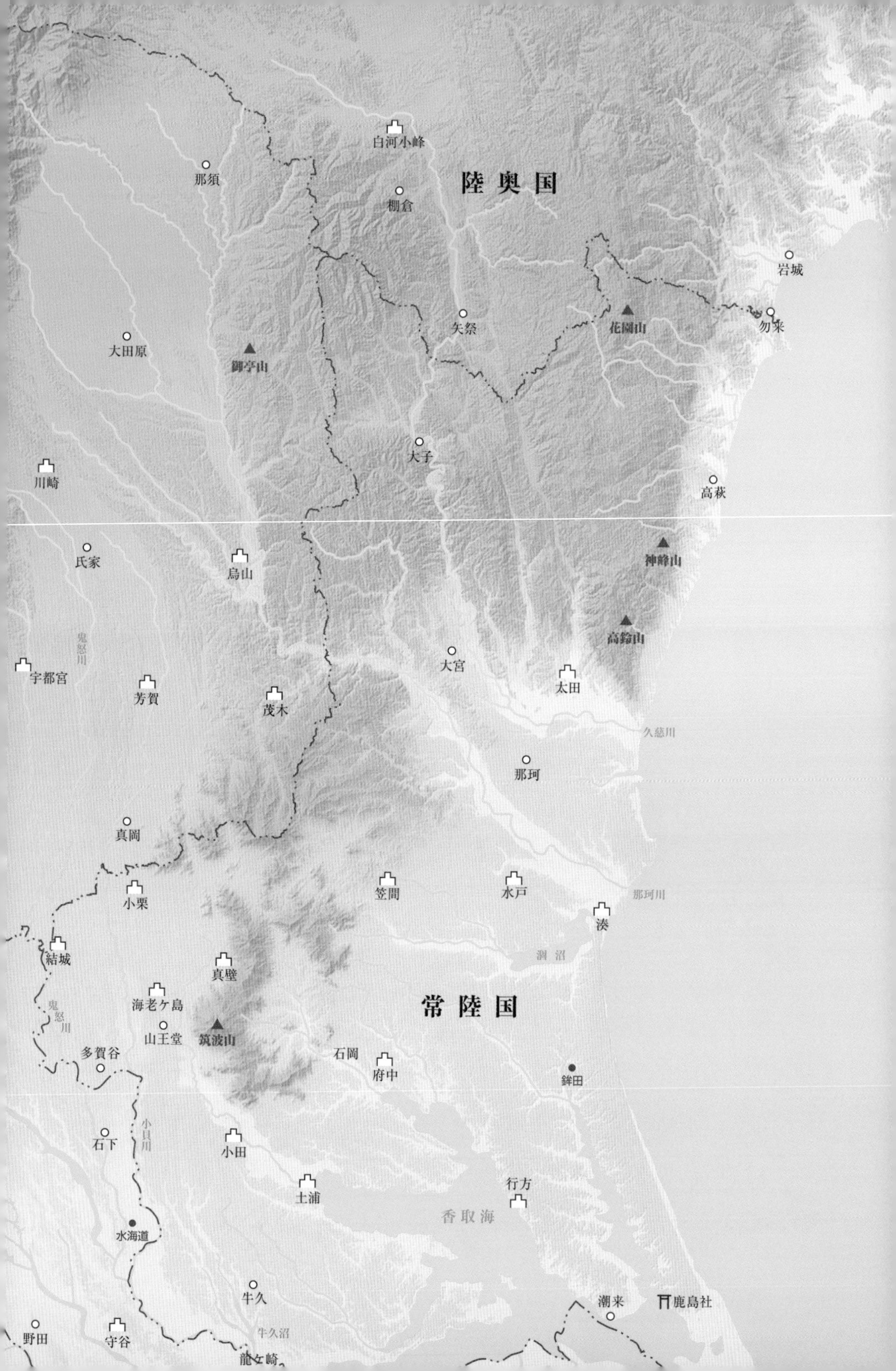

陸奥国
白河小峰
那須
棚倉
岩城
勿来
矢祭
花園山
大田原
御亭山
大子
川崎
高萩
氏家
烏山
神峰山
鬼怒川
宇都宮
芳賀
茂木
大宮
高鈴山
太田
久慈川
那珂
真岡
小栗
笠間
水戸
那珂川
湊
結城
涸沼
真壁
常陸国
海老ケ島
鬼怒川
山王堂
筑波山
多賀谷
石岡
府中
鉾田
石下
小貝川
小田
土浦
行方
香取海
水海道
牛久
潮来
鹿島社
野田
守谷
牛久沼
龍ケ崎

戦国時代の関東地図（北部）
越後国
太郎山
高原山
下野国
武尊山
男体山
中禅寺湖
日光
塩谷
沼田
多気山
鹿沼
赤城山
白井
榛名山
利根川
厩橋
大胡
鹿田
桐生
栃木
上野国
鑁阿寺
板鼻
和田
島名
阿内
足利
赤見
小山
高崎
滝
伊勢崎
金山
太田
矢場川
勧農
渡良瀬川
佐野
思川
山名
倉賀野
福島
世良田
館林
本庄
神流川
藤岡
大塚
五十子
蓮沼
舞木
長井
古河
深谷
下総国
御嶽
針谷原
羽生
荒川
栗橋
畠山
熊谷
忍
高柳
関宿
村岡
騎西
鉢形
塚田
奈良梨
武蔵国
松山
久喜
吉見
須賀谷
高野渡
石戸
高坂
秩父
浅羽
毛呂
日野
坂戸
岩付

戦国時代の関東地図（南部）

河越
入間川
大宮
見沼
飯能
志木
蕨
入間
膝折宿
勝沼
所沢
赤塚
奥多摩
青梅
岩淵
(稲付)
王子
多摩川
村山
平塚
隅田
二宮
立川
浅草
中野
滝山
府中
江戸
由井
高幡
隅田川
八王子
関戸
世田谷
小沢
品川
甲斐国
武蔵国
津久井
都築
丸子
奥三保
町田
川崎
多摩川
当麻
鶴見川
権現山
丹沢山
大山
七沢
厚木
小机
本牧
横浜
糟屋
相模国
戸塚
足柄峠
大庭
玉縄
松田
秦野
岡崎
大船
金沢
富士山
関本
曾我
平塚
懐島
藤沢
鶴岡八幡宮
六浦
深沢
南足柄
篠窪
花水川
相模川
境川
鎌倉
逗子
横須賀
御殿場
竹ノ下
足柄
沼田
二宮
片瀬
酒匂
湯本
小田原
酒匂川
衣笠
浦賀
駿河国
箱根山
相模湾
三崎
箱根峠
真鶴
三島
沼津
狩野川
韮山
駿河湾
堀越御所
修善寺
伊東
土肥
伊豆国
河津
大島

Ⅰ 誕生から家督継承まで

永正十二年（1515）～天文十二年（1543）

北条氏綱の長男として小田原城で誕生か

北条氏康《ほうじょううじやす》は、永正十二年（一五一五）に、伊勢氏綱《いせうじつな》の長男として生まれた。母は氏綱正妻の養珠院殿《ようしゅいんでん》（「横井《よこい》北条相模守《さがみのかみ》」の娘と伝えられる）と推定される。幼名は「伊豆千代丸《いずちよまる》」と名付けられ、おそらく、誕生と同時に氏綱の嫡男に定められたと思われる。

氏康の誕生時、伊勢家の当主は氏綱の父、氏康には祖父にあたる宗瑞《そうずい》であり、本拠も伊豆韮山《にらやま》城（静岡県伊豆の国市）に置かれていた。ただし、父の氏綱はこれ以前から（永正七年頃か）相模支配を担って、相模西郡の小田原《おだわら》城（神奈川県小田原市）を本拠にしていたと思われるから（拙著『北条氏綱』）、氏康はそこで誕生した可能性が高い。

まずは、氏康のきょうだいについて触れておきたい。氏康には、弟に某《ぼう》（早世、永正十四年頃生まれ）・為昌《ためまさ》（彦九郎《ひこくろう》、永正十七年生まれ）・氏尭《うじたか》（左衛門佐《さえもんのすけ》、大永二年〈一五二二〉生まれ）、姉妹に浄心院《じょうしんいん》（太田資高《おおたすけたか》妻、永正九年頃生まれ）・大頂院殿《だいちょういんでん》（北条綱成《つなしげ》妻、永正十四年頃生まれ）・吉良頼康《きらよりやす》妻（永正十七年頃生まれ）・山木大方《やまきおおかた》（堀越六郎《ほりこしろくろう》妻・高源院殿《こうげんいんでん》、大永三年頃生まれ）・芳春院殿《ほうしゅんいんでん》（足利晴氏《あしかがはるうじ》妻、大永四年頃生まれ）・ちよ（葛山氏元《かずらやまうじもと》妻、大永六年生まれ）の存在が確認されている。いずれも母は判明しないが、次男某と三男為昌は氏康の同母弟である可能性が高い。その他は養珠院殿以外から生まれた庶出《しょしゅつ》と推定され、そのなかでも芳春院殿の母は、家老で武蔵江戸《むさしえど》城代の遠山直景《とおやまなおかげ》の娘である可能性が高い（浅倉直美「北条家の繁栄をもたらし

北条早雲の銅像◆氏康の祖父、伊勢宗瑞の像で、以前、軍記物の記述から伊勢宗瑞は北条早雲と呼ばれていた　神奈川県小田原市・JR小田原駅前

た氏康の家族」拙編『北条氏康とその時代』所収）。

四歳のときの永正十五年二月八日に、祖父の宗瑞から伊豆千代丸宛で、守《まもり》（護符《ごふ》）を伝授された置文《おきぶみ》を与えられたこと、同時に太刀《たち》も伝授されたことが伝えられている。

置文では、それらの守を所持する者が伊勢家の家督であると取り決められているため、氏康はそれらの伝授によって公式に氏綱の嫡男に定められたと思われる。もっともそれらを示す典拠史料は後世の作成であるため、必ずしも事実としては確定されていない。ただし、江戸時代初期の寛永年間（一六二四～四四）には、氏康の四男氏規《うじのり》の子孫である狭山《さやま》北条家に伝承されていることからすると、まったくの創作でもなかったようだ。

北条氏綱画像◆氏康の父で、「勝って甲の緒をしめよ」の格言を氏康に遺したことでも知られる。正座姿で描かれた肖像は珍しい　神奈川県箱根町・早雲寺蔵

小田原城址公園の堀と桜　神奈川県小田原市

氏綱が伊勢から北条へ改称。元服して「北条氏康」と名乗る

永正十六年（一五一九）の四月から六月の間に、伊勢家の家督は宗瑞から氏綱に譲られた。それにともなって伊勢家の本拠は、氏綱が在城する小田原城とされた。そして、同年八月十五日に宗瑞が六四歳で死去したことにより氏康は伊勢家の嫡男となった。氏綱は家督を継ぐと、自らを「相模国主《こくしゅ》」として位置付け、それにふさわしく相模の有力寺社の復興をすすめていった。大永三年（一五二三）六月十二日には相模箱根《はこね》権現社宝殿《ごんげんしゃほうでん》を再建し、その際の棟札《むなふだ》には氏綱に続いて「嫡男伊豆千代丸」と、氏康の名が記されている。これは氏康の名を記す、当時の史料としての初見である。

氏綱は同年七月から九月までの間に、苗字を伊勢氏から北条氏に改称した。鎌倉時代の「相模国主」であった鎌倉幕府執権《しっけん》北条氏に擬《なぞら》え、その家名を継承する体裁をとったのである。そして、それを契機に関東の政治秩序の中核に位置していた上野《こうずけ》（現、群馬県）を本国とする関東管領《かんとうかんれい》・山内上杉《やまのうちうえすぎ》家と、武蔵江戸城（東京都千代田区）を本拠にする扇谷上杉《おうぎがやつうえすぎ》家の両上杉家に対し敵対姿勢を明示して、それらの領国へ本格的な侵攻を展開した。

もっとも苗字改称は、当初は当主の氏綱のみであったらしい。翌々年の大永五年八月、氏康は公家の飛鳥井雅綱《あすかいまさつな》から蹴鞠伝授書《けまりでんじゅしょ》を与えられているが、そこでは「伊勢伊豆千代丸」宛になっている。氏康が北条苗字に改称した時期は判明しないが、こののち元服《げんぷく》までには改称したと考えられる。これにより、氏康は年少時から戦国大名家の嫡男にふさわしく、さまざまな教養を修得していたことがうかがえる。

一三歳のときの大永七年七月十七日、母と推定される養珠院殿が死去した。氏綱はその後、享禄四年（一五三一）七月から翌年の天文元年（一五三二）四月までの間に、公家《くげ》筆頭の摂《せっ》

箱根神社◆明治以前は「箱根権現」と呼ばれ、北条家をはじめとした大名や武士・商人たちの絶大な信仰を集めた　神奈川県箱根町　写真提供：箱根神社

関家《かんけ》・近衛尚通《このえひさみち》の娘「北の藤《きたのふじ》」（勝光院殿《しょうこういんでん》、稙家《たねいえ》の姉）を新たな正妻に迎え、その後、北条家の「御前様《ごぜんさま》」として存在していく（天文二十三年死去）。おそらく、氏康は北の藤と養子縁組みを行い、これにより北の藤が新たな母になったのだろう。

そして氏康は、一五歳のときの享禄二年末から一六歳になった同三年初め頃に元服したと思われる。仮名《けみょう》は北条家当主歴代の「新九郎《しんくろう》」を称し、実名《じつみょう》は「氏康」を名乗った。元服時期は明確ではないが、その時期に氏綱が従五位下《じゅごいのげ》・左京《さきょうの》大夫《だいぶ》に叙位《じょい》任官している。それは氏康の元服にともない、仮名新九郎を氏康に襲名させるためと考えられる。享禄二年から同四年にかけての史料で、連歌師《れんがし》の柴屋軒宗長《さいおくけんそうちょう》が小田原を来訪した際に催された連歌会《れんがえ》の交名《きょうみょう》（名簿）に、氏康の名が記されている。元服後は、そうした行事に参加するようになっていった。

上：相模箱根権現社宝殿の棟札◆大永３年に氏綱が復興した箱根権現宝殿（現在の箱根神社）に残されている棟札　右は「木刀並びに馬一疋」「嫡男 伊豆千代丸」の文字が記されている部分を拡大したもの　写真提供（2枚とも）：神奈川県箱根町・箱根神社

兜鉢◆小田原市小八幡で出土した三十二間筋兜。かなり著名な人物が使用していたと推定されている　小田原市郷土文化館蔵

小沢原合戦で初陣を飾る。今川氏親の娘（瑞渓院殿）と結婚

氏康は元服に続いて初陣《ういじん》を遂げたとみられるが、正確な内容は判明していない。江戸時代成立の軍記《ぐんき》史料は、享禄三年（一五三〇）六月十二日の武蔵小沢原合戦《おざわがはら》（東京都稲城市）と伝える（「異本小田原記《いほんおだわらき》」）。もっとも、同合戦は当時の史料で確認ができず事実として確定できないが、同年正月に扇谷上杉家により武蔵江戸領の小沢城（同稲城市）と世田谷城《せたがや》（同世田谷区）が攻略されているから政治状況としては矛盾せず、その可能性はあるだろう。時に一六歳のことであった。

天文元年（一五三二）四月二十六日、すでに氏綱は北の藤と結婚していたようで、それにともなって氏綱は近衛尚通とその家族に進物《しんもつ》している。そこでは氏康と氏綱の娘（誰にあたるのかは不明）も同様に進物している。こうして氏康は、氏綱の嫡男として京都政界とも交流するようになった。同三年六月五日からは氏綱に同行して鎌倉鶴岡八幡《かまくらつるがおかはちまん》宮《ぐう》に社参し、同四年八月二十二日の甲斐山中合戦《かいやまなか》、同年十月十五日の武蔵河越《かわごえ》（埼玉県川越市）の入間川合戦《いるまがわ》では、いずれも氏綱と並んで一軍の将として参戦している。[*1] この頃から、氏綱の嫡男としての活動が顕著になっている。

天文四年、氏康は駿河今川氏輝《するがいまがわうじてる》の妹（氏親《うじちか》の三女）・瑞渓院殿《ずいけいいんでん》と結婚したと思われる。その時期は不明だが、翌同五年二月に今川家当主で瑞渓院殿の兄氏輝が舅成《しゅうとなり》訪問として小田原を来訪しているので、結婚はその直前の天文四年暮れから同五年初めであったろう。天文四年であれば氏康は二一歳、瑞渓院殿の年齢は判明しないが、氏康より三歳下の永正十五年（一五一八）生まれと推定されるので、[*2] 一八歳くらいであったと思われる。瑞渓院殿の母は、今川氏親正妻の寿桂尼《じゅけいに》（中御門宣胤《なかみかどのぶたね》の娘）であろう。

氏康と瑞渓院殿の間には、その後、天文六年に長男氏親《せいどうまる》（西堂丸《せいどうまる》か・新九郎）、同八年に次男氏政《うじまさ》（松千代丸《まつちよまる》か・新九郎・左京大夫・相模守・截流斎《せつりゅうさい》）、同十一年に三男氏照《うじてる》（藤菊丸《ふじきくまる》・源《げん》三《ぞう》・陸奥守《むつのかみ》）、同十四年に四男氏規《うじのり》（助五郎《すけごろう》・左馬助《さまのすけ》・美濃守《みののかみ》・一睡《いっすい》）、同十六年頃に四女早川《はやかわ》殿《どの》（蔵春院殿《ぞうしゅんいんでん》、今川氏真《うじざね》妻）が生まれている。

ちなみに、瑞渓院殿以外から生まれたとみられる氏康の子供としては、五男氏邦《うじくに》（天文十七年生まれ、乙千代丸《おとちよまる》・新太郎《しんたろう》・安房守《あわのかみ》、母は家臣三山綱定《さんやまつなさだ》の姉妹か）、六男景虎《かげとら》（天文二十三年生まれ、西堂丸・三郎、母は家臣遠山康光《やすみつ》妻の妹か）、長女七曲殿《ななまがりどの》（新光院殿《しんこういんでん》、北条氏繁《うじしげ》妻）、次女千葉親胤《ちばちかたね》妻、三女長林院《ちょうりんいん》（太田氏資《うじすけ》妻）、五女浄光院殿《じょうこういんでん》（足利義氏《よしうじ》妻）、六女桂林院殿《けいりんいんでん》（武田勝頼《たけだかつより》妻、永禄七年〈一五六四〉生まれ）、などが確認されている。ただし、この娘たちの生年についてはほとんど判明していない。

勝坂◆氏康が小沢原合戦で勝利を収めた際に「勝った、勝った」と叫んで駆け上った坂と伝える　川崎市麻生区

右頁：北條五代祭り◆写真提供：小田原市

＊1『北区史資料編古代中世2』

＊2拙著『北条氏康の妻　瑞渓院』

左中：隠れ谷◆小沢城に立て籠もっていた北条氏康は、夜陰に乗じて軍勢を動かし上杉軍を敗走させた。その際、軍勢を隠したのがこの地と伝える。現在は住宅地であるが、一帯は高低差が激しい地形で、十分にその伝承も頷ける。なお、小沢城の比定地は諸説ある　川崎市麻生区

左下：小沢城の空堀と物見台跡◆川崎市多摩区

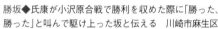

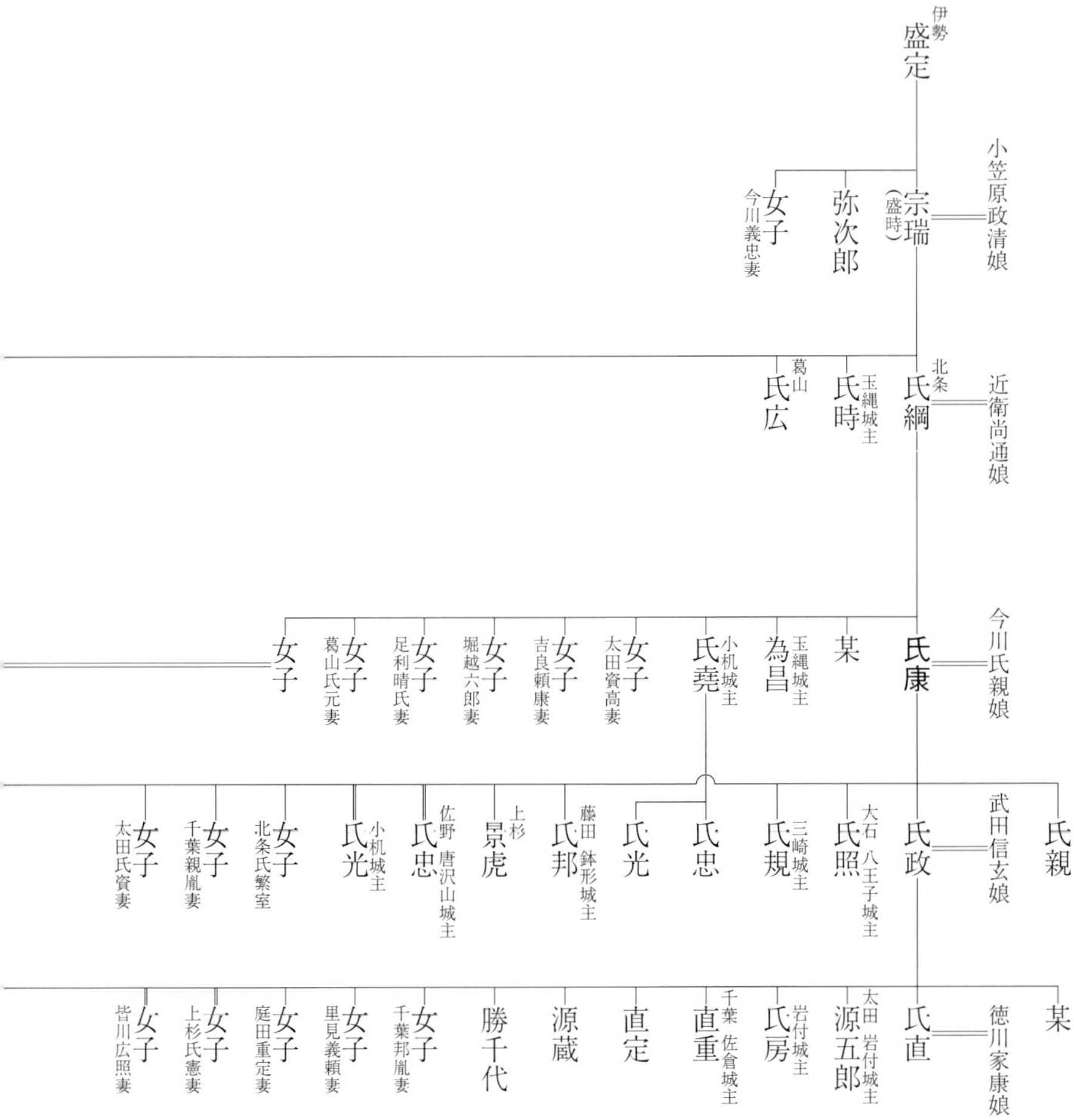
伊勢
盛定
小笠原政清娘
宗瑞
（盛時）
弥次郎
女子
今川義忠妻
近衛尚通娘
北条
氏綱
玉縄城主
氏時
葛山
氏広
今川氏親娘
氏康
某
玉縄城主
為昌
小机城主
氏尭
女子
太田資高妻
女子
吉良頼康妻
女子
堀越六郎妻
女子
足利晴氏妻
女子
葛山氏元妻
女子
氏親
武田信玄娘
氏政
大石 八王子城主
氏照
三崎城主
氏規
氏忠
氏光
藤田 鉢形城主
氏邦
上杉
景虎
佐野 唐沢山城主
氏忠
小机城主
氏光
女子
北条氏繁室
女子
千葉親胤妻
女子
太田氏資妻
某
徳川家康娘
氏直
太田 岩付城主
源五郎
岩付城主
氏房
千葉 佐倉城主
直重
直定
源蔵
勝千代
女子
千葉邦胤妻
女子
里見義頼妻
女子
庭田重定妻
女子
上杉氏憲妻
女子
皆川広照妻

北条家略系図

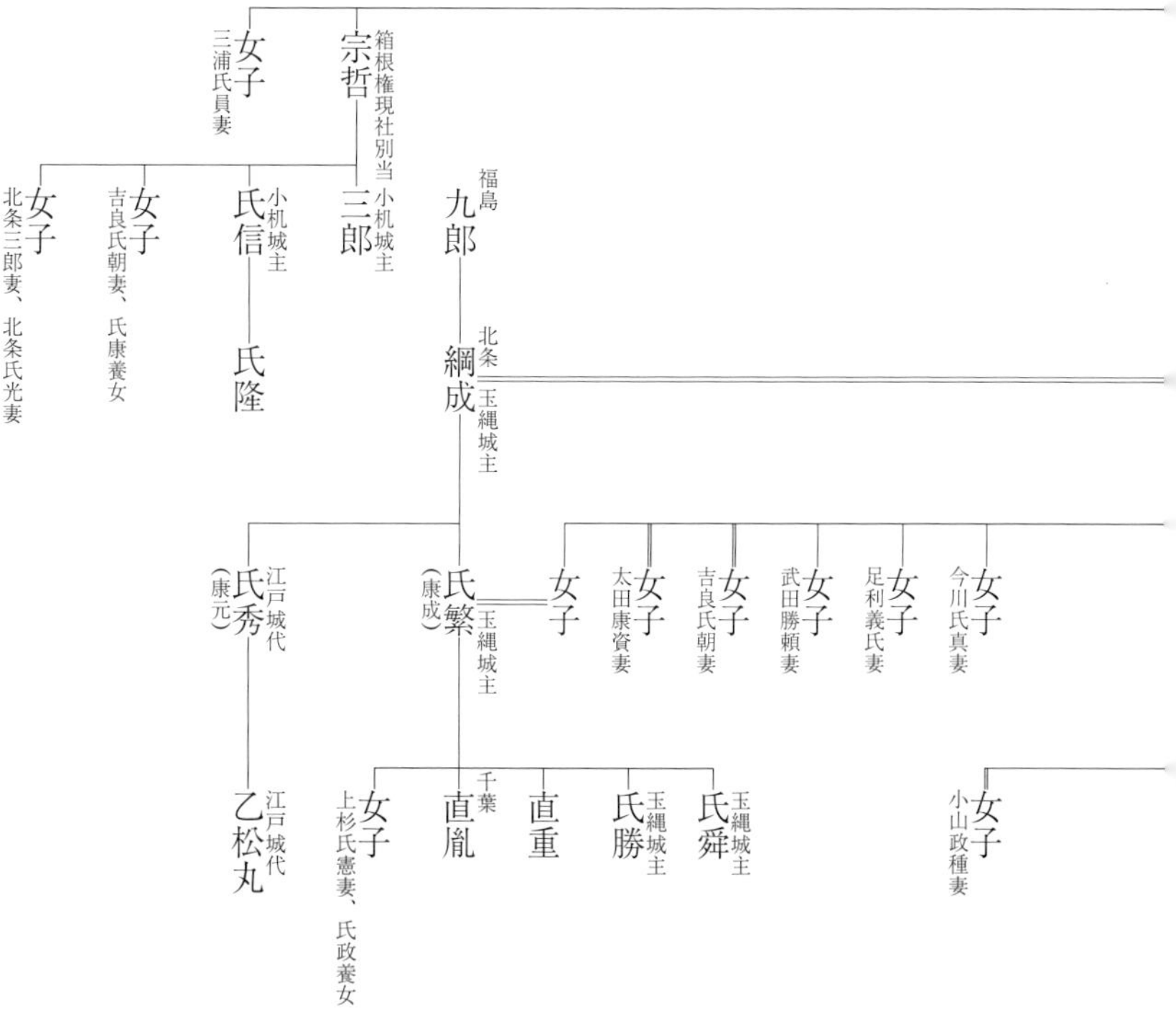
宗哲 箱根権現社別当
女子 三浦氏員妻
九郎 福島
三郎 小机城主
氏信 小机城主
女子 吉良氏朝妻、氏康養女
女子 北条三郎妻、北条氏光妻
氏隆
綱成 北条 玉縄城主
女子 今川氏真妻
女子 足利義氏妻
女子 武田勝頼妻
女子 吉良氏朝妻
女子 太田康資妻
女子
氏繁（康成） 玉縄城主
氏秀（康元） 江戸城代
女子 小山政種妻
氏舜 玉縄城主
氏勝 玉縄城主
直重
直胤 千葉
女子 上杉氏憲妻、氏政養女
乙松丸 江戸城代

花蔵の乱で今川義元を支援するも絶交、駿河河東地域を占領

天文五年（一五三六）二月に、義兄にあたる今川氏輝が小田原を訪問した際、十四日に氏輝に同行してきた公家で歌人の冷泉為和《れいぜいためかず》を招き、私邸で和歌会を催している。これにより、小田原城内に本屋形《ほんやかた》や氏綱屋敷とも別に、氏康の屋敷が構えられていたことがわかるが、おそらく結婚にともなって建てられたのだろう。

今川家は、当時の北条家にとって唯一の同盟関係にある戦国大名で、かつ隣接して存在する関係にあった。しかし、同年三月に当主氏輝とその同母弟の氏辰《うじとき》（彦五《ひこご》郎《ろう》）が死去したことで家督をめぐる内乱（花蔵《はなぐら》の乱）が起こり、氏綱の全面的支援によって義元《よしもと》（氏親三男）が勝利した。

ところが、その義元は同六年二月に、それまで今川・北条両家が抗争していた甲斐武田信虎《のぶとら》と攻守軍事同盟を成立させた。氏綱はそれに反発して今川家と絶交、その領国の駿河河東《かとう》地域への侵攻を開始して同地域を占領した（河東一乱《いちらん》）。これにより北条家は、祖父宗瑞以来、親密な関係にあった今川家と抗争関係になった。

一方、武蔵河越の扇谷上杉家との抗争も激化し、七月十五日にその本拠の河越城を攻略した。それから八日後の二十三日、氏康は氏綱と連署《れんしょ》して鎌倉鶴岡八幡宮に社領として河越領の佐々目《ささめ》郷（さいたま市・埼玉県戸田市）を寄進しているが、これも戦勝祈願の成就をうけてのことであった。氏康も河越城攻略戦に参戦していたことがわかり、これが氏康の発給文書としての初見である。このときは氏綱との連署であったが、翌七年正月には、単独で相模大山寺八大坊《おおやまでらはちだいぼう》（神奈川県伊勢原市）に諸《しょ》役《やく》停止の制札《せいさつ》を出している。こうして氏康は、北条家の領国統治に明確に参加する

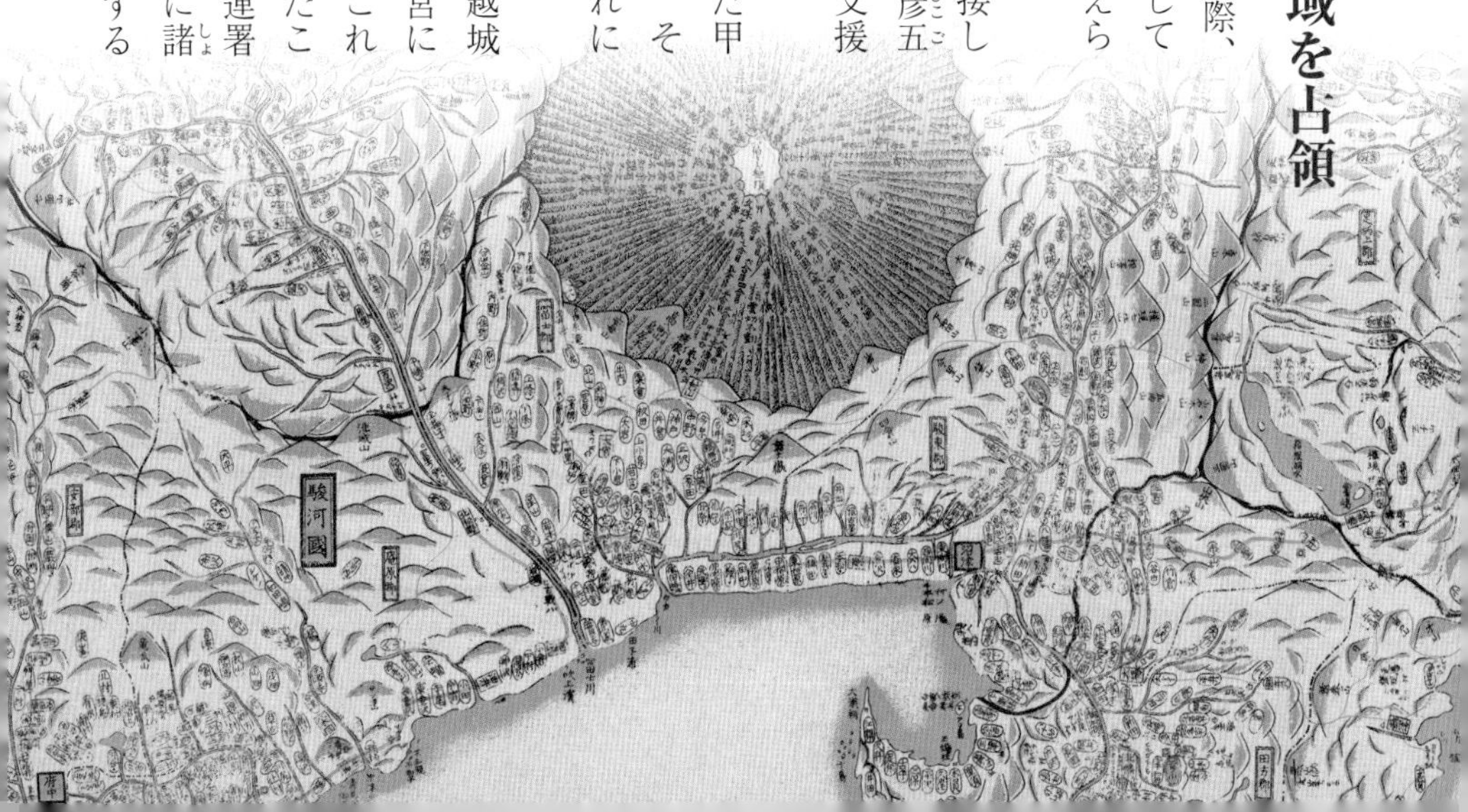

ようになった。

ちなみに、氏綱死去までの間では氏康単独による発給文書として、同八年十一月に家臣伊東《いとう》右馬允《うまのじょう》に官途《かんと》を与えたもの、同年十二月に武蔵江戸領六郷宝塔院《ろくごうほうとういん》（東京都大田区）に帰寺を承認したもの、同九年三月に駿河駿《すん》東郡《とうぐん》桃源院《とうげんいん》（静岡県沼津市）に禁制《きんぜい》を与えたものが確認されている。しかし、氏康がこの時期に領国統治でどのような役割を担っていたのかは、これらだけで明確にすることは難しい。

伝北条氏康画像◆個人蔵　写真提供：青梅市郷土博物館

上：駿府城跡（今川館）と静岡市街◆戦国大名今川氏代々の居館として名高い。駿府城跡は今川館の跡地に建てられた　静岡市葵区

右頁：駿州大地図◆中央の富士山の東側一帯が「河東」と呼ばれる地域である　個人蔵

足利氏（古河公方）系図

※丸数字は将軍、太字ゴシック数字は古河公方の代数。

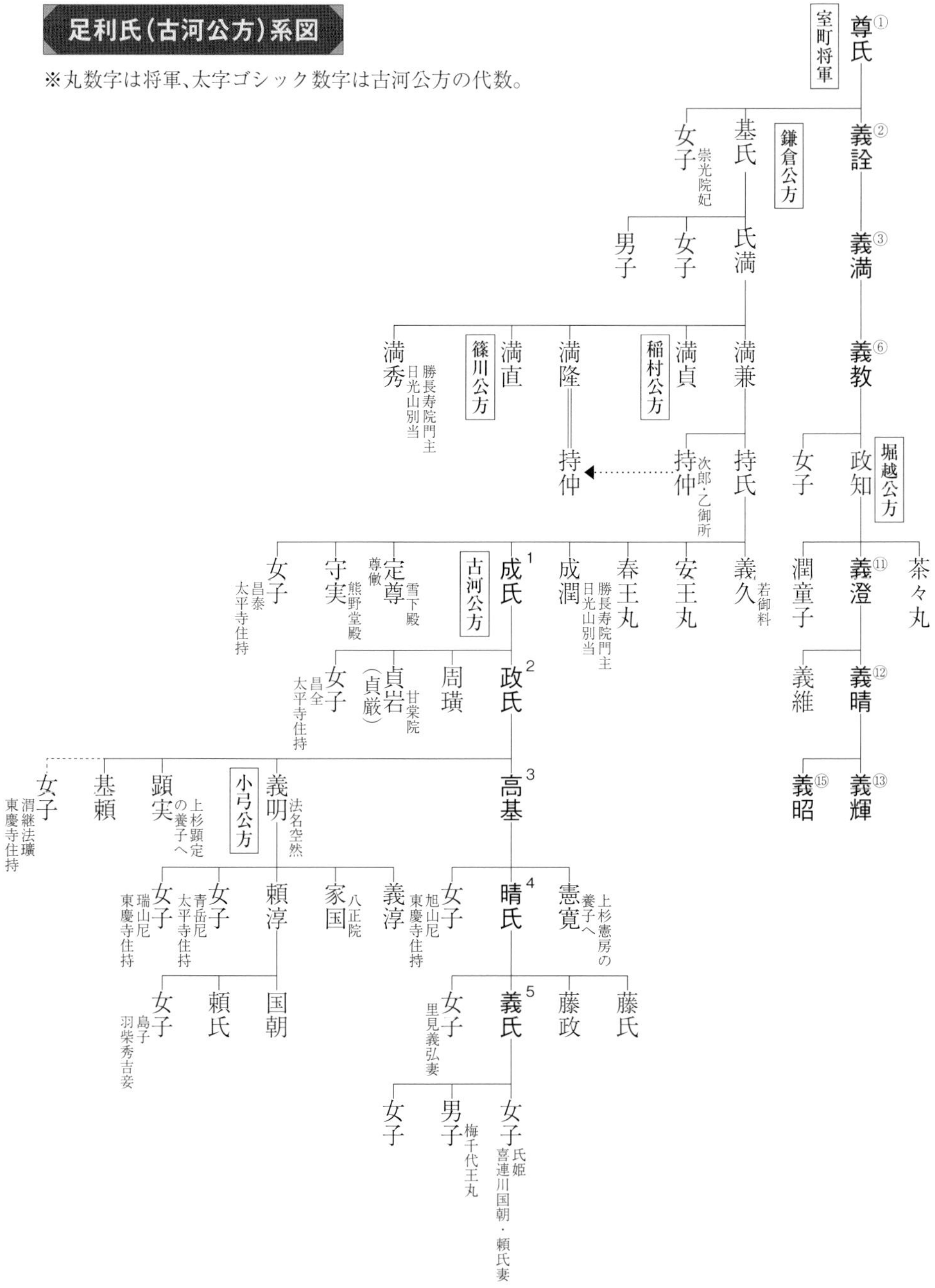

山内扇谷・上杉氏系図

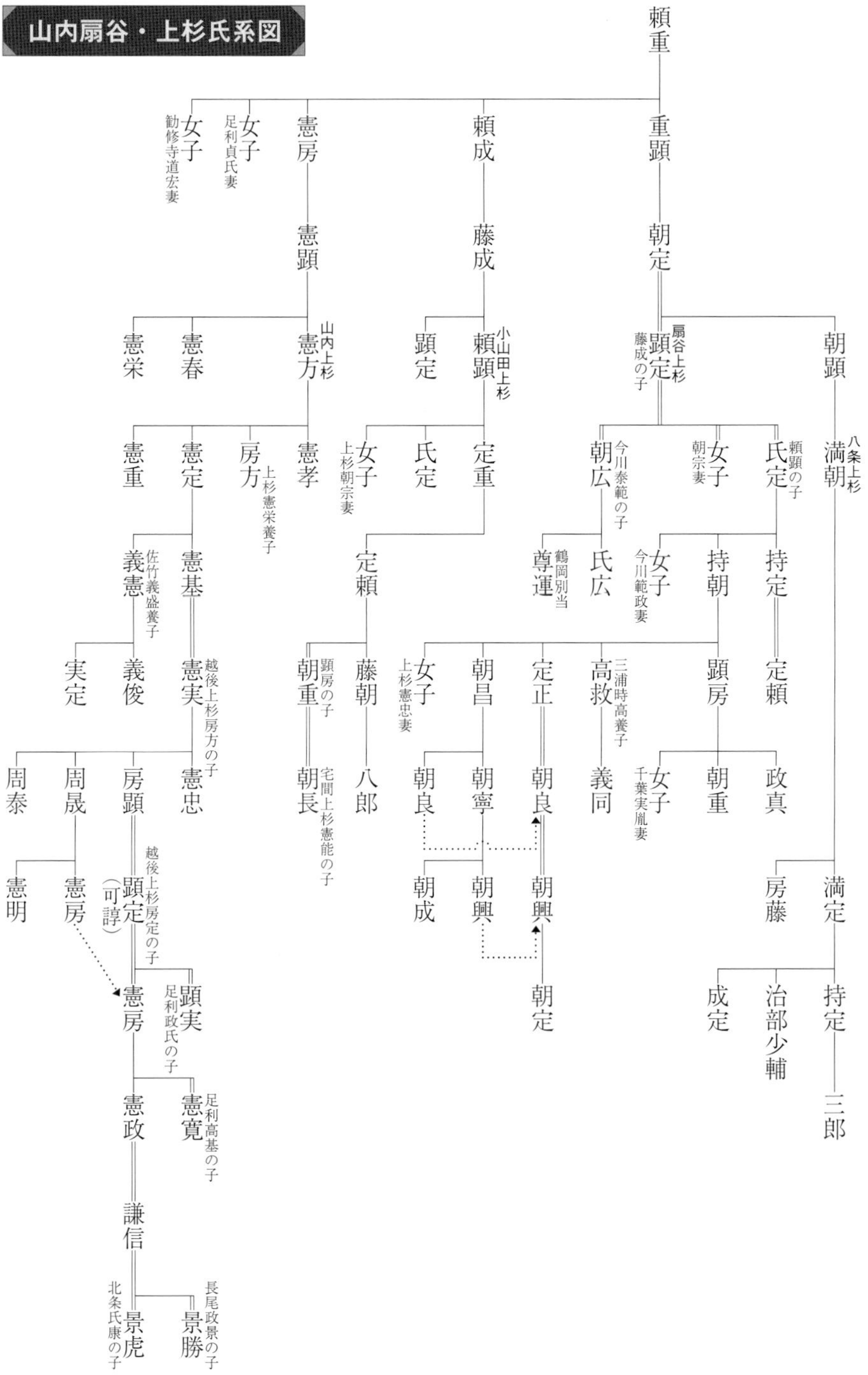
頼重
重顕
朝定
扇谷上杉
顕定
藤成の子
朝顕
八条上杉
満朝
頼成
藤成
小山田上杉
頼顕
顕定
憲房
憲顕
山内上杉
憲方
憲春
憲栄
女子
足利貞氏妻
女子
勧修寺道宏妻
朝広
今川泰範の子
女子
朝宗妻
氏定
頼顕の子
定重
氏定
女子
上杉朝宗妻
憲孝
房方
上杉憲栄養子
憲定
憲重
持定
持朝
女子
今川範政妻
氏広
尊運
鶴岡別当
定頼
憲基
義憲
佐竹義盛養子
定頼
顕房
高救
三浦時高養子
定正
朝昌
女子
上杉憲忠妻
藤朝
朝重
顕房の子
憲実
越後上杉房方の子
義俊
実定
政真
朝重
女子
千葉実胤妻
義同
朝良
朝寧
朝良
八郎
朝長
宅間上杉憲能の子
憲忠
房顕
周晟
周泰
満定
房藤
朝興
朝興
朝成
顕定
（可諄）
越後上杉房定の子
憲房
憲明
持定
治部少輔
成定
朝定
顕実
足利政氏の子
憲房
三郎
憲寛
足利高基の子
憲政
謙信
景勝
長尾政景の子
景虎
北条氏康の子

河越合戦・国府台合戦で勝利、氏綱は関東管領に就任する

天文七年（一五三八）正月、山内上杉家と扇谷上杉家が河越城の奪還を図って同城を攻撃してきたものの、北条家はこれを撃退した。そのときの大将は氏康だったという（「甲陽日記《こうようにっき》」）。さらにこの合戦は「夜合戦」であったと伝えられている（「石川忠総留書《いしかわただふさとめがき》」）。これらが事実とすれば、このときの河越城での合戦は嫡男であった氏康が大将を務めていて、かつそれは夜戦だったことになる。氏康は、すでに北条軍の大将を務めうるほどに成長していた。

そうしたなか、氏綱はいまだ河東一乱で今川家・武田家と抗争を続ける一方、同七年十月の第一次国府台《こうのだい》合戦（千葉県市川市）で古河《こが》公方《くぼう》足利晴氏の命をうけ、小弓《おゆみ》公方足利義明《よしあき》に勝利して、事実上滅亡させる戦功をあげた。これにより、足利晴氏から関東管領職に任命され、一躍、関東政界において古河公方足利家に次ぐ政治的地位を獲得した。さらに同八年、五女芳春院殿を晴氏の正妻とする婚約を成立させ、同九年に結婚を実現させた。これにより北条家は、古河公方足利家の外戚《がいせき》の立場を獲得したのである。

氏綱はまた、天文八年六月、室町幕府将軍足利義晴《よしはる》に以前から求められていた忠功を尽くす旨の請文《うけぶみ》をようやく提出し、足利義晴からそれを賞する御内書《ごないしょ》（将軍が出す公的な書状）を受けている。このとき、氏康も足利義晴に挨拶していて、陸奥から調達した馬を贈ることを約し、義晴からは巣鷂《すはいたか》一居《いちもと》を贈ることを伝えられている。その取次《とりつぎ》を務めたのは幕府奉《ほう》公衆《こうしゅう》の大館晴光《おおだちはるみつ》と小林国家《こばやしくにいえ》、北条側では幕府奉公衆で、このときは小田原に滞在していた氏綱の母方従兄弟の小笠原元続《おがさわらもとつぐ》であった。

氏康は予定通り、陸奥の馬を足利義晴に贈り、それを受けて七月二十五日に大館晴光から

「北條九代記鴻之台合戦」に描かれた足利義明◆船橋市西図書館蔵

国府台古戦場を遠望する◆千葉県市川市

義晴の喜びを伝える礼状が出されている。こうして氏康も、幕府との交流を展開していたことがわかる。

ちなみに、北条家当主はこの後、室町幕府から相伴衆《しょうばんしゅう》の家格を与えられている。その時期は判明しないが、のちの天文二十三年六月、氏康は幕府に新たな嫡男として氏政を定めたことで、氏政を相伴衆にすることを要望しているから、そのときには氏康は相伴衆になっていたのだろう。このことから、北条家では嫡男の時点で相伴衆の家格を与えられていたことがわかる。その始期は氏綱の時代で、嫡男の氏康も同じく相伴衆の家格を与えられた可能性が高い。

足利義晴像◆足利義澄の子で、室町幕府第12代将軍。細川高国に擁立されて将軍に就任するも、高国の死後、兄弟の足利義維を擁する細川晴元や三好氏と激しく対立した　京都市立京都芸術大学芸術資料館蔵

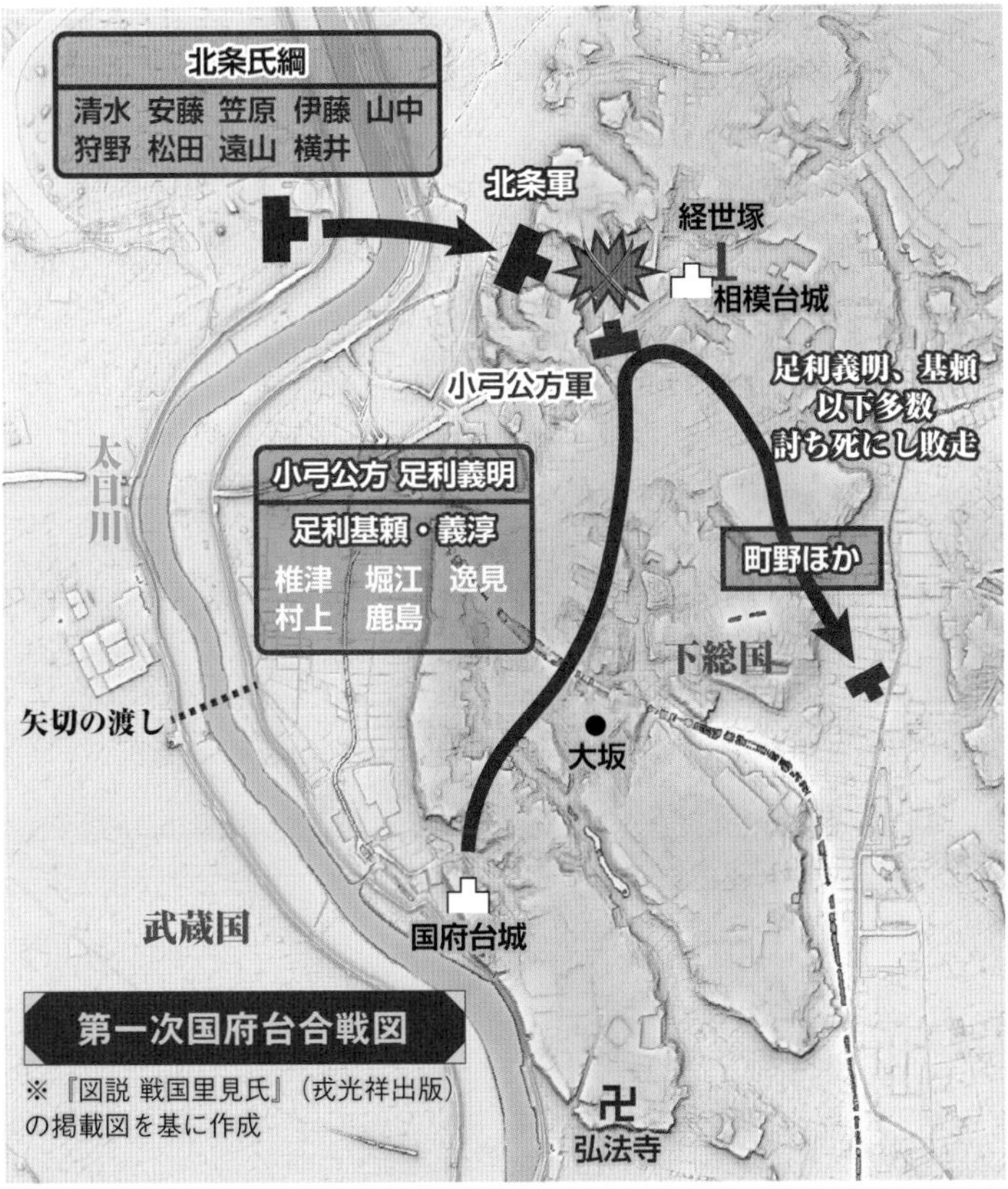

第一次国府台合戦図

※『図説 戦国里見氏』（戎光祥出版）の掲載図を基に作成

関東最大の六ヶ国太守となった氏綱が死去、三代目を継承

こうして氏綱は、関東では関東管領に任じられて古河公方足利家の外戚となり、関東大名中で最高位に位置した。室町幕府との関係でも、相伴衆として諸大名中で最高位の家格を与えられ、諸国の戦国大名のなかでも最高位に位置した。領国も本国の相模・伊豆・武蔵南部に加え、従属する国衆《くにしゅう》領国を含めて武蔵半国・下総《しもうさ》・上総《かずさ》・駿河半国と、六ヶ国にわたる大領国を構築した。これは関東では随一であり、全国的にも最大規模であった。氏綱は一代にして、北条家を戦国大名を代表する存在に成長させたのであった。

その氏綱も、天文十年（一五四一）夏（四月から六月）に病態になった。五月二十一日、快復を見込めないと悟ったのであろう、氏綱は氏康に五ヶ条からなる置文《おきぶみ》*を与えた。注目されるのは、冒頭で「氏康は何事についても私よりも優れている」といわれていることである。そして、戦国大名家当主の心得としてこれらのことを守れば、当家は必ず繁栄すると伝えている。

その内容は、戦国大名という政治権力が領民からの租税によって成り立つこと、組織は家臣という限られた人材によって構成されるという、その本質を見事に表現している。氏康はこの教訓を胸に刻み、以後の当主としての活動に取り組んでいったに違いない。以後にみられる氏康の治政《ちせい》は、まさにこれらを実現するものになっている。そして七月十七日、氏綱は五五歳で死去した。これにより、氏康は小田原北条家三代目の当主となった。二七歳であった。

北条家当主の代替《だいが》わりが行われると、すぐに山内上杉家・扇谷上杉家による河越城・江戸城への攻撃をうけた。十月末頃のことと推定されるが、いずれも迎撃し、とくに河越城では二度にわたって攻撃を防いだ。氏康は十一月二日付けで戦功をあげた家臣に感状《かんじょう》を出している。この撃退により、逆に山内上杉家の領国に進軍したとみられ、十二月十五日付けで同

古河公方館址の碑◆碑の西側に堀と土塁が残っている　茨城県古河市

＊「五ヶ条からなる置文」
①義を守ること
②家臣・領民を適材適所で用いること
③領民を豊かにすること
④倹約を守ること
⑤勝って甲の緒を締めること

家領国の北武蔵本庄《ほんじょう》（埼玉県本庄市）に戦時禁制を出している。敗退する敵軍をそのまま追撃したことによるのだろう。しかし、氏康はそれ以上に追撃はしなかった。代替わりにともなう多くの権利関係の更新など、膨大な政務が控えていたからである。

天文十年末、氏康は後奈良《ごなら》天皇からの勅使《ちょくし》、伏見宮貞敦親王《ふしみのみやさだあつしんのう》の使者として公家の町資将《まちすけまさ》の派遣をうけた。氏綱死去の弔問と、禁裏御料所《きんりごりょうしょ》の伊豆仁科郷《にしなごう》（静岡県西伊豆町）の年貢進《ねんぐしん》納《のう》の要請のためであった。氏綱は天文二年から三ヶ年にわたり年貢を進納していたが、それ以後は進納していなかった。氏康に代替わりしたことで、あらためて要請してきたのである。町資将は翌十一年正月八日に上洛し、氏康からの進物として太刀と黄金十枚を天皇へ、また、貞敦親王には自筆の「紀貫之《きのつらゆき》集」を贈られた御礼として黄金十枚を進上している。氏康は贈り物に返礼をしたものの、年貢を進上することはなかった。朝廷との関係に、必要以上の接触はしなかったといえる。

他方、古河公方足利家との関係では、しばらく交流はみられなかったが、同十二年三月二十六日に妹の芳春院殿が晴氏の末子となる梅千代王丸《うめちよおうまる》（のち足利義氏《よしうじ》）を産んだことで、交流が再開されるようになった。芳春院殿の結婚の際、足利晴氏とは芳春院殿が男子を産んだら、それを後継公方にするという取り決めがあった。そのため、氏康は梅千代王丸の誕生をうけ、晴氏に改めて確約を求めたとみられる。そして十一月二十一日、晴氏からその旨の確約を受けたことで、それを周旋した晴氏家老の簗田高助《やなだたかすけ》に宛て、今後は高助に精一杯協力するという起請文《きしょうもん》を出している。こうして氏康は、甥を後継公方に立てる路線を敷いていった。

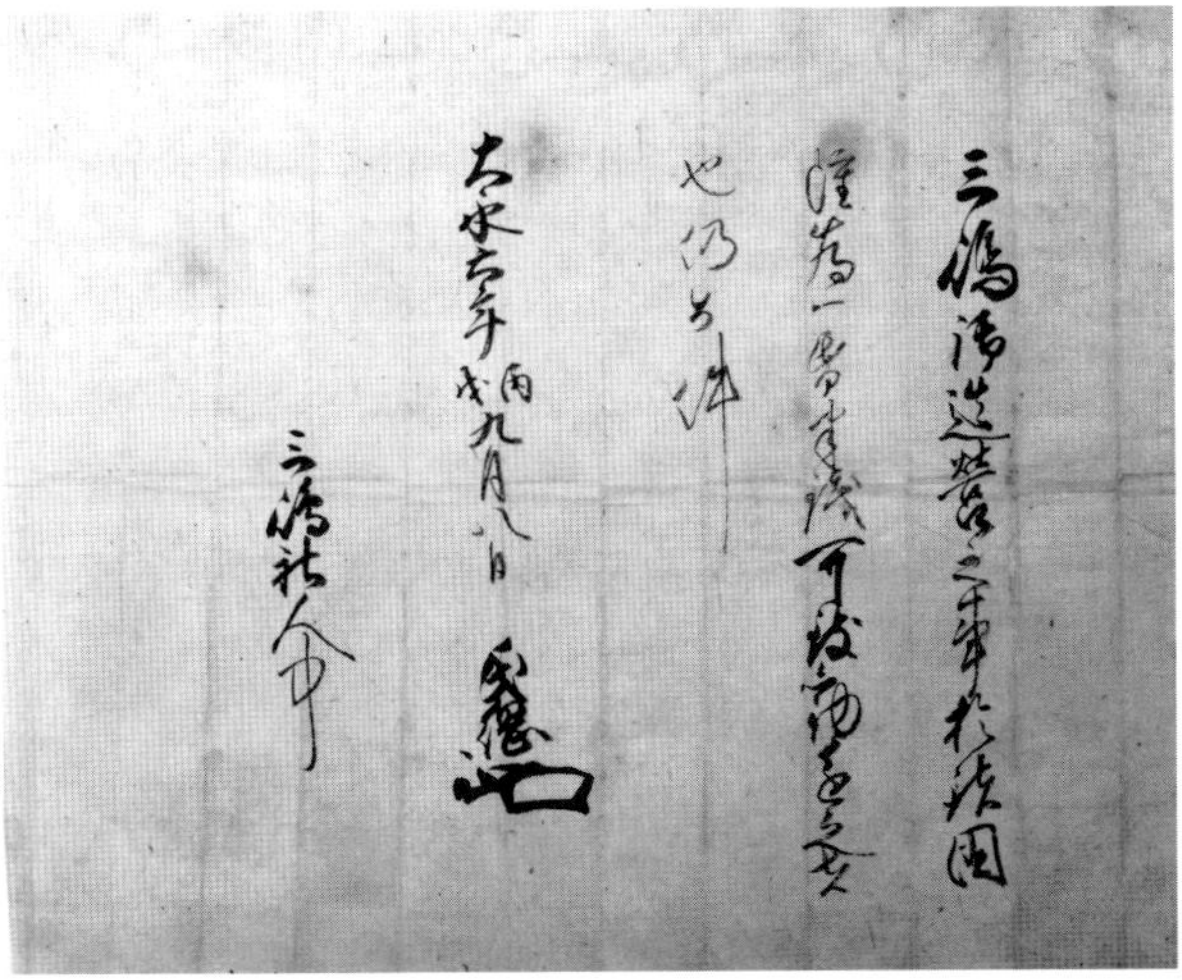

北条氏綱書状◆大永六年九月八日付けで、氏綱が三嶋大社の社人中に対して、造営のための勧進（費用集め）をしてよいと許可したもの。三嶋大社は伊豆の一宮であるが、そのほか相模国の有力寺社の造営事業も進められており、氏綱は「伊豆国主」であった父・宗瑞の意思を継承しつつ、「相模国主」として寺社の造営を行った　静岡県三島市・三嶋大社蔵

代替わり政策の展開と領国半分を統治した弟・為昌の死去

領国統治においては、天文十年（一五四一）から同十二年にかけて領国の村落に対し、代替わりにともなう検地《けんち》（土地調査による村落に対する課税額の決定）を実施している。現在、確認できるところでは、相模西郡・中郡・三浦《みうら》郡、伊豆、武蔵久良岐《くらき》郡・小机《こづくえ》領・小山田《おやまだ》庄があるが、おそらく相模東郡でも行われたであろう。氏康は、伊豆から武蔵南部にかけての広域で一斉に検地したのである。北条家として、これだけの広域を対象に一斉に検地したのは最初で最後のことになる。

氏康が家督を継いだ天文十年は、ちょうど北条家領国を含む広域で大飢饉《だいききん》が生じていた。それに検地による村落への課税額の改定で対応したと考えられる。氏康は家督を継ぐや否や、領国を覆っていた大飢饉への対処を迫られていた。広域的に検地することで、それに対応したのであった*。

天文十一年閏三月からは、領国における種々の権益の確認・保証、それにともなう訴訟への対処がみられる。閏三月には、相模玉縄《たまなわ》領当麻宿《たいましゅく》（相模原市南区）の道者宿《どうじゃしゅく》をめぐる相論《そうろん》に対処し、四月には鎌倉三ケ寺（建長寺《けんちょうじ》・円覚寺《えんがくじ》・東《とう》慶寺《けいじ》）行堂《あんどう》への諸公事《しょくじ》を免除、小田原松原神明社別当《まつばらしんめいしゃべっとう》の玉滝坊《ぎょくろうぼう》に今井《いまい》と加茂《かも》宮《みや》の間の河原新田一〇貫文《かんもん》を同社修理料の名目で寄進している。

このような状況は、検地が行われた天文十二年いっぱいまでみえる。氏康は天文十年から同十二年にかけて、対外戦争を積極的には行っていない。その間は、領国における種々の権利関係の確定に努めており、領国の継承に専念していたのだろう。

氏康が検地を実施した小机領周辺◆一帯は平地が広がる。右上の丘陵地が小机城跡　横浜市港北区

＊拙著『戦国大名の危機管理』

氏康家督相続時の領国図
陸奥国
越後国
下野国
上野国
扇谷上杉・
山内上杉家など
岩下
沼田
白井
鹿沼
宇都宮
壬生
厩橋
箕輪
惣社
大胡
桐生
皆川
足利
佐野
小山
安中
和田
赤石
金山
榎本
結城
下館
真壁
笠間
松井田
倉賀野
館林
古河
下妻
常陸国
国峰
御嶽
深谷
忍
羽生
水海
関宿
小田
土浦
鉢形
松山
騎西
牛久
岩付
守谷
河越
武蔵国
勝沼
北条氏康の
領国
小金
北条氏康の
領国
江戸
葛西
下総国
佐倉
飯櫃
由井
小弓
甲斐国
江戸内海
東金
土気
津久井
小机
相模国
玉縄
上総国
駿河国
小田原
久留里
小田喜
相模湾
三崎
勝浦
安房国
里見家の領国
韮山
伊豆国
大島
南伊豆
北条家の領国
反北条方の領国

そうしたなか、天文十一年五月三日に同母弟とみられる為昌が死去した。わずか二三歳であった。為昌は玉縄城主として、相模玉縄領・三浦郡・武蔵小机領・河越領の統治を管轄していて、このときは河越城に在城していたようだ。若年ながらも広大な領域の統治を担っており、北条家領国の半分に迫るものであった。為昌には後継者がおらず、その死去をうけて、氏康はそれら地域支配体制の再編に取り組まなくてはならなくなった。

玉縄領とその付属軍団の玉縄衆は、妹婿の北条綱成に継承させた。三浦郡の支配権はその綱成に管轄させ、三浦衆は氏康自らが管轄した。三浦衆はこのあと「本光院殿衆《ほんこういんでんしゅう》」と称され、為昌の法号本光院殿を冠して称された。それは為昌の遺臣団を意味する。氏康は将来、為昌家の再興を構想していたのだろう。小机領は一門にあたる御一家衆の長老で叔父の久野《くの》北条宗哲《そうてつ》に継承させ、河越領は家老最年長の大道寺盛昌《だいどうじもりまさ》に継承させた。こうして為昌の管轄地域は、北条綱成・同宗哲・大道寺盛昌に分割継承させた。

そしてこの地域支配体制は、以後も北条家が滅亡する小田原合戦まで基本的に継承された。北条綱成とその子孫は、代々玉縄領支配を担い、その家系は玉縄北条家と称された。三浦郡はその後に、氏康四男の氏規が北条綱成の娘婿になって支配権を継承する。小机領は、宗哲の嫡男三郎（宝泉寺殿《ほうせんじでん》）、宗哲が後見した氏康弟の氏堯《うじたか》、宗哲次男の氏信《うじのぶ》、氏堯次男で宗哲娘婿の氏《うじ》光《みつ》に継承され、宗哲の政治的影響下に置かれ続けた。河越領は、大道寺盛昌とその子孫が代々、城代として領域支配を担っていった。

玉縄城諏訪壇（すわだん）の遠望◆北条氏の拠点城郭であった玉縄城の主郭部は現在、清泉女学院の校舎地となっているが遺構はわずかに残されている（無断見学は不可）。諏訪壇を象徴する森が往時を伝えている　神奈川県鎌倉市

なおそれ以外の地域については、氏綱の代からの状況が継承された。具体的には、伊豆は家老の笠原《かさはら》家・清水《しみず》家が郡代《ぐんだい》、相模西郡は家老の石巻《いしまき》家が郡代、同中郡は家老の大藤《だいとう》家が郡代、武蔵江戸領は家老の遠山家が城代を、それぞれ務めた。

玉縄城主郭付近空撮（北西より）◆1960年撮影　玉縄城跡発掘調査団発行『神奈川県・鎌倉市 玉縄城跡発掘調査報告書』より転載

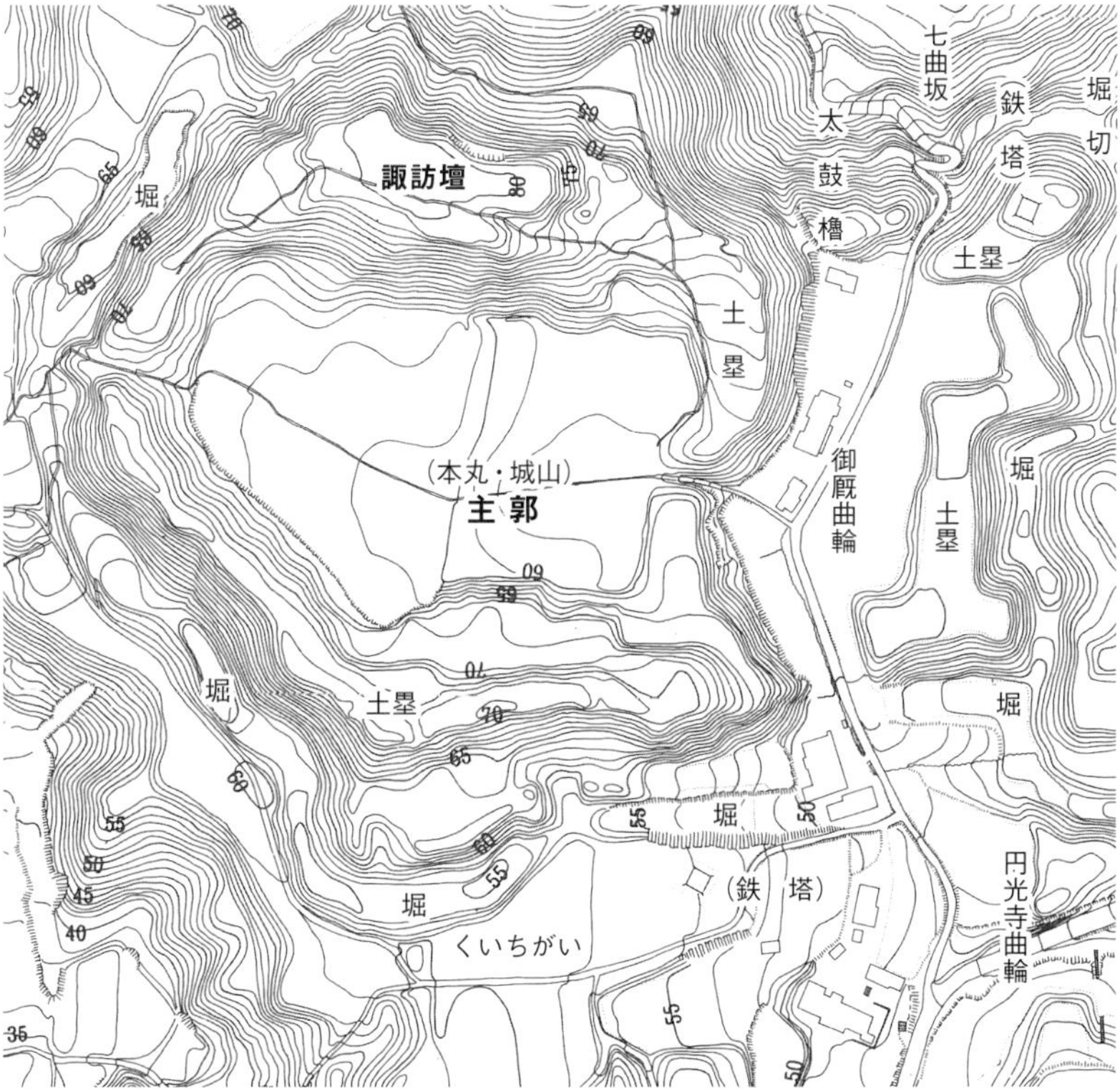

玉縄城概念図◆玉縄城跡発掘調査団発行『神奈川県・鎌倉市 玉縄城跡発掘調査報告書』より転載

Ⅱ　関東・東海での軍事行動、唯一の関東管領へ
天文十二年(1543)～天文二十一年(1552)

本格的に軍事行動を開始、武田晴信と対山内上杉で和睦

氏康が本格的な軍事行動を開始するのは、天文十二年（一五四三）七月のことであった。このとき従属下にあった上総真里谷《まりやつ》武田家で内乱が生じた。当主の信応《のぶまさ》に対し、一族で佐貫《さぬき》城（千葉県富津市）の信秋《のぶあき》（法名全芳《ぜんぽう》）・義信《よしのぶ》父子が反乱を起こした。氏康は信応を支援して一門の「九郎うじたね」を大将として援軍を派遣し、同じく従属下にあった下総千葉家からも援軍が出された。典拠は軍記史料で「九郎うじたね」なる人物は存在しないが、おそらく北条綱成と思われる。氏康自身は出陣しなかったようだが、敵対した武田信秋・義信父子は翌十三年四月に安房里見義堯《さとみよしたか》に支援を要請した。こうして真里谷領をめぐり、里見家と本格的な抗争をすすめていくことになる。

天文十三年正月二日、敵対関係にあった甲斐武田晴信《はるのぶ》（のち法名信玄《しんげん》）のもとに、氏康は側近家臣の桑原盛正《くわはらもりまさ》を使者として送る（「甲陽日記」）。武田家では郡内谷村《ぐんないやむら》領の小山田信有《おやまだのぶあり》が仲介しており、そこで晴信からの条書《じょうしょ》を渡されている。武田家との間では、十二月に今度は晴信から氏康に使者として小山田信有の家老が派遣されてきて、氏康はそれと対面している（「勝山記《かつやまき》」）。詳しい内容はわからないが、氏康は山内上杉家と抗争するにあたり、晴信はすでに山内上杉家と抗争関係に入っていたから、両者は互いに山内上杉家を共通の敵とす

武田信玄像◆
画：長谷川等叔　個人蔵

＊拙稿「北条氏康の試練」小田原城天守閣編『没後四五〇年　北条氏康伝』所収

るため停戦和睦を成立させたのであろう。

実際に同年春（正月から三月）には、山内上杉家・扇谷上杉家との抗争も再開されたようだ。氏康は足利晴氏を擁して山内上杉家領国の上野に進軍し、晴氏に従わない態度を示した山内上杉方の国衆を攻撃したが、国衆の服属は遂げたものの退陣の際に敗北したらしい。氏康は関東管領として晴氏を軍事的に補佐する役割にあったが、緒戦で失敗してしまったようである。

晴氏は氏康の軍事的力量に疑問を持つようになり、もう一方の関東管領の山内上杉憲政《のりまさ》との関係を強めていくことになる。*

北条氏の旗指物◆北条氏が使用した三鱗（みつうろこ）紋を白抜きで配する。北条への改称と共に変更されたのであろう　神奈川県立歴史博物館蔵

日本平ホテルから望む霊峰・富士山◆写真提供：日本平ホテル

北条綱成を安房に進軍させ河東地方では今川義元と対決

天文十三年（一五四四）四月以降は、真里谷領をめぐる里見家との抗争が本格化し、氏康は真里谷武田家一族の長南《ちょうなん》武田卜心《ぼくしん》と江戸衆の伊丹康信《いたみやすのぶ》の意見をうけ、武田信秋が管轄する峰上《みねがみ》城（千葉県富津市）に在城する真里谷武田家縁戚の横須賀左衛門大夫《よこすかさえもんのだいぶ》を味方に引き入れた。これは氏綱のときの取り決めに違反する行為であった。

そのため、武田信秋・義信父子は里見義堯への依存を強めていくが、それが災いし、同十四年までの間に本拠の佐貫城を接収されて佐貫武田家は没落した。氏康はこの年九月から十月にかけ、北条綱成の軍勢を海路から安房に進軍させた。こうして里見家との直接の抗争が開始され、その後も基本的には抗争関係にあり続け、天正五年（一五七七）に子の氏政の代に同盟が成立するまで続くのであった。

安房に軍勢を派遣した直後の十月中旬、今度は河東地域で今川義元との抗争が開始された。義元が河東地域西部の富士上方《ふじかみがた》地域（静岡県富士宮市）に侵攻してきたのである。十四日に「上田」で合戦があり、二十八日にも某所で合戦があった。同日には、富士下方地域の軍事拠点の吉原《よしはら》城（同富士市）に在城する家老筆頭の松田盛秀《まつだもりひで》同心の蔭山家広《かげやまいえひろ》に上方地域の郷村の代官職を与えている。こうして氏康は、今川家とも本格的な抗争を開始することになった。しかしこの後、上方地域は義元に経略されたようだ。

時期は不明だが、この年に今川義元の要請をうけて将軍足利義晴と公家筆頭

安房館山港の風景◆岳上に館山城と昭和に復元された天守が聳える。北条氏康が活躍した時代は現在のような縄張りも天守もなかったが、眺望・要害の地であるため地元武士団の拠点があったとされている　千葉県館山市

の近衛稙家《このえたねいえ》（氏康の義叔父）から義元との和睦を働きかけられたが、氏康は拒否している。おそらく、義元から提示された条件（河東地域からの全面撤退か）に合意できなかったためであろう。この和睦周旋《しゅうせん》が、義元との抗争開始の前か後かで、河東地域での抗争再開についての評価は変わるが、現在のところ明確にできない。こうして氏康は山内・扇谷両上杉家、里見義堯、今川義元と立て続けに抗争を展開することになった。古河公方足利晴氏とも疎遠になってしまった。家督継承からほどなくして、大きな試練に直面したのだった。

そうしたなか、天文十四年二月十四日、それまで今川家の駿府に滞在していた連歌師宗牧《そうもく》が小田原を訪問しており、滞在は四月末までおよんだ。氏康は宗牧を歓待し、二十五日には私邸で連歌会を催している。私邸は、小田原城南岸低地部の東海道沿いに所在したと推定されている＊。屋形には箱根芦ノ湖《あしのこ》から流れる早川を掛樋《かけひ》で庭に引き込んでいたことが知られる。

また、四月二十四日に小田原で催された連歌会には、常陸小田《おだ》領の大名の小田政治《まさはる》が参加しており、氏康への親交を求めて小田原を訪問していたことがわかる。これは氏康が北関東の大名層との交流を示す最初の事例である。

真里谷城跡 三次元画像◆木更津市史デジタルアーカイブより作成

＊佐々木建策『戦国期小田原の城と城下町』

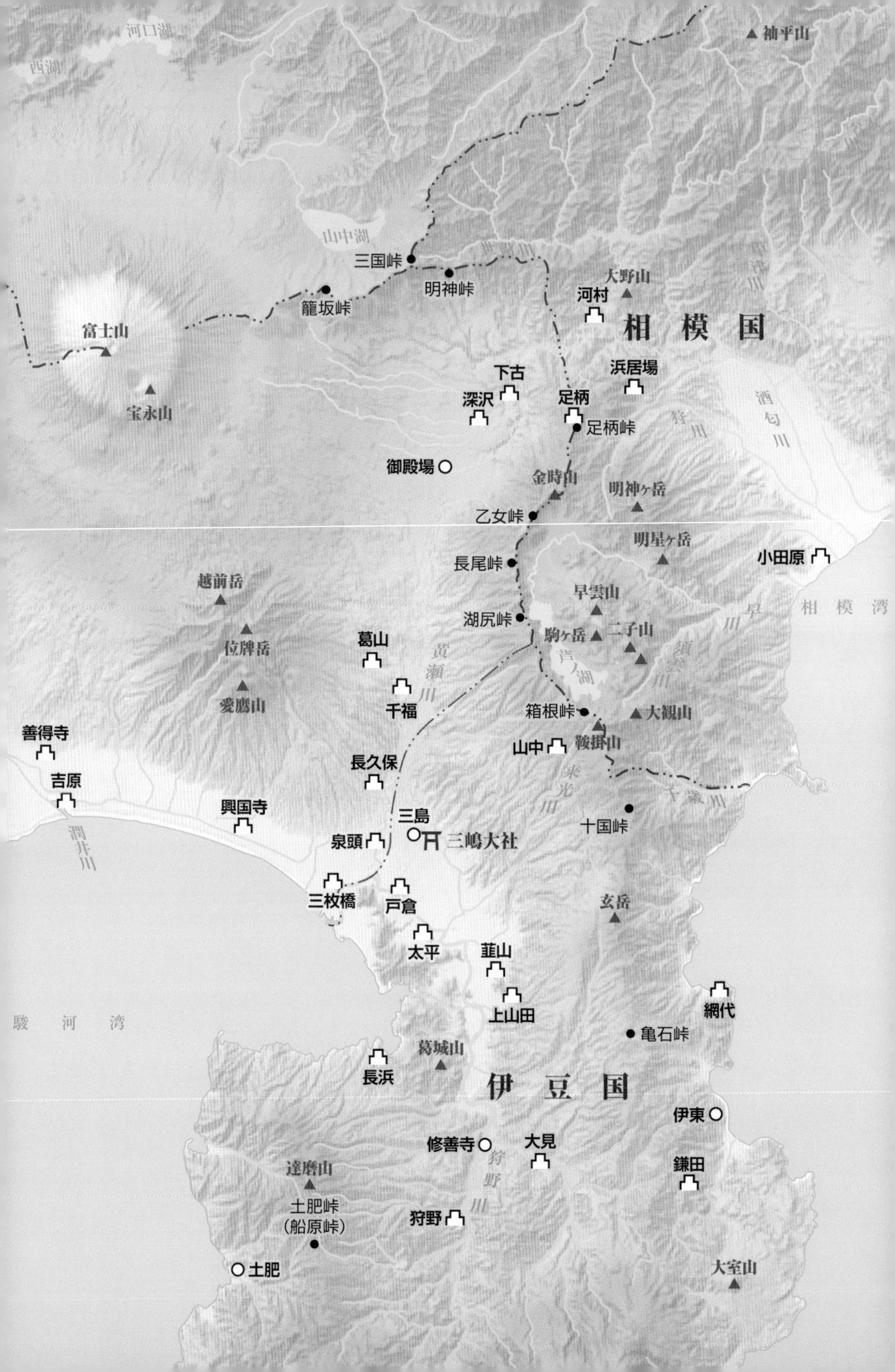
河口湖
西湖
袖平山
山中湖
三国峠
明神峠
籠坂峠
大野山
河村
相模国
富士山
宝永山
下古
深沢
足柄
浜居場
足柄峠
狩川
酒匂川
御殿場
金時山
明神ヶ岳
乙女峠
明星ヶ岳
小田原
長尾峠
越前岳
早雲山
相模湾
早川
湖尻峠
駒ヶ岳
二子山
位牌岳
葛山
黄瀬川
芦ノ湖
須雲川
千福
愛鷹山
箱根峠
大観山
善得寺
山中
鞍掛山
長久保
来光川
千歳川
吉原
興国寺
十国峠
三島
三嶋大社
潤井川
泉頭
三枚橋
戸倉
玄岳
太平
韮山
網代
上山田
駿河湾
亀石峠
長浜
葛城山
伊豆国
伊東
修善寺
大見
狩野川
達磨山
鎌田
土肥峠
（船原峠）
狩野
土肥
大室山

中世の東海地方
甲斐国
駿河国
板屋岳
東岳（悪沢岳）
十谷峠
聖岳
上河内岳
茶臼岳
青薙山
下山
身延山
波木井
久遠寺
七面山
安倍峠
御殿山
山伏
南部
大根沢山
笹山
大無間山
十枚山
篠井山
井川峠
地蔵峠
富士山本宮
浅間大社
葛谷
大宮
勘行峰
大日峠
奥池ヶ谷
貫ヶ岳
白鳥山
朝日岳
徳間峠
富士見峠
樽峠
三ツ峰
大岳
大篠山
真富士山
七ッ峰
一本杉峠
蒲原
小長井
大棚山
湯嶋
由比
高山
突先山
横山
薩埵峠
庵原山
徳山
興津
無双連山
清水
石上
清笹峠
江尻
内牧
賤機山
袋
安倍
静岡浅間神社
駿府
高根山
久能山
朝比奈
丸子
菩提山
桧峠
瀬戸谷
花倉（葉梨）
持舟
滝沢
朝日山
高草山
方上
花沢
大井川
富士川
興津川
安倍川
藁科川
朝比奈川
瀬戸川
中河内川
芝川

今川・武田軍が河東へ進軍、武蔵では河越城が包囲される

氏康は、天文十四年（一五四五）になってからも、今川義元から数度にわたって和睦要請をうけている。まず三月二十六日に、近衛家出身の聖護院道増《しょうごいんどうぞう》が駿河から相模を訪れ（「為和集」）、四月二十四日にそれに同行したと思われる幕府直臣の進士晴舎《しんじはるいえ》が、駿河での今川方の最前線拠点・蒲原《かんばら》城（静岡市清水区）に相模から帰着して上洛の途についている。近衛家からの和睦の働きかけであろうが、氏康はこのときも拒否したようだ。

一方で氏康は、四月十五日には山内上杉方への攻撃のため武蔵荒川《あらかわ》流域に進軍し、小用峰で敵軍を背後から攻撃して戦功をあげた家臣に感状を出している。このときの進軍で、山内上杉方であった武蔵忍《おし》領の国衆・成田長泰《なりたながやす》を従属させた。氏康はついに、山内上杉方の国衆の調略《ちょうりゃく》を開始したのであった。対する山内上杉憲政は、五月二十七日、報復のために成田家攻めを表明し、その際に足利晴氏にも出陣してもらうことを取り付け、下野小山《おやま》領の大名・小山高朝《たかとも》へ晴氏に従軍するよう要請している。この時点で、足利晴氏は上杉憲政を支持するようになっていたことがわかる。

六月には義元から再び和睦要請があり、それをうけて六月七日、和睦に応じるよう要請する近衛稙家の書状が氏康に出され、このときも聖護院道増が使者として赴いてきた。氏康はこれも拒否し、道増は七月七日に相模から駿河に帰還している（「為和集」）。足利義晴や近衛稙家による度重なる義元との和睦要請をことごとく拒否したのであった。また六月十一日には、里見義堯から上杉憲政に送られた使者を捕捉した千葉家家臣の匝瑳《そうさ》氏に対して、その忠功を賞している。山内上杉家と里見家の通信が行われるようになって、氏康の敵対勢力が互いに連携する動きをみせるようになっていた。

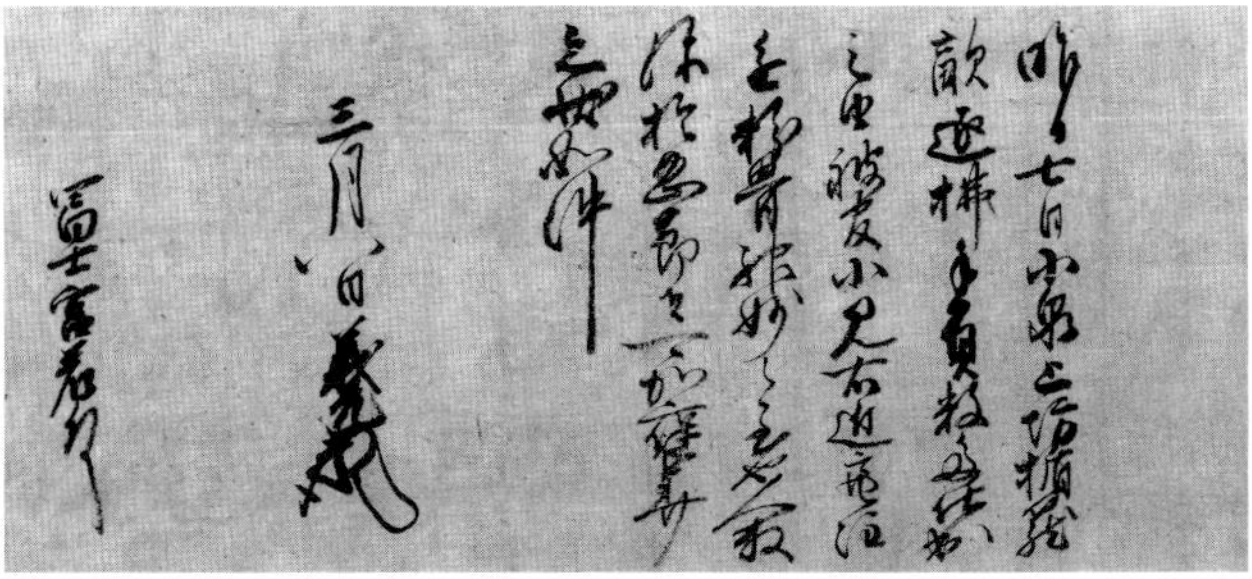

今川義元感状◆河東一乱の際のものだが、富士宮若が小泉上坊に籠もって北条軍を撃退したことを賞している。義元は北条氏との戦いに、被官に加え多くの国衆を動員した　静岡県立中央図書館蔵

七月二十六日になって、氏康からの度重なる和睦要請拒否への報復として、今川義元が本格的に河東地域への侵攻を始めた。義元の標的は、まずは下方地域の吉原城の攻略で、八月一日、在城衆とみられる家臣が「原之縄手」で戦功をあげ、氏康はこれに感状を出している。「勝山記」は氏康自身が吉原城に進軍したように記しているが、氏康の在城は確定できない。八月に入ると、義元は攻守軍事同盟の関係にある武田晴信に援軍を要請した。晴信は承諾し、九月九日に駿河に向けて本拠の甲府《こうふ》（甲府市）を出陣している（「甲陽日記」）。

九月十二日に武田先陣の駿河進軍をうけるように、氏康は十四日に晴信に書状を送っている。吉原城の開城を申し入れ、それを義元に周旋するよう依頼したと思われる。晴信は十五日に駿河に進軍、すぐに晴信によって開城の交渉がすすめられたとみられ、十六日に吉原城は開城し、在城衆は伊豆三島（静岡県三島市）まで後退した。氏康は義元の本格的な進軍、その同盟者の晴信の進軍をうけて吉原城と富士下方地域を放棄せざるをえなかった。しかし、義元の進軍はそれで止まなかった。続けて駿東郡の奪回を図って、晴信とともに十八日に進軍を開始してきた。

義元の進軍をうけ、駿東郡南部の葛山領の国衆・葛山氏元（氏康の妹・ちよの婿）が氏康から離叛して義元に従属した。伊豆国境に近い長久保《ながくぼ》城（静岡県長泉町）には北条軍が在城しており、葛山氏元は今川家への忠節を示すため十九日には同城を攻撃してきた。二十日には義元が同城の近所まで着陣し、二十一日に陣屋を構築した（「甲陽日記」）。二十五日には長久保城近くの土雁原で北条軍と今川軍の合戦があり、氏康と義元はそれぞれ戦功をあげた家臣に感状を出している。そして二十七日、義元は駿河と伊豆国境の黄瀬川《きせがわ》に舟橋《ふなばし》を架けて、伊豆に進軍する準備をすすめてきた。

さらに、義元は上杉憲政とも連携を成立させた。憲政は扇谷上杉朝定《ともさだ》とともに北条方の武

葛山城跡（右）と葛山氏の墓（左）
◆駿河国衆である葛山氏歴代の本拠地　静岡県裾野市

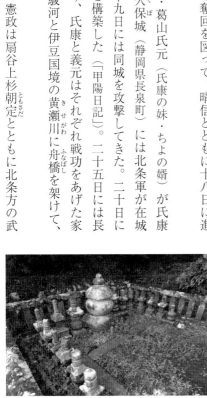

蔵での最前線拠点であった河越城攻略のために進軍してきて、二十六日に両上杉軍が包囲した（「異本小田原記」）。

河越城には、あらかじめ援軍を派遣していたとみられる北条宗哲と綱成が在城していた。両者は氏康とは別に一軍の大将を務めうる存在で、ともに在城したということは、氏康が両上杉軍の侵攻を予想した周到な準備といってよいが、それだけ両上杉軍の動向を危険視していたことでもあった。

もっとも、宗哲と綱成がいつから在城したかは明確ではない。五月の時点で上杉憲政は成田家攻めを標榜していたので、それに備えて在城していたことも考えられる。その場合は、それが功を奏したことになる。

上：川越城の復元模型（主郭部分）◆江戸時代の川越の町並み。戦国時代の河越城の主郭はこの本丸であったとされている　川越市立博物館蔵

右：吉原城の推定地◆城域はいまだ確定されていない　静岡県富士市　写真提供：水野茂
左：川越城の空堀◆埼玉県川越市

河東一乱が終結、腹背に敵を受けた最大の危機から脱出

氏康は、河東地域で今川軍・武田軍と対戦する一方、河越城を山内・扇谷両上杉軍に攻囲されるという事態におちいった。まさに腹背に敵をうけるかたちになった。いずれも大敵であり、これを克服するのは容易なことではなかった。氏康の生涯において最大の危機であったといって過言ではない。しかも上杉憲政は、さらに足利晴氏に出陣を要請した。すでに氏康を見限っていた感にあった晴氏はそれを容れ、天文十四年（一五四五）十月六日、北条家領国に向けて出陣したとみられ、二十七日に河越城包囲陣に参加してきた（「異本小田原記」）。

ここに氏康は古河公方足利家とも明確な敵対関係になり、それから討伐をうける立場になってしまった。晴氏には、常陸小田家などの関東大名層も従軍していた。いまだ関東武家勢力に対する古河公方足利家の権威は健在であった。

もっとも、河東地域では十月に入るとしばらく具体的な動きが確認できないため、おそらく、そこで氏康は晴信に義元との和睦の仲介を依頼したとみられる。和睦は今川家でも構想されていて、今川氏親後室で義元の義母にあたる寿桂尼が、晴信に和睦の周旋を依頼している。寿桂尼の実子の瑞渓院殿

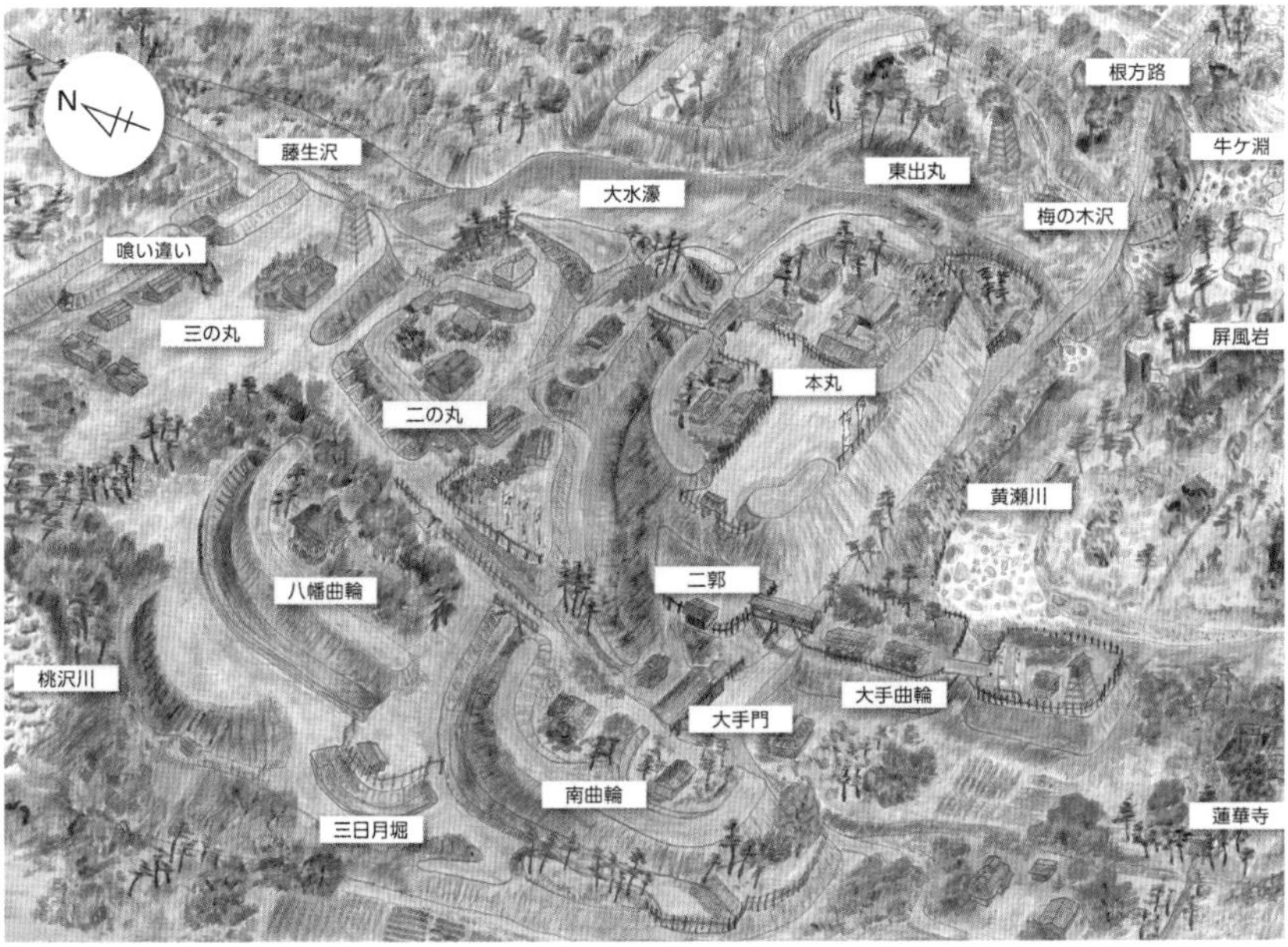

400年前の長久保城イメージ図◆黄瀬川と桃沢川を天然の堀とする大規模な城郭で、今川・北条・武田との間で争奪戦が繰り広げられた　星屋一浩蔵　画像提供：ながいずみ観光交流協会

は氏康の正妻であったから、今川家は北条家とは「骨肉の御間」にあるため和睦を要請したのであった。ただし、義元などの今川家中枢には周知されていなかったらしく、晴信は和睦成立後に今川家の重臣に対してその経緯と効用を説明している。

実は、晴信にとって氏康と義元の和睦は好都合であった。晴信は山内上杉家と抗争状態にあったから、同家の勢力拡大は望むところではなく、むしろ氏康と協同して同家を衰退に追い込むことを望んでいた。晴信は、氏康を健在のまま存在させたほうが得策と考えていた。そのため今川家にも、ここで氏康を滅亡させたとしても、一〇年ほど経って山内上杉家によって伊豆・相模が経略されてしまえば、今回と同じように領国境をめぐる紛争が生じるとして、氏康との和睦のほうが有益である、と説くのであった。

氏康は、晴信とは前年の天文十三年に停戦和睦を成立させていた。この年四月から六月にかけて晴信が信濃《しなの》伊那《いな》郡に出陣すると、わざわざ援軍として三〇〇人を派遣している。停戦和睦であったから、本来、援軍を送る必要はなかったが、氏康は援軍を送っていた。ちょうど義元から和睦要請をうけていたが、それを拒否する時期にあたっていたから、義元との関係悪化を見越して晴信と良好な関係を構築しようとしたためだろう。その効果で先の吉原城の開城に続き、今回の義元との和睦について晴信の周旋を獲得できたといえるかもしれない。

十月十日に氏康は鎌倉鶴岡八幡宮に願文《がんもん》を捧げ、「駿豆両国の取り合い」について本意を遂げられるよう祈願している。すでに義元との間で具体的な交戦がみられない時期であること、この直後から義元との和睦交渉が本格的にすすめられていることから、ここでの「本意」は和睦成立についてだったと思われる。氏康はそれまでに晴信に和睦の仲介を依頼し、晴信からもその了解が得られていたのであろう。

晴信の仲介による義元との和睦交渉は、十月十五日から本格化している。武田家家老の板《いた》

垣信方《がきのぶかた》、北条家への取次の向山又七郎《むこうやまたしちろう》、晴信側近の駒井政頼《こまいまさより》は連署状を作成して、北条方の取次の桑原盛正の陣所を訪問してきた。和睦交渉開始の条件は、葛山領に所在した長久保城の引き渡しであったらしく、氏康はそれを容れ、二十日に駒井が同城に検使《けんし》として赴いて城主御宿《みしゅく》氏が自害した。二十四日に氏康は義元・晴信、それに上杉憲政の三者と和睦することを誓約した起請文を駒井のもとに提出した。晴信は氏康に三者との和睦を提案し、氏康もそれを容れたとみられる。駒井はそれをうけ、義元重臣の太原崇孚雪斎《たいげんそうふせっさい》の陣所を三度におよんで訪問し協議をすすめたとみられ、二十六日、ついに義元も和睦を承認して停戦が成立した。

氏康は、十一月六日に長久保城の北条方の在城衆をすべて退去させ、長久保城を今川方に引き渡した。これにより河東地域から全面撤退することになった。これまで前年からの義元による和睦要請に三度まで拒否していたにもかかわらず、ついに和睦することになり、かつ河東地域から全面撤退する結果になった。これは、氏康にとって外交上の敗北といってよい。

この和睦成立をうけたあと、氏康は両上杉家の経略、晴信は信濃経略、そして義元は三河経略をそれぞれすすめていく。その意味で、河東一乱終結にともなって結ばれた氏康と義元の和睦は、以後の東国戦国史の基本的動向を決定付けた画期的なものであった。

右頁：長久保城の遠景（右）と土塁（左）◆主郭部は国道二四六号裾野バイパスや土地改良によって消滅した　静岡県長泉町　写真提供：水野茂

発掘調査で出土した長久保城の畝堀（上）と三日月堀（下）◆畝堀は北条氏の城の特徴ともされる　写真提供：長泉町教育委員会

河越合戦に勝利、敵となった足利晴氏に「君子の逆道」と非難

氏康は、今川義元と和睦を結び河東地域での戦争を終了させたことで、河越城での足利晴氏・両上杉家との戦争に専念するかたちが作られた。前年九月末頃に、晴氏が山内上杉憲政から出陣を要請された際、氏康はそのことを知ると何回も使者を派遣して加担しないよう要請していた。そこでは晴氏に「片方を一方的に支援するのは困る、どこにも出陣しなければ、それぞれの善悪によって晴氏の威光に従うことになる」と主張した。晴氏はさしあたってはそれに納得し、氏康に懇切にする旨の起請文を出してきた。晴氏はいったんは出陣を見合わせたらしいのである。ところが、扇谷上杉家家宰《かさい》の難波田善銀《なんばだぜんぎん》と同家家臣の小野因幡守《おのいなばのかみ》らが晴氏に意見したことで、晴氏はすぐに考えを変え、十月になって出陣してきたのであった。

晴氏と両上杉家による河越城攻囲は、年が変わって天文十五年（一五四六）になっても継続された。河越城の在城衆は三千人といい、兵粮《ひょうろう》を搬入するための通路も塞がれた状態のため、城兵は危機におちいっていた。氏康は在城衆の救出を優先し、在城衆を助命してくれれば河越城を引き渡すことを、晴氏の側近家臣らを通じて晴氏に嘆願した。すると晴氏方からは、「伊豆・相模の軍勢はすべて河越城に在城しているので、こうした機会は今後はない。天から網を懸けるようなもので、一人も打ち漏らさない、城兵は出城させない」と返答があった。これをうけて氏康は、河越城救援のため出陣することにした。

氏康はしかし、単に出陣するだけではなかった。出陣の一ヶ月前の三月七日には、扇谷上杉家の重臣で武蔵岩付《いわつき》城（さいたま市岩槻区）の太田全鑑《ぜんかん》を調略して従属させた。そして四月十七日、出陣にあたって相模東郡江の島岩本坊《いわもとぼう》（神奈川県藤沢市）に戦勝祈願している。

氏康は、十九日には河越城近くの砂窪《すなくぼ》に着陣した。すぐに家臣諏方左馬助《すわさまのすけ》を通じ、晴氏に従軍していた常陸小田政治の家老菅谷隠岐守《すがやおきのかみ》に対して、これまで面会したことはなかったが、陣営から招き出して在城衆を助命してもらえたなら、菅谷の軍勢の護衛で城を引き渡し、氏康は降伏する意向を伝えさせた。菅谷はこれを晴氏に言上すると晴氏は激しく怒り、菅谷からは二度と同様のことを取り次げない、と返答された。

この氏康の行為を上杉憲政は弱気とみて、二十日、砂窪陣に攻めかかり対戦となった。氏康は勝利して上杉憲政の馬廻衆《うままわりしゅう》を撃退、倉賀野《くらがの》三河守《かわのかみ》ら三千人を討ち取った。扇谷上杉軍についても撃退し、難波田善銀・小野因幡守らを討ち取り、扇谷上杉家当主の朝定《ともさだ》も戦死した。城中からは在城衆も打って出て、北条軍は二方面での合戦を行い、いずれにおいても勝利した（「異本小田原記」）。

これにより、足利晴氏と上杉憲政

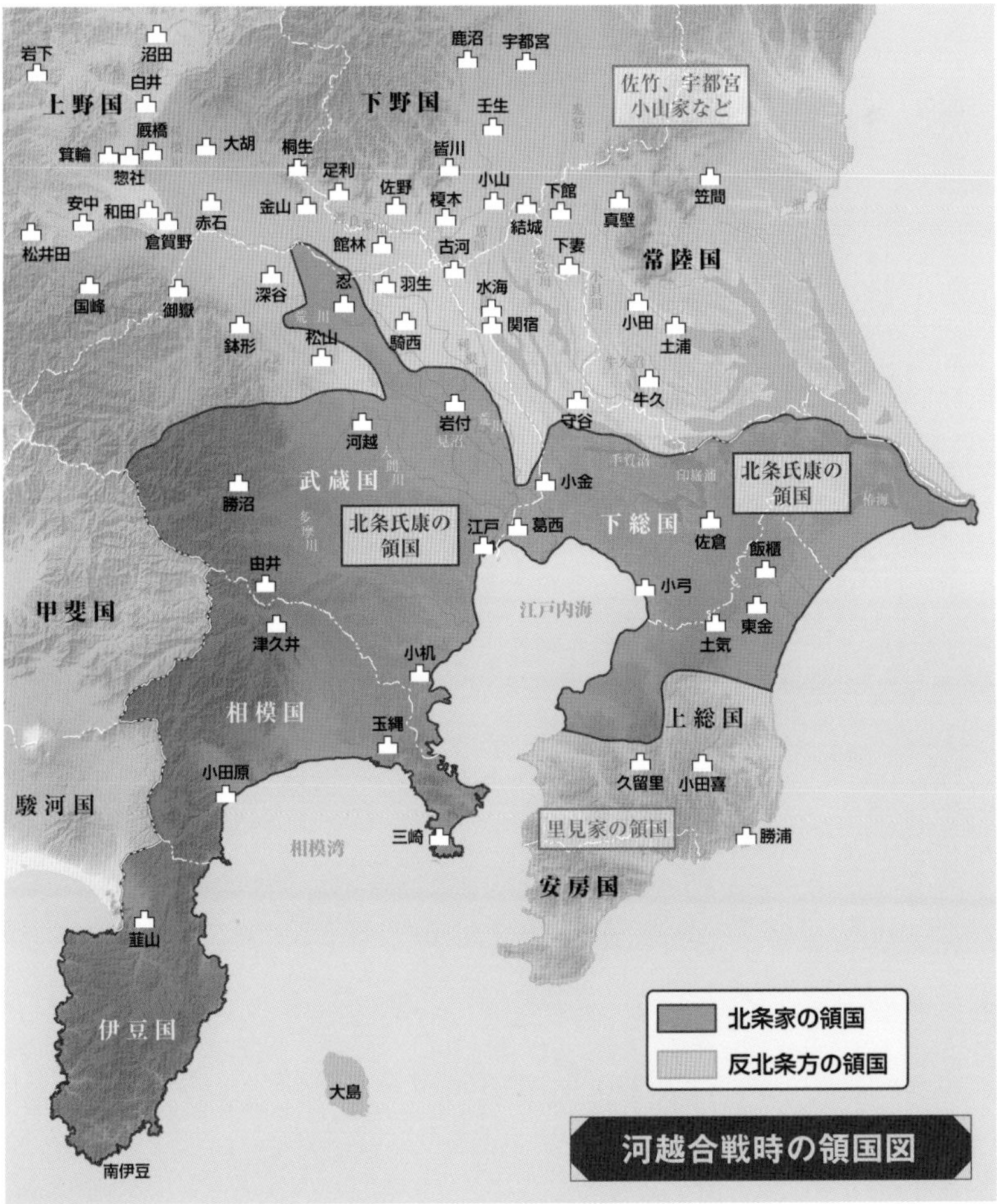

河越合戦時の領国図

右頁右：八臂弁財天（はっぴべんざいてん）坐像◆神奈川県藤沢市・江島神社蔵
右頁左：江ノ島遠景

はそれぞれの領国に敗走し、当主を失った扇谷上杉軍も本拠の松山城《まつやま》（埼玉県吉見町）に敗走した。北条軍は追撃して進軍、家老の垪和左衛門大夫《はがさえもんのだいぶ》（のち伊予守《いよのかみ》）が松山城も攻略し、在城した（「年代記配合抄《ねんだいきはいごうしょう》」「太田資武状《すけたけじょう》」）。こうして氏康は、扇谷上杉家の領国をすべて経略するかたちになった。なお、松山城を攻略した垪和は、前年の河東一乱までは駿河駿東郡御厨《みくりや》領の国衆として氏康に従属していた。同乱の終結にともない御厨領から退去し、同領を今川家に引き渡して北条家領国に移住し、氏康の家老の一人になっていた者である。

合戦後の二十九日、氏康は足利晴氏の家老で北条家への取次である簗田高助に宛て長文の書状を出し、今回の晴氏の行為を激しく非難した。父氏綱は、晴氏と対抗関係にあった小弓公方足利義明を滅ぼす功績をあげたが、それを忘れるとは子孫を絶えさせかねない行為であり、「君子《くんし》の逆道《ぎゃくどう》」に他ならない。高助に、よく考えていただきたい、と申し入れている。

この合戦が、すなわち河越合戦である。江戸時代成立の軍記史料で夜戦と伝えられるようになるが、実際にはそうではなかった。攻撃したのも上杉軍からで、北条軍はそれを迎撃し、さらに撃退したのである。氏康としては足利晴氏への叛逆になるため、できる限り合戦を避けようとしたが回避できなかった。しかし戦いは大勝利をおさめ、あろうことか扇谷上杉家当主を戦死させ、古河公方足利家と山内・扇谷両上杉家に対して軍事的勝利を得たのであった。古河公方足利家と両上杉家は室町時代末以来、長く関東政治秩序の中核を構成していた。それに対して氏康は、圧倒的な勝利をおさめたのであった。関東政界において、北条家がそれらにとって代わる決定的な存在になることを世間に示すことになった。その意味で、この合戦は関東戦国史の展開を決する一大画期といってよい。

足利晴氏・上杉憲政との対立は、これで終わったわけではなかった。晴氏との関係は修復されることはなく、憲政とはこれまで以上に抗争を本格化させていくのであった。

河越夜戦の碑◆河越城をめぐるこの戦いは、江戸時代の軍記史料により「川越夜戦」と呼ばれ名高い。軍記では半年にわたり籠城していた北条軍に小田原からの援軍八千が到着、闇に乗じて古河公方・上杉軍に夜襲をかけ大勝利を収めたという。北条方の死傷者が若干名に対し、古河公方・上杉軍は一万人近い死傷者を出したと語られている　埼玉県川越市・東明寺

上総佐貫城攻め、扇谷上杉家勢力を滅ぼし領国を併合

氏康は、天文十五年（一五四六）四月の河越合戦によって岩付領の岩付太田家を従属させ、松山領を経略して扇谷上杉家の領国を併合した。しかし、そのまま山内上杉家領国に侵攻するのではなく、九月には里見義堯が本拠にしていた上総佐貫城攻めを行った。これは真里谷武田信応からの要請によるものであった。

里見家とは、真里谷武田家領国をめぐって天文十二年以来、抗争関係にあったが、前年の天文十四年六月から九月までの間に、停戦和睦が成立していたらしい＊1。氏康が河東一乱のため出陣した際に、里見義堯は自身が援軍として出陣することを申し出ていた。義堯が援軍として出陣するのであるから、義堯との間で和睦が成立していたと思われる。ところが、その動きに対して武田信応が反発、氏康に義堯との敵対を進言し、氏康はそれを容れて一軍を佐貫城に向けて派遣した。軍勢の内容は判明していないが、氏康が河東一乱で伊豆に在陣していた時期で河東地域、河越城に加え佐貫城に対してと、三方面での軍事行動を強いられていたことになる。そして、河東地域と河越城での軍事抗争が解決したことをうけ、佐貫城攻めを行ったのであろう。元佐貫城主の武田義信を城主に復帰させることを名目に、義堯が在城する佐貫城を攻撃するものであった。河越合戦直後の五月、里見家は北条方の千葉家領国に侵攻し、椎崎《しいざき》千葉勝住《かつむら》を従属させていた＊2。氏康の進軍は、それへの対抗の意味もあったのであろう。進軍時期は判明しないが、九月末には佐貫城を攻囲している。

ところが九月二十八日、上野新田《にった》領に逃れていた扇谷上杉家重臣の太田資正《すけまさ》が、松山城を攻略するという事態が生じた。太田資正は岩付太田全鑑の弟だが、兄とは異なり扇谷上杉家に従い続けて、松山城が攻略された後は山内上杉家に従属する新田領の横瀬《よこぜ》（のち由良《ゆら》）家

＊1拙著『戦国の房総と北条氏』
＊2拙著『戦国期関東動乱と大名・国衆』

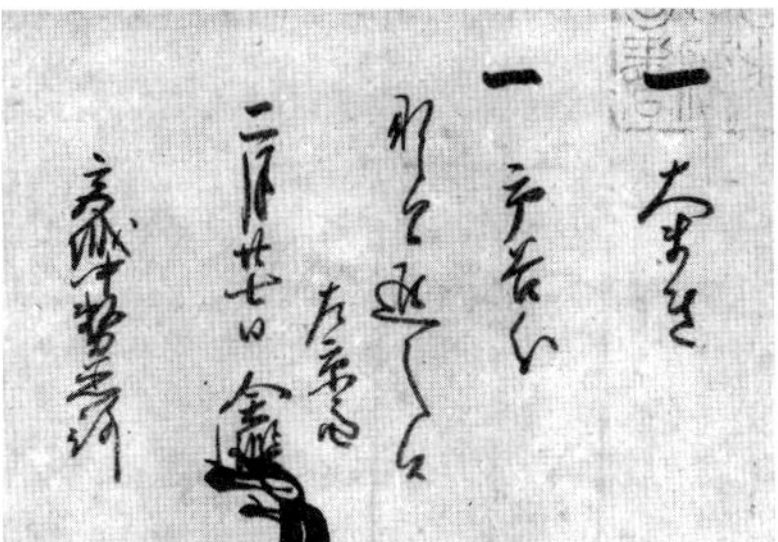

太田全鑑安堵状◆全鑑（資時・資顕）は扇谷上杉氏の重臣で、太田資正の兄にあたる　豊島・宮城文書　国立公文書館蔵

を頼って同領に在所していた。しかし、北条軍が佐貫城攻撃に向かった隙をつき、松山城を奪回したのであった。松山落城をうけて氏康は佐貫城攻めを切り上げ、十月一日・二日に退陣せざるをえず、そのため扇谷上杉家の勢力が復活することになった。その後、年内に山内・扇谷両上杉家への軍事行動は確認できない。逆に、里見家の千葉家領国への侵攻はさらに活発化していき、九月には千葉家御一家衆の臼井《うすい》胤寿《たねより》（当主利胤《としたね》の弟）が里見家に従属したため、千葉利胤は武田信応から援軍を得て追討にあたっている。

天文十六年（一五四七）六月、里見家は千葉家領国の下総海上郡《うなかみ》・匝瑳郡《そうさ》に侵攻し、千葉利胤は同香取郡《かとり》に出陣して迎撃しようとしたが、七月に死去してしまい、家督は末弟の親胤《ちかたね》に継承される。同年に千田庄《ちだ》（千葉県多古町）でも合戦が起きている（前掲拙著）。氏康が直接に対応した形跡はみられず、閏七月に下総森屋領《もりや》（茨城県守谷市）に進軍している。森屋領の相馬家《そうま》は古河公方足利家の家老である簗田家の与力《よりき》で、領国の南方は千葉家領国にあたっていた。これは古河公方家勢力への攻撃、古河公方家と千葉家の抗争に伴うものであったようだ。同年に氏康がとった軍事行動は、この森屋領への侵攻が知られるだけである。八月には岩付太田全鑑の家臣に所領を与え、九月には弟為昌の菩提寺として建立した本光寺《ほんこうじ》（小田原城内）に寺領を寄進し、十月には鎌倉の寺社に寺地をあらためて寄進している。このように、領国統治に専念しているようにみえる。三年前から軍事行動が連続していたため過度の軍事行動は控えなければならず、領国統治にあたっていたのだろう。

そうしたなか、十月九日に岩付太田全鑑が後継者不在のまま死去した。それをうけて十二月九日に、松山城の太田資正が岩付城を経略して同城に入り、自ら岩付太田家の家督を継承

松山城空撮◆周囲を流れる市野川を天然の要害として築かれた武蔵国中央に位置する城で、扇谷上杉家に属した上田氏が築いたという。要衝に位置するため周辺の諸勢力によって争奪戦が展開された　埼玉県吉見町　写真提供：吉見町教育委員会

し、松山城には扇谷上杉家旧臣の上田朝直《うえだともなお》（のち案独斎宗調《あんどくさいそうちょう》）を入れるという事態が生じた。岩付領までもが太田資正に経略されてしまった。さすがの氏康もこれに対抗せざるをえず、すぐに松山城に向けて出陣して上田朝直を従属させ、再び同城を攻略して垪和伊与守を城将として据えた。十三日には岩付城攻撃を開始した。そして、天文十七年正月十八日に太田資正を従属させる（「年代記配合抄」）。

これにより、氏康は松山領の再経略と岩付領の再従属を果たした。すなわち、扇谷上杉家の旧領国を完全に併合したことを意味した。こうして扇谷上杉家の勢力は関東政界から消滅した。これまでの北条家の領国形成は祖父宗瑞以来、扇谷上杉家領国を経略するかたちですすめられてきた。氏康はここに、それを完全に遂行したのであった。

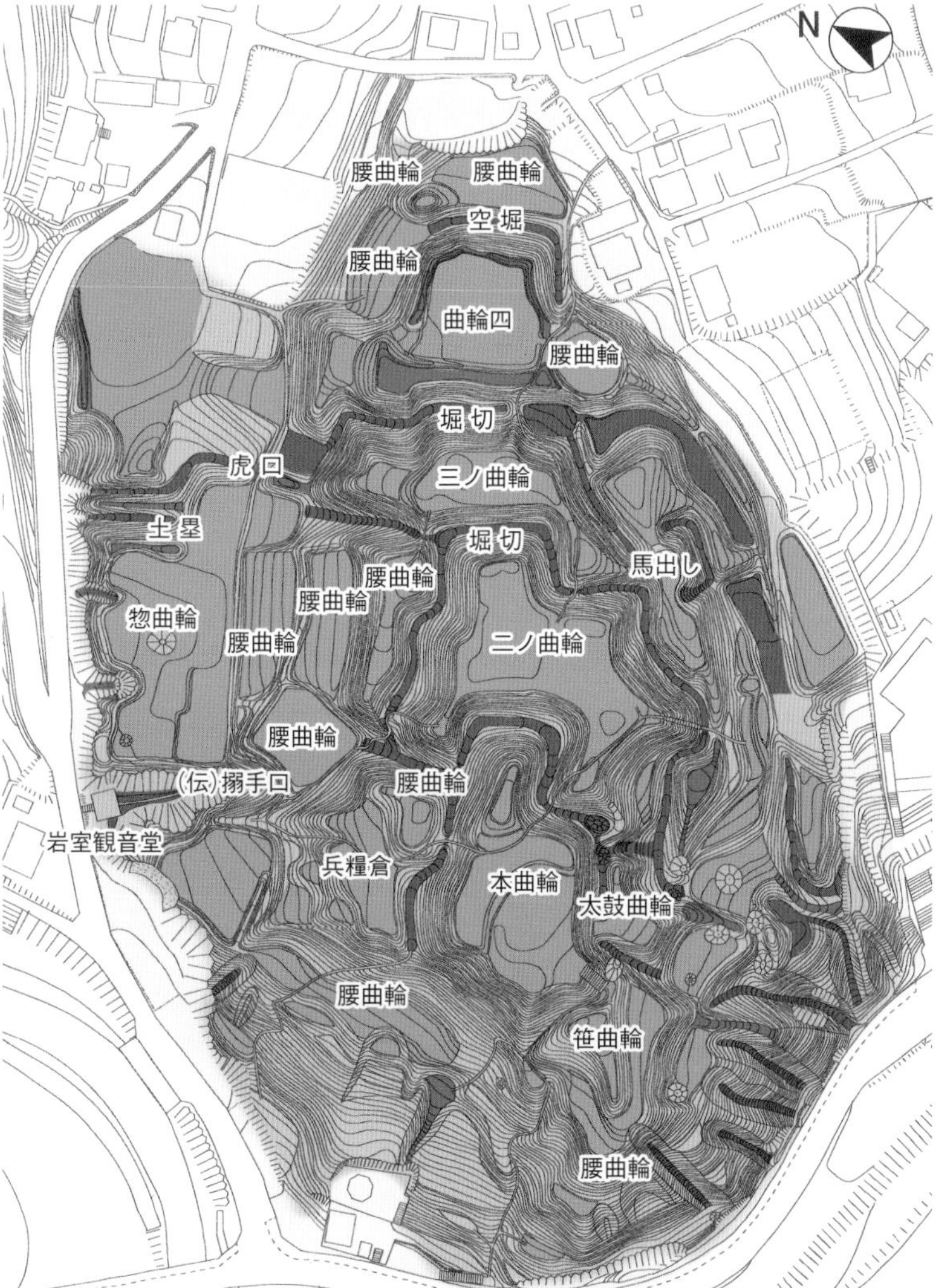

松山城概念図◆「松山城跡案内図」に一部着色　吉見町教育委員会制作

山内上杉方の小幡・藤田などの国衆を経略し北武蔵に進出

　天文十七年（一五四八）になると、武田晴信との交流が確認されてくる。三月七日に従属国衆である由井《ゆい》領の大石道俊《おおいしどうしゅん》は、晴信から書状を送られて「氏康とは以前から入魂《じっこん》にしている」と述べられ、それへの奔走を求められている。大石道俊は武田家側の取次である向山又七郎に書状を送っており、これはその返書である。晴信からは二月の信濃上田原《うえだはら》合戦、伊《い》那《な》軍侵攻について報告されている。道俊の行動は氏康の意向をうけたものと思われ、この頃から氏康と晴信は山内上杉家への対応をめぐって連絡を深めるようになっていた。

　ここに二月一日付けの晴信から氏康に宛てた書状がある（晴信の花押型《かおうけい》から天文十八年から同二十年までと推定）。氏康から家臣中村又次郎《なかむらまたじろう》・寿星軒《じゅせいけん》を使者に晴信に書状を送り、それに対し晴信から取次の小山田信有を通じて返答することを伝えられている。内容は判明しないが、時期からすると山内上杉家への戦略に関わることだろう。また、氏康は三月十一日に尾《お》張《わり》の織田信秀《おだのぶひで》に二通の書状を送っている。信秀からの書状への返事で、信秀から今川義元との間柄を尋ねられ「以前に和睦を結んだが、義元からこちらへの疑心は無くなっていない」と述べている。氏康と義元との関係は必ずしも親密ではなかったことがわかる。晴信とは山内上杉家への対抗から親密さを深めていたが、義元とはそこまでではなかったようだ。

　氏康は、この年も具体的な軍事行動を起こしていない。けれども、十月までのうちに山内上杉方の国衆で上野国峰《くにみね》領の小幡憲重《おばたのりしげ》が山内上杉家から離叛し、十二月五日には山内上杉家本拠の平井《ひらい》城（群馬県藤岡市）を攻撃している。この後、小幡家は氏康に従属しているので、小幡憲重を調略し山内上杉家から離叛させたのであろう。氏康はいよいよ、山内上杉家膝下《しっか》の国衆にも調略の手を伸ばすようになっていた。

天文十八年に入っても、しばらく氏康の軍事行動はみられないが、七月末には北武蔵への進軍を表明している。それまで武蔵で最前線拠点となっていた松山城の普請をすすめていたが、山内上杉方の敵対姿勢がみられたため、すぐに出陣を表明した。このときには天神山《てんじんやま》領の藤田泰邦《ふじたやすくに》がすでに従属しており、山内上杉方の御嶽《みたけ》領の安保《あぼ》家と抗争していた。藤田は天神山領の高松《たかまつ》（埼玉県皆野町）に侵攻をうけたため、その救援要請をうけての出陣であった。氏康は前年に上野小幡家を従属させていたが、ここに天神山藤田家を従属させたことがわかる。氏康は山内上杉方の国衆を相次いで従属させることで、その勢力を削いでいた。ただし、このときに実際に出陣があったのかどうかはわからない。

また、里見家との間でも動きがあった。六月九日に真里谷武田信応に書状を送り、信応の要請に応じて何かを用意している。十一月五日には下総千葉方の国衆で上総土気《とけ》領の酒井胤《さかいたね》治《はる》に、里見家に対峙している功績に報いて上総二宮庄《にのみや》（千葉県茂原市）を与えた。里見家による千葉家領国への侵攻は、この年三月にも香取郡に行われており、依然として続いてはいたがその後はみられないため、千葉方による反攻が展開されていたのかもしれない。氏康自身は軍勢を派遣せず、千葉方勢力に任せる状況にあった。

この年、氏康は北武蔵に出陣を表明したものの本格的な軍事行動はみられないため、前年正月以降、軍事行動を控えていたのかもしれない。そうしたなかの十月七日、嫡男の西堂丸（氏親か・一三歳）と次男の松千代丸（氏政か・一一歳）が、公家の飛鳥井雅綱から蹴鞠伝授書を与えられている。かつて氏康も、元服前に飛鳥井雅綱から同様に蹴鞠伝授書を与えられており、嫡男と次男にも戦国大名家当主にふさわしい教育を行っていたと思われる。さらに十月十三日、氏康自身も飛鳥井雅綱に蹴鞠の門弟となることを契約し、それにあたって葛袴《くずばかま》と鴨沓《かもぐつ》の拝領を要請し認められている。北条家による教養の修得を示す貴重な事例といえるであろう。

右：平井城跡の堀跡◆山内上杉家の拠点として築かれ、鎌倉公方足利持氏と幕府将軍側の上杉憲実が争った永享の乱の際、上杉憲実が退去した城でもある。背後には、平井城の詰めの城として尾根筋に築かれた山城の金山城がある。現在、城跡公園として土塁・堀跡や城跡碑などが遺されている　群馬県藤岡市

小幡氏歴代の墓◆戦国時代に活躍した小幡顕高の墓等が並ぶ　群馬県甘楽町・宝積寺

天文十九年（一五五〇）二月十九日、氏康は天神山藤田家の有力一族である用土業国《ようどなりくに》に、武蔵御嶽領で上野高山《たかやま》氏の所領であった神田郷・川除《かわよけ》郷（群馬県藤岡市）を与えている。所領の所在地に「武州」とあるが正しくは「上州」で、武蔵御嶽領に含まれていたために「武州」と称されたと考えられる。両郷は山内上杉家家臣の高山氏の所領であったが、同地を経略したら与えることを約したのだろう。天神山藤田家は、北条方の最前線で山内上杉方との抗争を展開していたことがわかる。

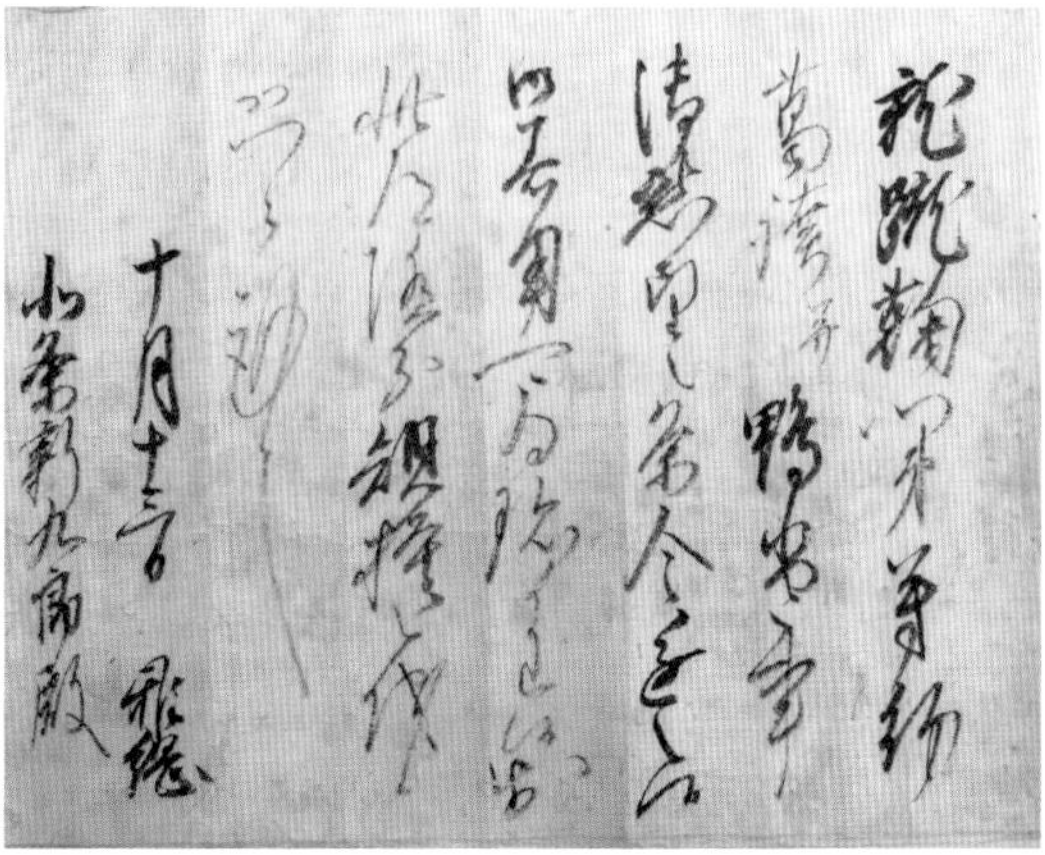

飛鳥井雅綱書状案◆北条新九郎（氏康）に宛てたもの。雅綱が新九郎に対して、葛袴（短めに仕立てた袴）・鴨沓（蹴鞠用の沓）を与えたことが書かれている　国立公文書館蔵

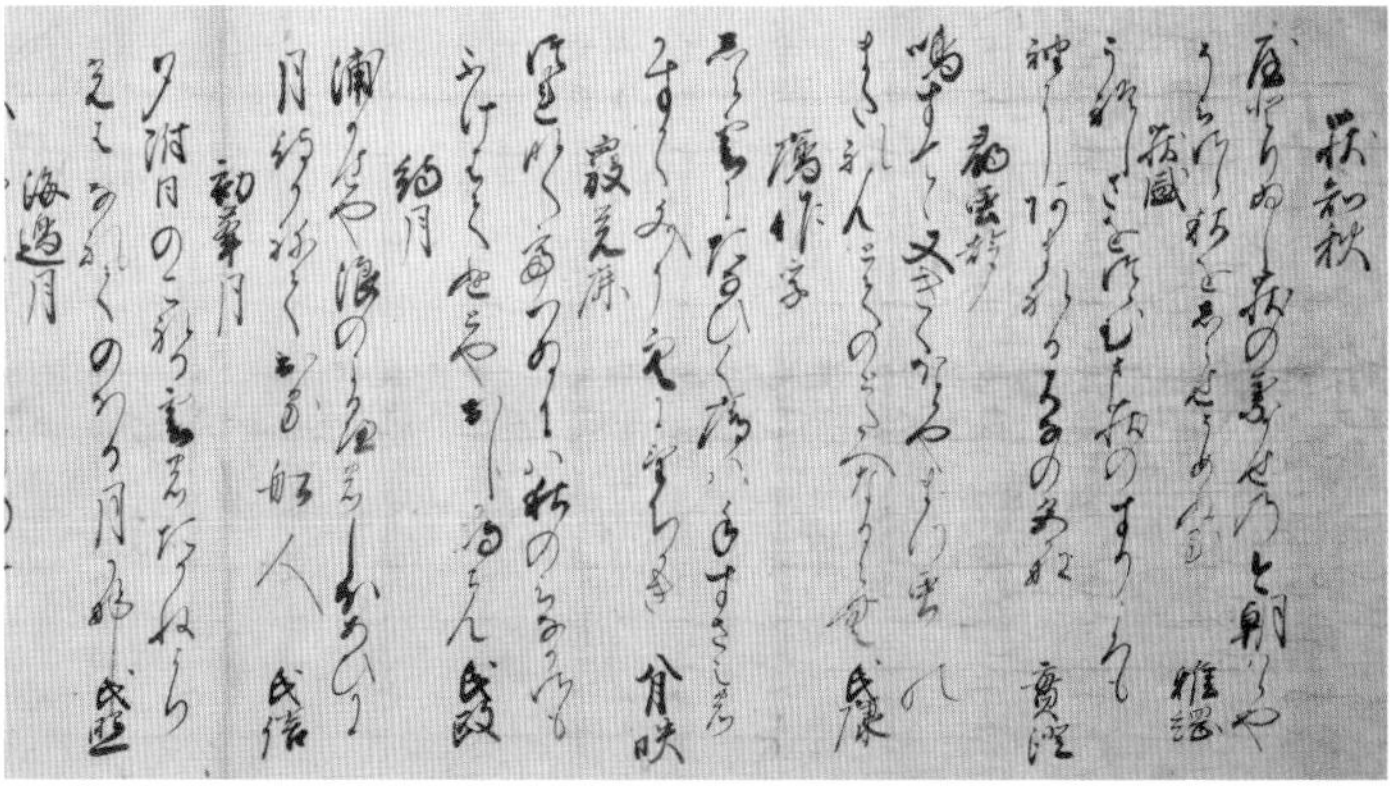

飛鳥井雅綱・三条西実澄・北条氏康等詠草（部分）◆氏康・氏政ら北条氏に関係する15人の歌人が参加した19首からなる歌会一座の史料。小田原歌壇の現存する唯一の遺品として、非常に高い価値を有している　泰巖歴史美術館蔵

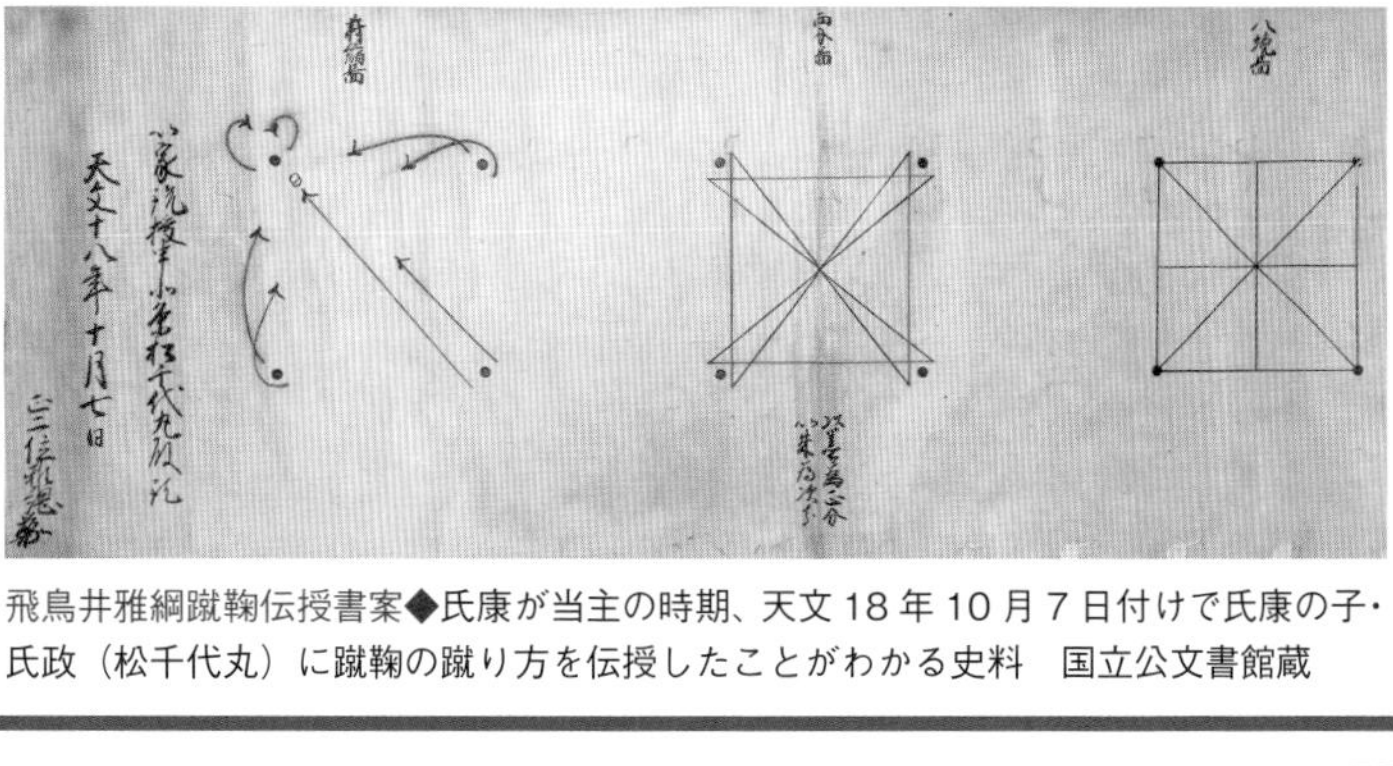

飛鳥井雅綱蹴鞠伝授書案◆氏康が当主の時期、天文18年10月7日付けで氏康の子・氏政（松千代丸）に蹴鞠の蹴り方を伝授したことがわかる史料　国立公文書館蔵

領国全域で多くの百姓が逃散し、耕作不能の大打撃に

天文十九年（一五五〇）四月朔日、氏康は「国中諸郡退転《たいてん》につき、庚戌《かのえいぬ》（天文十九年）四月諸郷公事赦免《しょごうくじしゃめん》の様体の事」と題した朱印状《しゅいんじょう》を、領国内の各村に宛てて発給した。現在のところ、伊豆西浦内長浜《ながはま》村（静岡県沼津市）、同狩野牧之《かのまきの》郷（同伊豆市）、相模西郡一色《いっしき》郷（神奈川県小田原市）、同東郡磯部《いそべ》郷（同相模原市）、同郡田名《たな》郷（同）、武蔵久良岐郡本牧《ほんもく》郷（横浜市中区）、同江戸地域 南品川《みなみしながわ》・北品川（東京都品川区）の八ケ村分が残存している。その範囲は伊豆から武蔵南部にわたり、村々には直轄領も給《きゅう》人《にん》領もある。少なくとも伊豆から江戸領までの範囲にわたって直轄領と給人領の区別なく、すべての村に対して同様のものが一斉に発給されたようだ。これを「公事赦免令」と称している。

これらが発給されたのは、冒頭に謳われているように、「国中諸郡退転」という事態のためであった。「退転」とは村から百姓が逃げ出し、多くの百姓がいなくなって村の再生産そのものが行えなくなる状態をいう。こうした事態が「国中諸郡」、すなわち領国全域で生じていた。領国全域で再生産が成り立たない状態になっているため、領国の存立そのものが極めて深刻な危機におちいっていた。

しかも発令の時期は、この年の耕作が開始される時期にあたっている。作付《さくつけ》時期になっても領国内では多くの百姓がいなくなったままという状態で、このままいくと今年の耕作は甚大な打撃をうける。そのため氏康は、それら欠落《かけおち》百姓を帰村（「還住《かんじゅう》」）させ、村々を復興することが緊急の課題であった。この公事赦免令は、まさに「村の成り立ち」を図って出されたのである。

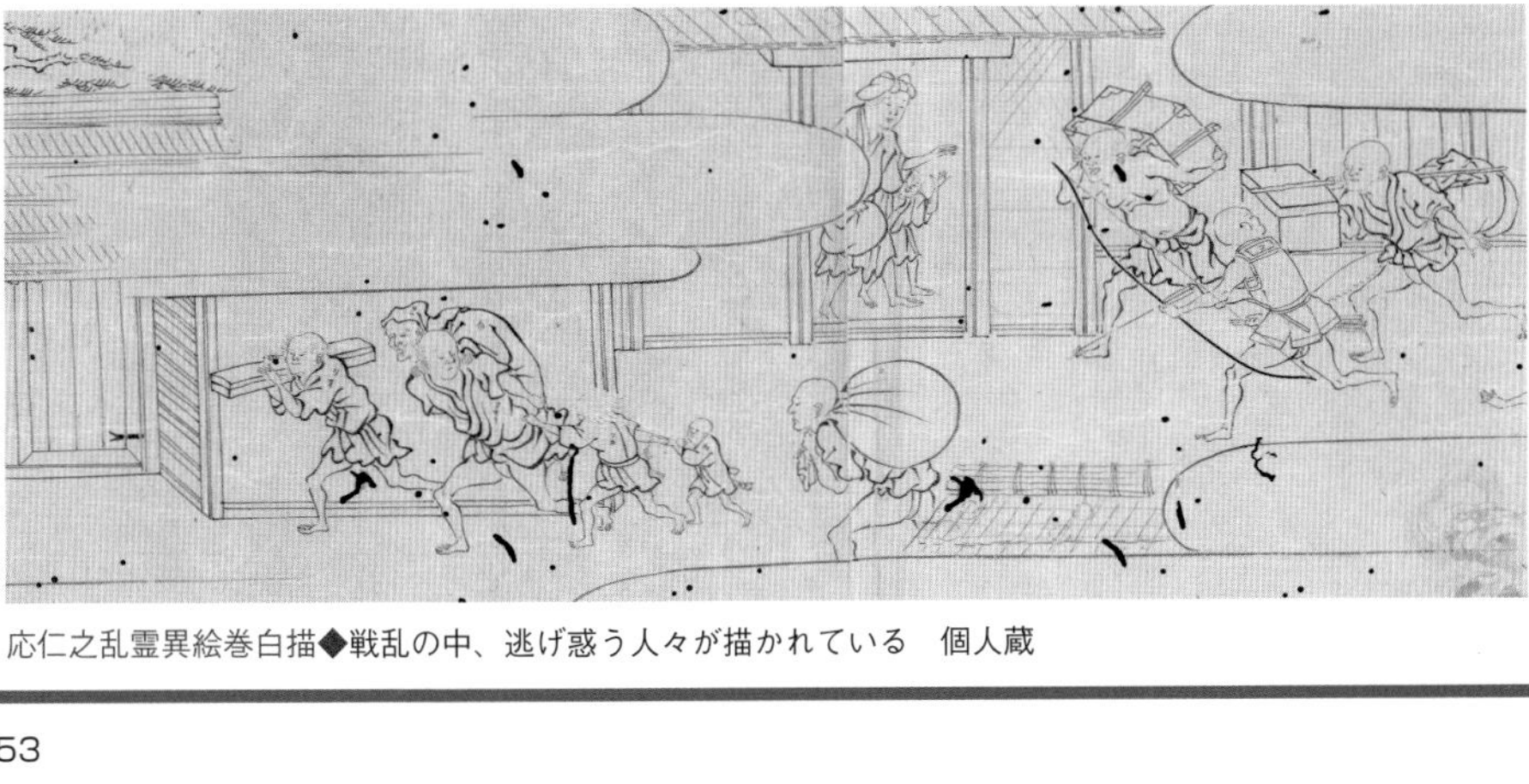

応仁之乱霊異絵巻白描◆戦乱の中、逃げ惑う人々が描かれている　個人蔵

領国復興のために発布した「公事赦免令」を自賛

では、どうしてそのような事態が生じたのか。具体的に示す史料は存在しないが、前年の天文十八年（一五四九）四月十四日夜半、隣国の甲斐で五十二年ぶりに起きた大地震が注目されている。その被害は北条家の領国にも及んだことは十分に想定でき、そうした広域的な災害によるものではないか、と推測される。この地震により多くの耕地などが破壊され、大規模な不作が生じた可能性は極めて高い。領国全域の退転状況をもたらした根本的な要因は、この領国規模にわたった地震災害にあったとみられる。

さらに、「国中諸郡退転」という深刻な事態を招いた理由にはもう一つ、氏康の対応の遅さがあげられる。地震があってから公事赦免令が出されるまでにほぼ一年が経っており、その間にも夏、秋の年貢収納期が過ぎているのである。氏康が地震後に積極的な対策をとった形跡はみられない。不作分に対する減免や破壊された建造物の再建、耕地の復旧などについて、ほとんど対応しなかったのではないか。そのことが結果として、領国規模での村々の退転を引き起こしてしまったように思われる。

この公事赦免令では、

①畠賦課の諸役を畠貫高《かんだか》6％の税率で、夏・秋二回の納入にする懸銭《かけせん》という税目に統一し、雑多な諸税を整理・統合、賦課《ふか》基準を領国全域で一律化し課税額を定量化した。

②従来の諸役を賦課してくる下級役人や、村落の存立が困難になるような給人による公事賦課に対し、北条家に直接訴訟を認める「目安制《めやすせい》」を領国すべての村落に導入し、目安制を確立した。

③帰村百姓の債務を帳消しにする「徳政《とくせい》」を行った。

④一部夫役《ぶやく》を廃止し、また銭納化した。いずれも、災害で危機にあった村落復興のための施策にあたった。

さらに懸銭創出にあわせて、既存の役銭《やくせん》（北条家が各村落に直接に賦課し、銭貨で納入させた租税）である段銭《たんせん》（田に賦課）と棟別銭《むねべつせん》（屋敷に賦課）についても税額を軽減している。段銭では田一反につき五〇文から四〇文に、棟別銭では屋敷一間につき五〇文から三五文に、という具合である（拙著『戦国大名の危機管理』）。公事赦免令の発令を機に、役銭・夫役について全面的に税制改革を行ったのである。また、災害にともなって発生したと推定される銭貨流通を滞らせる「撰銭《えりぜに》」に対しても、流通禁止を認める銭貨を四種類だけに規定し、銭貨流通の円滑化に対処している。

このようにして氏康は、「国中諸郡退転」という領国全域を覆った深刻な危機を克服するため、種々の政治改革を行った。これは北条家としても領国全域に統一的な政策をとった最初の事例である。そこでは、何よりも村落が北条家への租税負担を維持できるように、復興を遂げることを眼目にして対応した。その結果、北条家の領国支配の在り方は、領国全域で統一的なものが構築された。なかでも歴史的意義があるのは目安制の全面展開で、すべての村落に北条家当主への直接訴訟権を認めるものであった。しかも氏康自身、のちにこの政策について「諸人の訴えを聞き届け、道理を探求する」政策として自賛するほどのものであった。氏康は領国危機の克服のため、画期的な領民支配の仕組みを構築したのであった。

伏見大地震之図◆文禄五年（一五九六）に起きた地震の様子を描いたもの。このとき、秀吉が築造中の伏見城天守も倒壊してしまった。現在と同じように地震は列島各地で起こり、戦国大名はその復興にあたったことが知られる　国立国会図書館蔵

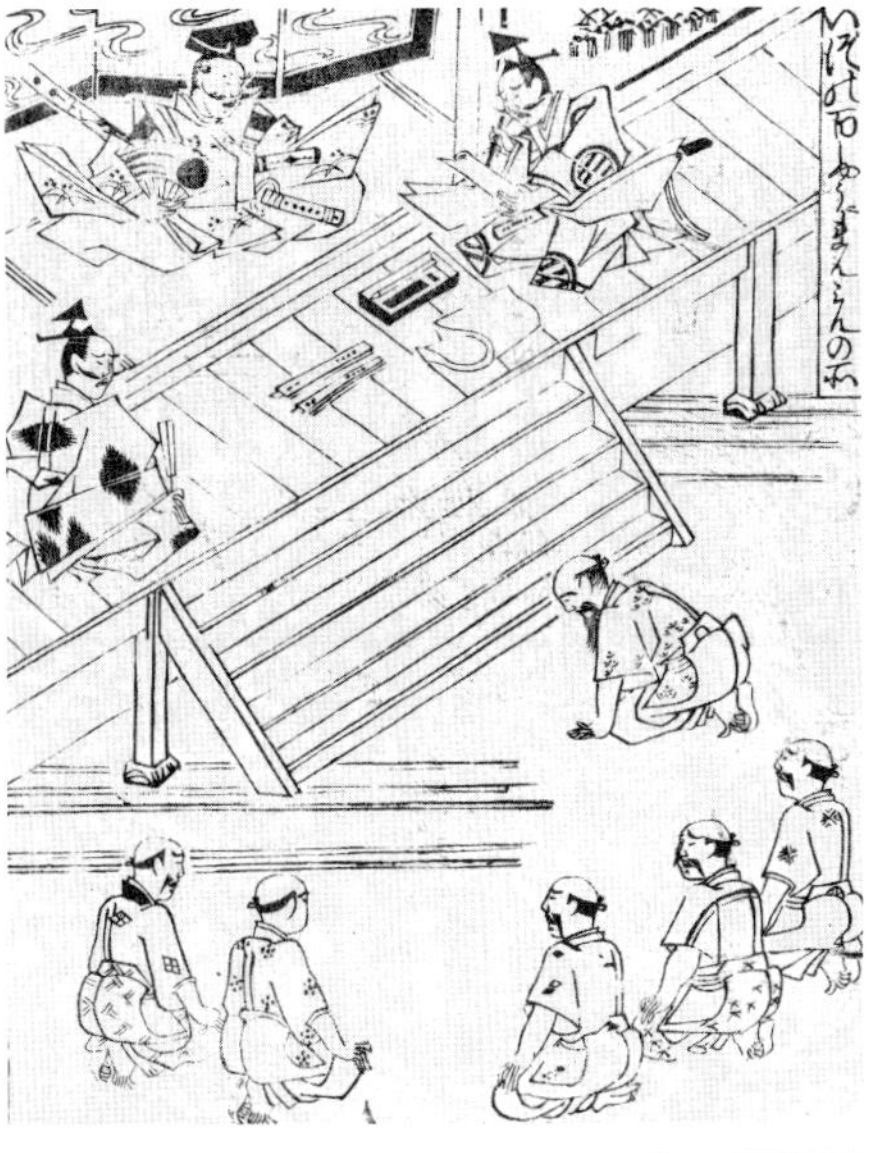

「伊豆の百姓に憐愍（れんびん）の事」◆『北条五代記』　北条家の領国支配で善政を敷いていたことが語られている　当社蔵

本丸
陣屋
大手口

葛西城 画：香川元太郎 考証：西ヶ谷恭弘
中川（旧利根川）

結城家支援と梅千代王丸の葛西入城で「葛西公方」が成立

氏康は公事赦免令により領国危機を克服すると、直後の天文十九年（一五五〇）閏五月、下総結城《ゆうき》領の大名の結城政勝《まさかつ》から要請をうけ、敵対する常陸小田氏治《うじはる》（政治の子）に対し協同の軍事行動を計画した*1。結城家と小田家はかねてから抗争しており、結城家は関東管領である氏康に接近し、その軍事力を動員して小田家に対抗しようとした。氏康もそれを容れて小田家領国に侵攻することを決し、北関東の大名勢力の抗争に明確に介入する姿勢をとったのである。

ところが、これに氏康の妹で古河公方足利晴氏の正妻の芳春院殿から中止要請が入り、氏康はそれを聞いて出陣を延期した。芳春院殿が六月に、自身が産んだ晴氏末子の梅千代王丸《うめちよおうまる》を北条家領国の下総葛西城《かさい》（東京都葛飾区）に移住させることを計画しており、氏康の軍事行動はその移動の障害になるとして、氏康と結城政勝に中止を要請したからであった。

氏康はそれを容れて出陣を延期にし、結城家への取次であった家老の遠山綱景《つなかげ》を通じて連絡した。結城政勝は芳春院殿に書状を送り、中止の承知を伝えるとともに、提案のあった芳春院殿が結城家と小田家の和睦を取り計らうことについては拒否し、あくまでも小田家と抗争を続けることを伝えた。それとともに「たとえ滅亡しても恨むことはない」と恨み言を述べている。こうして氏康の結城家支援の軍事行動は延期された。ちなみに、それが実現するのは、これから六年後の弘治二年（一五五六）のことになる。

芳春院殿のこのような行動は、古河公方足利家における梅千代王丸の政治立場が動揺したためと考えられる。天文十四年以来、足利晴氏は氏康と政治対立の状態にあった。同十七年には庶長子の幸千代王丸《こうちよおうまる》を正式に嫡男に立て、同十八年には将軍足利義藤《よしふじ》（のち義輝《よしてる》、義晴

小田城の本丸跡周辺（右）と虎口跡（左）◆茨城県つくば市

の子）から偏諱《へんき》（実名の一字）をうけて元服させ、藤氏《ふじうじ》と名乗らせた。これにより藤氏が晴氏の嫡男であることが確立された。[*2] これは芳春院殿が晴氏と結婚した際に、晴氏と北条家との間で契約された芳春院殿所生の男子を晴氏の嫡男とすることを明確に反故《ほご》にするものであった。これにより、古河公方足利家での芳春院殿と梅千代王丸の立場は危機におちいった。芳春院殿はその打開のため、梅千代王丸を連れて古河公方家本拠の古河城（茨城県古河市）から退去、北条家領国ながら下総に所在した唯一の拠点であった葛西城に移住することを決したのである。

芳春院殿は当初、葛西城への移住を六月としていたが、少し遅れて七月に移住したと推定される。その移住の際に芳春院殿は、北条家への取次を務めていた家老の簗田晴助《はるすけ》（高助の子）に、晴助の進退を保証する起請文を自ら出している。こうして芳春院殿と梅千代王丸は葛西城に移住した。以後、両者は「葛西」あるいは「葛西様」と称された。移住にともなって古河公方家の奉公衆の何人かが、それに同行した。これにより、古河公方家権力は古河城にある晴氏・藤氏と、葛西城にある芳春院殿・梅千代王丸とに分裂した。氏康は芳春院殿・梅千代王丸を庇護し、梅千代王丸を公方家当主として遇したため、「葛西公方」と称すべき存在になった。[*3]

氏康はこれより以前の天文十二年に、梅千代王丸の誕生をうけて足利晴氏から梅千代王丸を嫡男にするという確約をとりつけていた。しかし、同十三年に氏康の軍事的失敗を契機に疎遠となり、同十四年に晴氏が河越城包囲陣に参加したことで政治対立は決定的になった。以後、晴氏との関係は対立したままであった。しかも晴氏は、山内上杉家を通じて室町幕府に通信し、庶長子の藤氏に将軍偏諱を得て嫡男として確立してしまった。氏康もその行為には大いに憤慨していたであろう。古河公方足利家は関東政界の頂点に位置し、関東政治秩序

＊1『埼玉県史料叢書12』一四五号
＊2拙稿「足利晴氏の発給文書」拙編『足利高基・晴氏』所収
＊3拙著『「おんな家長」芳春院殿』

水海城跡◆古河公方の重臣として活躍した簗田晴助・持助父子の居城。古河公方の領国内に配置された主要城郭である関宿城・栗橋城と近く、公方を防御するネットワークが築かれていた。現状、ほとんど遺構は遺されていない　茨城県古河市

の中核をなす存在だったから、あからさまに敵対姿勢をとることは難しかったであろう。氏康が河越合戦以降、軍事行動を本格化しなかったのは、それへの配慮がはたらいたとも考えられる。

しかしここにきて、芳春院殿の驚くべき行動により芳春院殿・梅千代王丸を庇護することになり、公方家当主相当の人物を擁立するかたちになった。氏康としては梅千代王丸を公方家当主として扱い、さらに正式に古河公方足利家当主にしていく戦略を構想していたであろう。そのためには、晴氏が頼みとする山内上杉家への攻勢を強め、その状況を解消する必要があった。氏康はこうして、山内上杉家の攻略を本格的にすすめていくことになる。

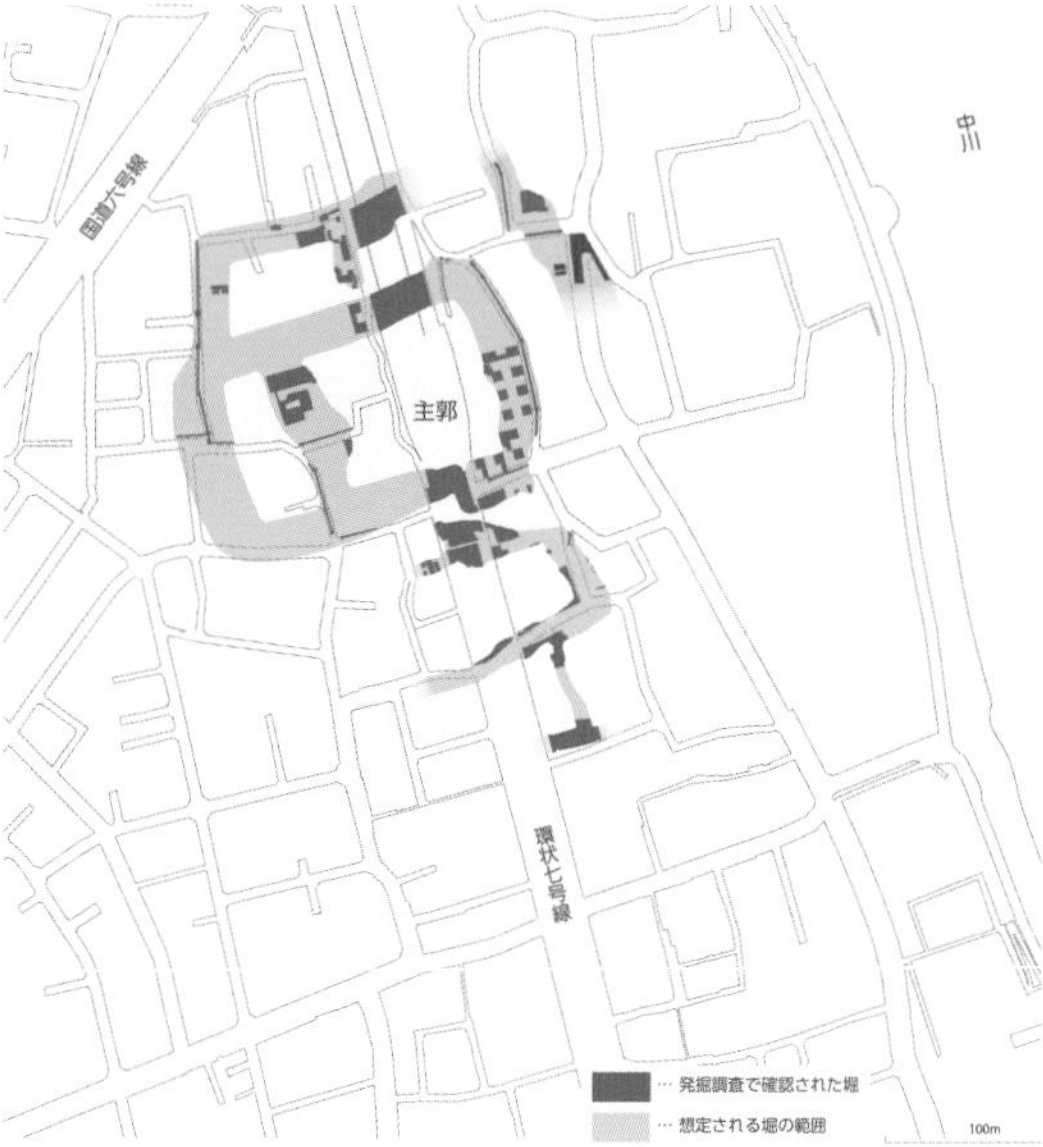

葛西城跡の発掘縄張り◆数次にわたる発掘調査から葛西城の在りし時代の姿が少しずつ解明されてきている　資料提供：葛飾区郷土と天文の博物館

葛西城跡◆現在は葛西城址公園として整備されている　東京都葛飾区

足利晴氏の墓◆父高基の嫡男として永正十一年（一五一四）に生まれた。元服に際し将軍足利義晴の偏諱を受け晴氏と名乗った。永禄三年（一五六〇）に元栗橋の嶋で死去した　千葉県野田市・宗英寺

太田資正による上野国衆の調略や宇都宮家内乱への介入

芳春院殿・梅千代王丸が葛西城に移住した直後の天文十九年（一五五〇）八月二十三日、氏康は従属国衆の岩付太田資正に書状を送り、山内上杉方への戦略を指示している。太田資正は、氏康の命令によって北武蔵の前線に在陣していたらしい。そこでは山内上杉方の国衆で東上野新田領の横瀬成繁《なりしげ》を従属させる調略をすすめていたらしい。その際、資正は横瀬を松山城に着陣させようと考えていたが、氏康はそれを否定し本庄城を取り立てているので、同地に在城させ敵が進軍してこないように対処することを指示している。

また、横瀬家からの人質に成繁の弟である左衛門四郎を名指しした。人質が出されなければ、これまでの資正の忠功も無駄になると述べている。人質が出されれば、山内上杉家領国に進軍して同家と決着を付けようとしている状況なので、上野河東（利根川《とねがわ》以東）が味方として確実になり軍勢も安心できること、対して山内上杉家本拠の上野河西（利根川以西）を経略した場合は、横瀬家の従属も不要になることを述べている。氏康が太田資

江戸時代の宇都宮城を再現したVR映像◆西から東の主郭部分を望む　提供：宇都宮市教育委員会

正に横瀬家調略を指示していたこと、北条家の軍事戦線が本庄城まで前進していたことがわかる。

太田資正は、かつて河越合戦による扇谷上杉家の領国没落の際、横瀬家の庇護をうけていたから親交はあっただろう。氏康はそれを利用して、資正に横瀬家の調略を指示していたと思われる。また、北条家の軍事戦線が本庄城まで達していたのは、この間、山内上杉家家臣で本庄の領主であった本庄家を攻略し、同城と周辺地域の経略を遂げていたことを示している。本庄領は忍の成田家の領国になっていた可能性があるから、同地の経略は直接には成田長泰が行った可能性が高い。そして忍領と本庄領の間に深谷《ふかや》城（埼玉県深谷市）を本拠とする深谷領の国衆の深谷上杉憲賢《のりかた》がいたが、成田家が本庄領を経略していることからすると、その間にあった深谷上杉家は、それまでには氏康に従属していただろう。

こうして氏康は、天文十九年八月までに天神山の藤田家に続いて深谷上杉家も従属させ、忍成田家によって本庄領の経略を遂げていたと思われる。これにより武蔵の山内上杉家勢力は、わずかに西北端の御嶽領の安保家のみという状態であった。さらに、氏康は上野新田領の横瀬家の調略もすすめていた。氏康は資正に山内上杉家領国に侵攻して攻略する意向を示していたが、まさにその準備は調えられている状態にあった。しかし、すぐには出陣していない。十二月、最前線拠点の松山城に家老の狩《か》野介《ののすけ》らを在城させ、城の維持を命じているだけである。

むしろ氏康は、天文二十年（一五五一）正月に、下野壬生《みぶ》領の国衆で下野宇都宮家家老の壬生綱雄《つなかつ》を支援している。[*1] このときの壬生への支援というのが、氏康自身も出陣したのか、援軍として軍勢の派遣にとどまったのかは不明だが、これにより綱雄は芳賀高照《はがたかてる》を宇都宮城

深谷城跡の堀跡◆深谷上杉氏の上杉房憲が康正二年（一四五六）に築いた城で、富士浅間神社（智形神社）の社殿脇に堀跡が遺されている　埼玉県深谷市

＊1「今宮祭祀録」『鹿沼市史資料編古代・中世』三一〇号

（宇都宮市）から没落させて、自ら同城を占拠した。

この事件は、これより二年前の天文十八年九月に、宇都宮領の大名の宇都宮尚綱《ひさつな》が下野那《な》須《す》領の国衆の那須高資《たかすけ》との五月女《さおとめ》合戦で戦死したことを契機に生じた宇都宮家の内乱の一環である。宇都宮尚綱《ひさつな》の戦死をうけ、嫡男伊勢寿丸《いせじゅまる》（のち広綱《ひろつな》）は家宰の芳賀高定《たかさだ》に庇護されて芳賀の本拠の真岡《もおか》城（栃木県真岡市）に退去し、宇都宮城は那須高資と壬生綱雄と結んだ芳賀高照（高定の義兄）が占拠した。ところが、同二十年正月二十一日に那須高資が芳賀高定に下野千本《せんぼ》（同茂木町）で謀殺されたことで、宇都宮城の芳賀高照の権力が動揺した。それをうけて壬生綱雄は氏康の支援を得て芳賀高照を宇都宮城から退去させ、自ら同城を占拠したのであった。＊2

壬生綱雄への支援は、おそらく壬生から要請をうけてのことだろう。氏康の支援の具体的内容は判明しないが、「氏康の御意をもって」と記されていることから、壬生の宇都宮城攻略は氏康の戦略であったのだろう。氏康が宇都宮家の内乱に明確に介入していたことがわかる。この宇都宮家の内乱は、家宰の芳賀家、家老の壬生家だけでなく那須領の那須家をも含んで展開された。その決着は、これから六年後の弘治三年（一五五七）に遂げられたが、そのときは氏康も大きく関わっている。しかしその間、氏康はこの内乱にそれ以上関わってはいない。どのような理由かは判明しないが、ともかく氏康は、北関東大名層の政治動向に直接関わるようになっていたようだ。それだけに、氏康の勢威が北関東勢力にも認知されるほどになっていたことを示している。

＊2　荒川善夫『戦国期北関東の地域権力』

宇都宮城の復元された富士見櫓◆平成十九年に宇都宮城址公園として公開されている　宇都宮市

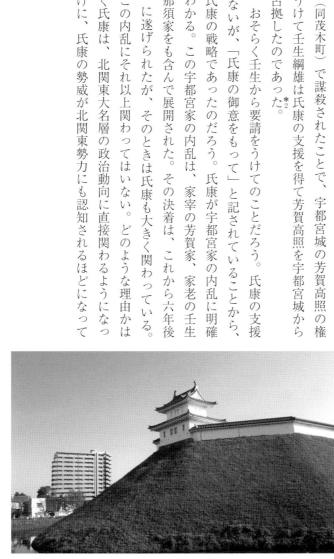

京都南禅寺住持から「今代天下無双の覇主」と評される

天文二十年（一五五一）四月、氏康は臨済宗《りんざいしゅう》「五山《ござん》の上」の京都南禅寺《なんぜんじ》住持の東嶺智旺《とうれいちおう》の訪問をうけている。智旺はその前に駿府を訪問、そこから小田原にやってきたもので、目的は鎌倉五山などの見学にあった。智旺は箱根路を通って小田原に至るが、途中の湯本《ゆもと》（神奈川県箱根町）で北条家の菩提寺である臨済宗早雲寺《そううんじ》に立ち寄っている。氏康は智旺と小田原城の本屋形において面会した。

智旺は北条家の本屋形（「太守《たいしゅ》の塁《るい》」）について、「喬《たか》き木森々、高館巨麓、三方に大池有り焉、池水湛々、浅深量るべからず」と表現している。これはこの時期の小田原城の様相を示す貴重な史料となっている。すなわち、高い木に覆われ高地に立地して巨大、その三方は大きな池に囲まれている。池の水は満々と溜まっていて深さは計り知れない、というものである。この表現から、このときの小田原城、すなわち北条家の本屋形は現在の小田原城本丸と考えられている。* そしてその周囲は池に囲まれていたことがわかる。

氏康に面会した智旺は、氏康の人物像についても表現している。「太守は平日は実地を踏み、文を表にし武を裏にす、刑罰は清らかにして遠近服す矣、寔《まこと》に今代天下無双《こんだいてんかむそう》の覇主《はしゅ》也、凡《およ》そ士たる者は、これを敬まわざるべからず、万般耳目《ばんぱんじもく》を驚かすのみ」とある。すなわち、氏康はいつも実際の場を身をもって経験しており、何よりも政治に優れ、さらに軍事・武略にも優れている。刑罰は明確のため遠方の人も近くの人々も服す、これこそ「今代天下無双の覇主」である。およそ武士であれば氏康を尊敬しない者はいない。すべてのことに驚くのみである、というのである。

これは、氏康に対面した人物による氏康評として、とても貴重である。しかもこの氏康評は、

小田原城で発掘された二号池（庭園・右）と切石敷遺構（庭園・左）
◆写真提供：小田原市教育委員会

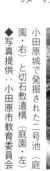

氏康やその関係者に述べたものではなく、同じ臨済宗妙心寺《みょうしんじ》派の美濃《みの》禅昌寺《ぜんしょうじ》（岐阜県下呂市）などに宛てた書簡で、いわば身内の宗門関係者に記したものだ。そのため、文意は決して氏康におもねるものではなく、智旺の率直な感想を述べたものである。

これによると、氏康は何事も自分で経験していて、政治にも武略にも優れた文武両道の名将であった。刑罰に代表される政治の内容は明確で、領国の武士・領民は氏康の政治を受け容れていたという。そうした氏康の存在は、まさに当時において諸国に並ぶ者のいない国王である、というのである。智旺はおそらく、諸国の戦国大名の多くと面識があったに違いない。その智旺をして、氏康は諸国で最も優れた戦国大名と言わしめており、氏康という人物を認識するうえで極めて重要な情報になる。そのため「今代天下無双の覇主」という表現は、氏康を評する恰好のものといえる。

氏康は智旺に面会すると鎌倉までの通行に便宜をはかり、鎌倉まで伝馬《てんま》三疋《さんびき》の提供と、その通行料を免除する朱印状を与えた。すなわち、伝馬制度の利用をはからったのである。北条家では、氏綱の代に領国内の主要街道における物資運搬を円滑化するため街道上の要地に宿を設置した。それと契約した輸送業者に輸送業を承認する見返りとして、次の宿まで物資輸送を義務付ける伝馬制度を構築していた。氏綱のときには、北条家当主が使用する虎朱印《とらしゅいん》を押捺《おうなつ》して伝馬利用を認め、公用の場合は

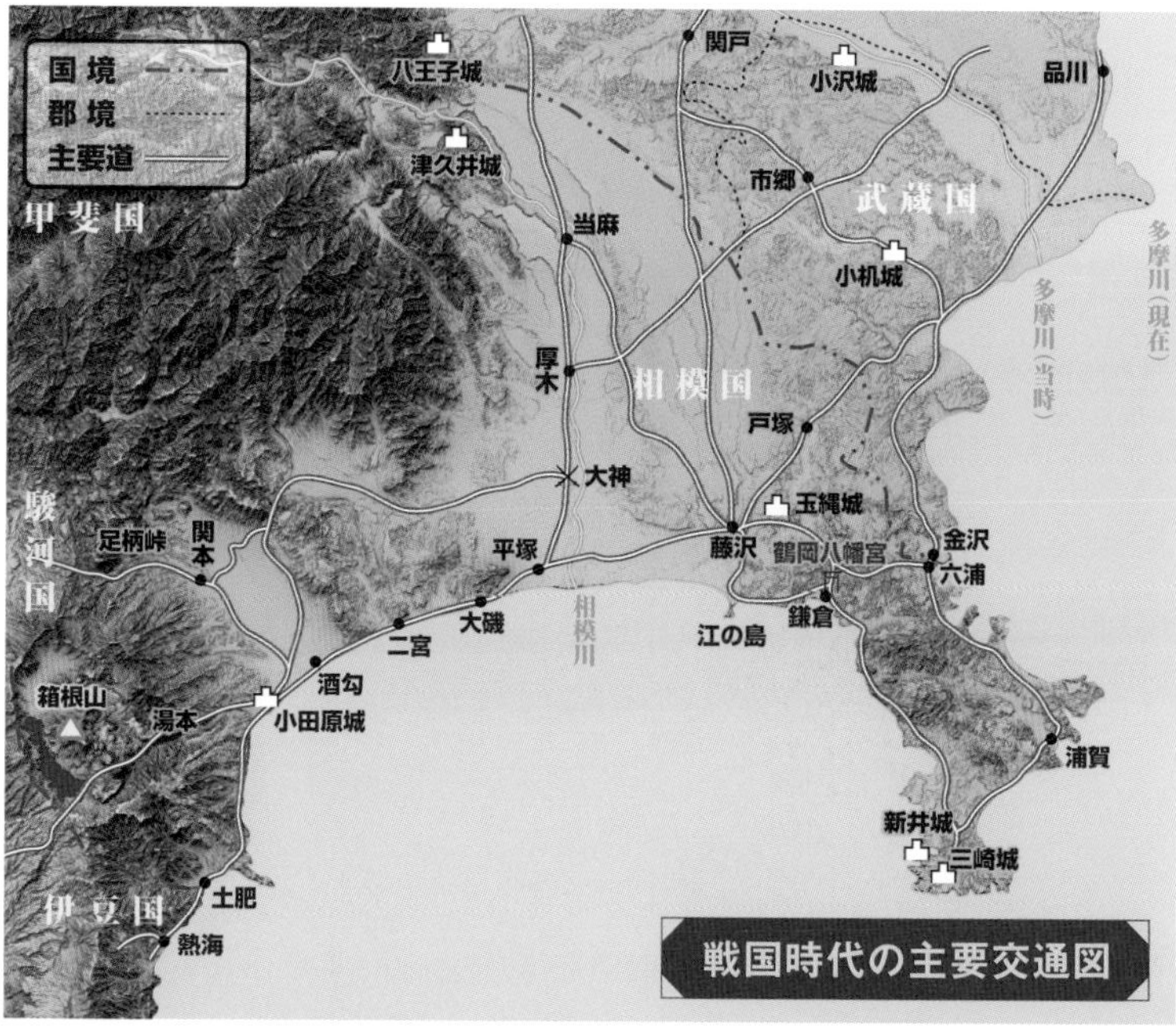

戦国時代の主要交通図

＊佐々木建策『戦国期小田原の城と城下町』

早川
東海道
小峰御鐘ノ台

北条氏康時代の小田原城
画・考証：香川元太郎
相 模 湾
城下集落
家臣屋敷群
のちの三の丸
二の丸
本丸
御用米曲輪
八幡山古曲輪

虎印判◆印文の「禄寿応穏」とは禄（財産）と寿（生命）が応（まさ）に穏やかであるようにという意味

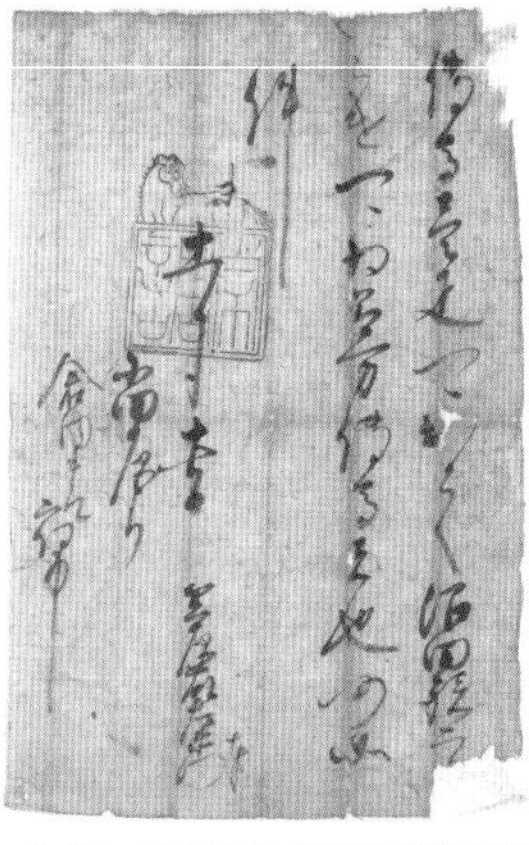

北条家伝馬朱印状◆郵政博物館蔵

街道上に設けた関所での通行料を免除していた。その文書を「伝馬手形《てがた》」と称する。

氏康がここで智旺に与えた朱印状は、まさに伝馬手形であった。氏康はその後、伝馬手形については専用朱印を創設し、印文「常調《じょうちょう》」朱印（伝馬朱印）を捺すようになっているが、初見は現在のところ、それから二年後の天文二十二年十二月である。そのため、このときに智旺に与えた朱印状は虎朱印によるものか伝馬朱印によるものか判明しない。もし、伝馬朱印で出されたものであれば、それは同朱印の使用として初例にあたるものである。

ちなみに、智旺は氏康との対面ののち、その日は北条家親類衆の伊勢《いせ》兵庫頭《ひょうごのかみ》（貞就《さだなり》）の屋敷に宿泊し、翌日に船で藤沢《ふじさわ》（神奈川県藤沢市）を通って玉縄城下に入り、伊勢備中守《びっちゅうのかみ》（貞辰《さだとき》、貞就の父）の家臣の接待をうけたのち、鎌倉に入って諸寺院を見学している。また、小田原滞在中か鎌倉滞在中かに、氏康の家老で江戸城代の遠山綱景に対面している。智旺の鎌倉行きに、京都出身の伊勢家父子が尽力したことがわかる。この伊勢家は、伊勢家本宗《ほんそう》家《け》・伊勢守家の庶流の備中守家という家系であった。北条家初代である宗瑞の母方の従弟にあたる貞職《さだもと》の子孫であり、貞辰はその子で氏綱とは又従兄弟にあたっていた。

小田原城と御用米曲輪◆これまで北条家の館跡は、JR線の線路を挟んだ八幡郭に所在したと考えられてきた。しかし、近年の御用米曲輪における発掘調査で、戦国期の大規模な館・池跡が発見された。そのため北条家当主の館跡は、当時も本丸跡にあったということが明らかになりつつある　写真提供：小田原市教育委員会

駿甲相三国同盟、三大名家が相互に婚約関係を結ぶ

天文二十年（一五五一）七月二十六日、氏康は家老の遠山綱景を武田晴信のもとに使者として派遣した（「甲陽日記」）。用件までは判明しないが、これは氏康の嫡男西堂丸（氏親、一五歳）に、晴信の嫡出長女である黄梅院殿《おうばいいんでん》（九歳）を正妻として迎える婚約の成立を意味している。というのは、同じ日に晴信の使者として弟の信廉《のぶかど》が駿府の今川義元のもとに赴いているからである。その用件は「御前迎え《ごぜんむかえ》」と記されており、すなわち晴信嫡男の太郎（義信、一四歳）が義元の次女（この時点では嫡出長女）である嶺寒院殿《れいかんいんでん》（嶺松院殿《れいしょういんでん》とも、貞《てい》心尼《しんに》、一〇歳か）を正妻に迎える婚約の成立を示しているからである。これらのことから、同じ日に今川義元から氏康にも使者が派遣され、義元嫡男の竜王丸（氏真、一四歳）が氏康の四女で嫡出長女の早川殿（蔵春院殿、五歳か）を正妻に迎える婚約が成立したと推定される。

すなわち、今川家・武田家・北条家の三大名家が相互に嫡男と嫡出長女との間で婚姻関係を形成し、それにともなって互いに攻守軍事同盟を成立させるものであった。この同盟は三大名家それぞれ本国の一字をとって、「駿甲相《すんこうそう》三国同盟」と称する。ちなみに同盟の呼称はこれまで種々用いられているが、三大名家の序列は今川家・武田家・北条家の順で、あらゆる事例で一致することから、この序列に従って呼称するのが適当と考えられる。北条家はそこでは、最も格下にあたっていた。この同盟が、七月二十六日に嫁取り側が嫁側にそろって使者を派遣していることは注目され、ここから同時に婚約を成立させたとみ

躑躅ヶ崎館遠望◆武田信虎によって建設された。信玄が生まれてから死去まで、一度も変えることのなかった居館である　甲府市

ることができる。婚約成立に先立って、三大名家相互で攻守軍事同盟の成立を契約したに違いない。そもそも今川家と武田家は、攻守軍事同盟を結んでいた。北条家は今川家・武田家ともに和睦を結んでいたが、いまだ親密な政治関係を構築してはいなかった。

そうしたなか、前年の天文十九年六月に今川家・武田家の婚姻関係の核ともいうべき義元正妻の定恵院殿《じょうけいいんでん》が死去して、両家の婚姻関係は断絶する状態になった。おそらく、両家は新たな婚姻関係を結んで、再び婚姻関係をともなう強固な攻守軍事同盟の成立をはかったことであろう。その際、義元と晴信のいずれの発案かは不明だが、ともに和睦関係にある氏康を加えて三大名家相互の婚姻関係を形成し、相互に攻守軍事同盟を成立させたと思われる。

そうした動きがいつからみられるようになったかは判然としないが、前年の十二月に、まだ一三歳の太郎（義信）が元服しているから、その時期には交渉が開始されていたのだろう。史料には残されていないが、その頃より三大名家が相互で婚姻にともなう交渉がすすめられ、この年の七月二十六日になって成立したということだろう。その際、それぞれの大名家の間で攻守軍事同盟の締結がなされたと思われる。なお、一般的にこの同盟の成立時期は、婚姻がすべて成立した天文二十三年とされることが多いが、正確には婚約が成立した天文二十年とすべきであろう。婚約にあたり結婚時期を取り決め、基本的には翌年の天文二十一年に行われたと思われる。

ただし、今川氏真と早川殿の結婚は、早川殿がまだ六歳のため、八歳になる同二十三年に行うこととし、身代わりとして氏康の四男で嫡出子にして早川殿のすぐ上の兄にあたる氏規《うじのり》（そのときは八歳、幼名は不明）が駿府に送られたと推定される。そして天文二十年八月、武田太郎が結婚後に居住する西屋形の建築が開始されている。十二月には、今川竜王丸が結婚後に居住する新築の屋敷に移住している。

要害山城跡◆武田信玄の父・信虎が築いたという。信玄が生まれたとされる場所でもある　甲府市

八間筋兜鉢◆氏康時代の兜で河越合戦の遺品とも考えられている　個人蔵　写真提供：川越市立博物館

そして北条家でも十二月十一日以降の年末か、翌年初め頃、西堂丸は一五歳もしくは一六歳で元服し、仮名は北条家歴代の新九郎、実名は氏親を名乗った。これにともなって氏康は、仮名新九郎を氏親に譲るために、従五位下・左京大夫に叙位任官した。ともに父氏綱の官位を襲用したものになる。任官の経緯は判明しないが、将軍足利義藤を通じてと思われるが、当時、義藤は京都を離れていたことからすると、あるいは摂関家筆頭の近衛稙家を通じてのものかもしれない。ちなみに、近衛稙家とは翌同二十一年六月に通信を確認でき、氏康は稙家から公家で医者の半井明英《なからいあきふさ》の相模への下向と、それへの便宜を依頼されている。冒頭に「遙久《やや》しく書信に能《あた》わず」と記されており、しばらく通信していなかったことがうかがえるが、半年ほどであればその表現もおかしくはない。

こうして、氏康は今川義元と武田晴信の双方と婚姻関係の形成を契約し、互いに攻守軍事同盟を成立させた。氏康は山内上杉家との対戦に、万全の準備を整えたといってよい。

三十二間筋兜◆鉢形城主の北条氏邦が着用し、椋神社に奉納されたと伝える。金銀の象眼で 30 番神が刻まれている　埼玉県秩父市・椋神社蔵　写真提供：秩父市教育委員会

北条氏規使用の腹巻◆氏康の四男・北条氏規を家祖とする狭山藩主北条家に伝来した腹巻である。制作時期から考えても小田原北条家ゆかりの品である可能性が高く、保存状態も良好である　小田原城天守閣蔵

足利晴氏との和解が成立、山内上杉憲政を越後へ逐う

氏康はまた、駿甲相三国同盟の形成とともに、懸案であった足利晴氏との関係改善もすすめていった。晴氏は天文十八年（一五四九）四月、将軍足利義藤から近衛稙家を通じて、左《さ》兵衛《ひょうえ》督《のかみ》の官位を与えられたと推定される。晴氏の同官任官については、「歴名《りゃくみょう》土《ど》代《だい》」に同年三月十五日と記されているが、その時期の晴氏は嫡男藤氏の元服に関して、山内上杉家・越《えち》後《ご》長《なが》尾《お》家を通じて幕府と交渉していた。しかし、任官は氏康縁戚の近衛家を通じてのものであった。このことから考えると、晴氏の同官任官は、その仲介を氏康が務めた可能性が高いと思われる。

氏康が晴氏の同官任官を仲介したとすれば、晴氏との和解を図ってのことと考えられる。天文十四年以来、氏康は晴氏と政治対立する関係になっていた。ここにきて明確に、晴氏と和解しようとしたと考えられる。そしてついに、二年後の天文二十年十二月十一日に、晴氏との和解を成立させている。その日、氏康は晴氏家老の簗田晴助に起請文を出して、晴氏への今後の忠誠を誓約するとともに、晴氏との和解の周旋に努めた晴助に対して、その進退の存続に尽力することなどを誓約している。交渉の経緯までは判明しないが、ここに簗田晴助を通じて、ついに晴氏との和解を成立させたのであった。

このとき、氏康は江戸城に在城していたため、この起請文も江戸城で作成されたものであった。対して晴氏は、葛西城に在城していたと推定される。*氏康が江戸城に在城していたのは、年明けから始められる上野侵攻の準備のためと考えられる。他方の晴氏は、氏康から起請文を出されるのにともなって、芳春院殿・梅千代王丸が在城す

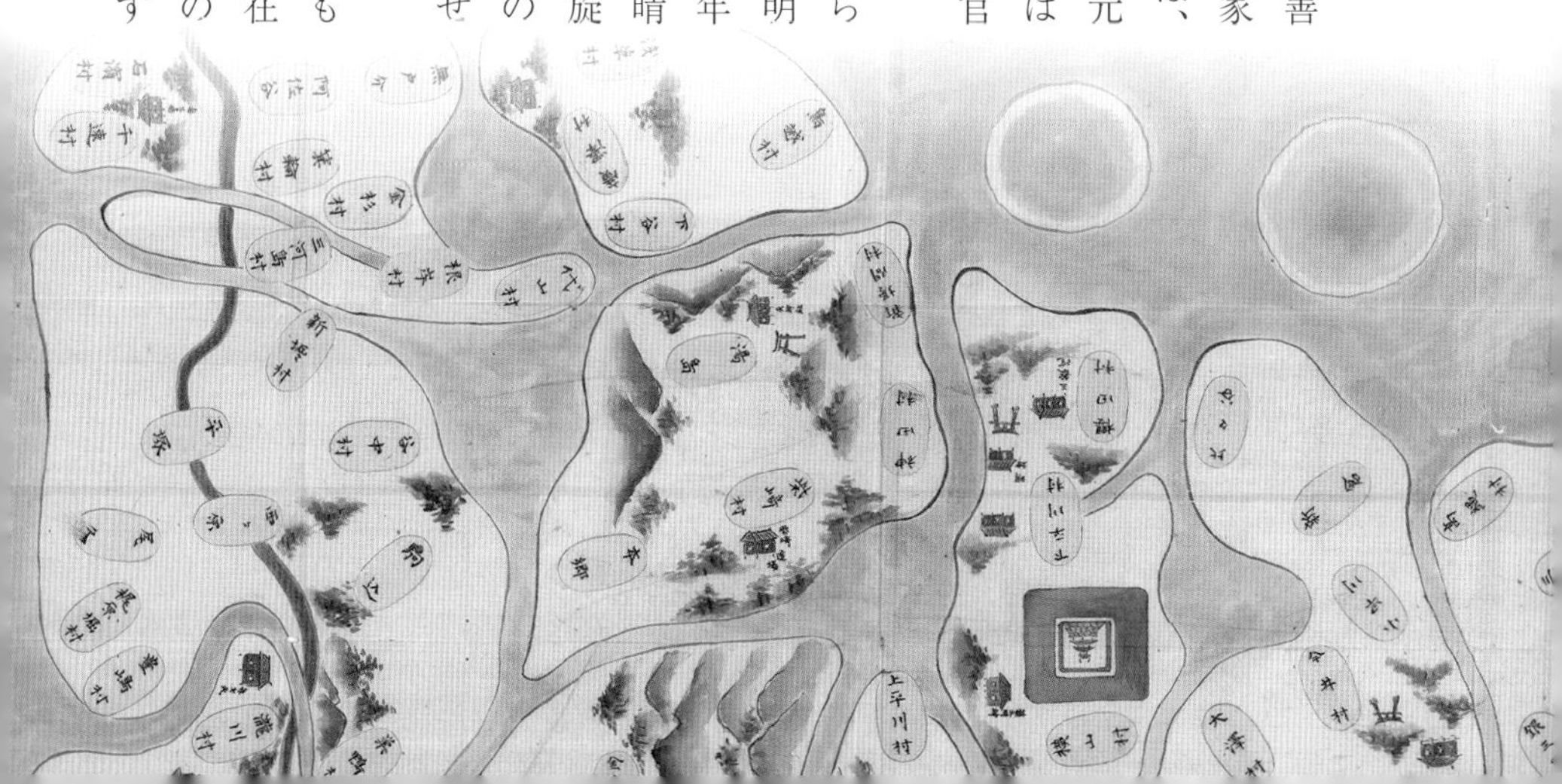

る葛西城まで赴いてきたものだろう。氏康と晴氏は和解成立にあたり、ともに至近距離まで歩み寄ってきたといえる。ちなみに、このときに簗田晴助に出した起請文が仮名新九郎を称した終見である。これで氏康は以後、先述のように左京大夫に任官し、嫡男氏親の元服が行われたことがわかる。

氏康が晴氏と和解を成立させたことは、かつて晴氏との間で約束されていた梅千代王丸を次代の古河公方足利家当主にさせるということの復活を意味する。梅千代王丸は、再び晴氏の後継者として位置付けられ、代わって晴氏が嫡男に取り立てていた藤氏は庶子の立場に後退することになった。これによって、晴氏と芳春院殿・梅千代王丸の政治関係も回復したと考えられるが、芳春院殿・梅千代王丸は古河城に帰還せず、この後も葛西城への在城を続けた。そのため、古河公方権力は古河城と葛西城とに分裂したままであった。

そうして天文二十一年二月、氏康は武蔵北西部に進軍した。武蔵で唯一、山内上杉家の拠点として残っていた御嶽城（埼玉県神川町）攻略のためであった。二月十一日に攻め寄せ、同十五日に城の水の手を断つことに成功、あわせて城兵数千人を討ち取った。そして三月初めに同城を攻略した。城主の安保全隆父子は、わずか四、五人を従え

上杉憲政木像◆群馬県みなかみ町・建明寺蔵

御嶽城跡◆埼玉県神川町　写真提供：神川町教育委員会

右：御入国以前之江戸絵図◆徳川家康の入国前の江戸を描いた絵図で、長禄年間（一四五七〜一四六〇）の古い地名や地形の様子が見て取れる。江戸期の写本とはいえ江戸周辺の古態を偲ばせる貴重な絵図だ　個人蔵

※拙稿「足利晴氏の発給文書」

素懸紫糸威黒塗板物五枚胴具足◆上杉憲政の所用と伝えられる　宮坂考古館蔵

るのみで降伏した*。城には山内上杉憲政（当時は憲当《のりまさ》）の長男の竜若丸《りゅうわかまる》が派遣されており、落城にともなって北条軍はこれを生け捕り、氏康は三月二十四日に殺害したという。

御嶽城の落城により山内上杉方は大いに動揺したようで、東上野赤石《あかいし》領の国衆の那波宗俊《なわむねとし》が氏康に従属し、周辺の山内上杉方の国衆との抗争を開始した。西上野の国衆はすべて氏康に従属し那波家に味方したため、上杉憲政の馬廻衆も氏康と和睦して憲政を平井城から追放し、同城を北条方に明け渡した。こうして山内上杉家は本拠から没落した。憲政は、味方であった東上野新田領の横瀬家と下野足利領の長尾家を頼ろうとしたが、両家ともに氏康に応じた国衆と抗争していたため北上野白井《しろい》領の長尾家を頼った。しかし、ここでも反撃の態勢を整えることはできなかった。そのため五月までに、越後長尾景虎を頼って越後に没落した。

三月十四日、氏康は西上野国峰領の国衆の小幡憲重に武蔵本庄領今井村を所領として与えている。三月二十日には緑埜《みどの》郡の村落に還住を認める朱印状を出している。四月十日には、東上野館林《たてばやし》領の国衆の赤井《あかい》家が氏康に従属していたことが確認できる。しばらく山内上杉方の上野・下野国衆の経略をすすめていくものの、氏康はついに関東管領を歴任してきた山内上杉家を関東から没落させ、自身を唯一の関東管領として確立した。

白井城跡◆利根川と吾妻川の合流地点に位置する断崖城。山内上杉氏の家宰を代々務めた白井長尾家累代の居城である　群馬県渋川市

*『安保文書』参考史料奥書一四号

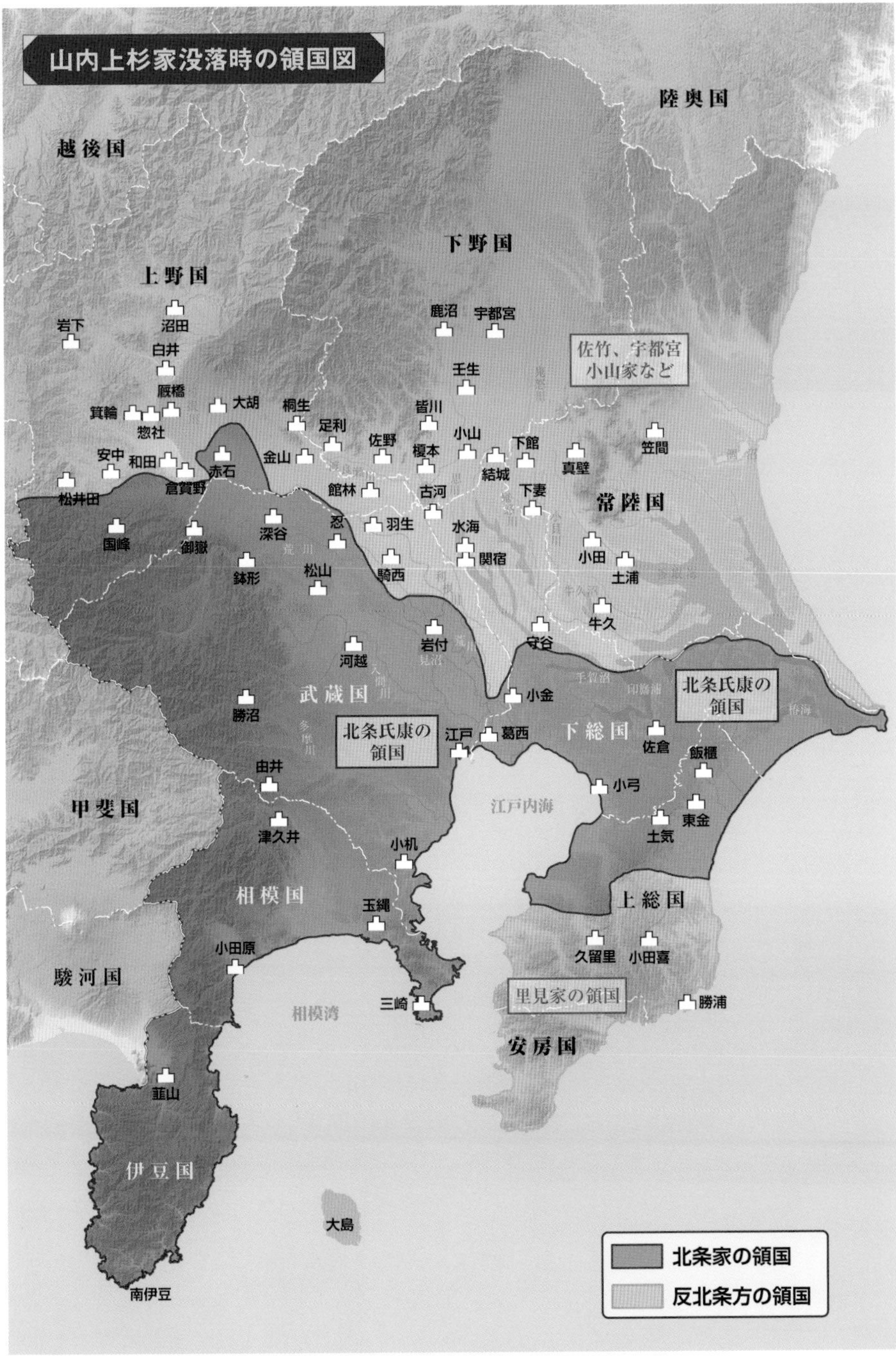
山内上杉家没落時の領国図
陸奥国
越後国
下野国
上野国
佐竹、宇都宮
小山家など
常陸国
武蔵国
北条氏康の
領国
北条氏康の
領国
下総国
甲斐国
相模国
上総国
駿河国
里見家の領国
安房国
伊豆国
江戸内海
相模湾
大島
岩下
沼田
白井
厩橋
箕輪
惣社
大胡
桐生
足利
安中
和田
赤石
倉賀野
松井田
金山
佐野
館林
鹿沼
宇都宮
壬生
皆川
小山
榎本
古河
下館
結城
真壁
下妻
笠間
国峰
御嶽
深谷
鉢形
忍
羽生
松山
騎西
水海
関宿
小田
土浦
牛久
守谷
岩付
河越
勝沼
小金
江戸
葛西
佐倉
飯櫃
小弓
東金
土気
由井
津久井
小机
玉縄
小田原
三崎
久留里
小田喜
勝浦
韮山
南伊豆
北条家の領国
反北条方の領国

Ⅲ 長尾景虎との戦いと古河公方の擁立

天文二十一年(1552)～永禄二年(1559)

次男氏政を嫡男とし、上野で長尾景虎との対戦が始まる

氏康が山内上杉家攻略のため、西上野に出陣していた最中の天文二十一年（一五五二）三月二十一日、嫡男の氏親が小田原城で死去してしまった。元服して間もない一六歳という若さであった。これにより武田晴信の長女・黄梅院殿との婚約は解消されたため、氏康はただちに、次男で一四歳の松千代丸（のち氏政）を新たな嫡男として立てた。松千代丸はこれまで嫡男の控えとして兄氏親と同等の教育をうけていたから、嫡男に立てられても支障はなかった。そして、黄梅院殿とあらためての婚約をすすめていく。

駿甲相三国同盟は、まだ相互の婚姻は成立していなかったが、周囲ではこの頃からすでに同一の政治勢力とみなされていた。四月二十七日に今川義元・武田晴信、そして氏康は、後奈良天皇からそろって東大寺《とうだいじ》大仏殿《だいぶつでん》修造のための奉加《ほうが》を求められている。その天皇綸旨《りんじ》はそれぞれ別々に送付されていたが、作成は同時に行われている。ここに三大名家が、すでに一体的な政治勢力として認識されていたことがわかる。

氏康が上野から帰陣した時期は不明だが、四月に館林赤井家に従う小泉《こいずみ》富岡《とみおか》家に出した書状の文面から、四月初めには帰陣していたようだ。一方、越後に没落した上杉憲政（出家して法名成悦）は、すぐに長尾景虎に上野への出陣を要請した。もっとも景虎は、将軍足利義藤から弾正少弼《だんじょうのしょうひつ》の官途を与えられたことへの対応に追われていた。

それが一段落した七月、景虎は上杉憲政を擁して上野に進軍してきた。七月三日、憲政は長尾家家臣へ近日に上野に侵攻することを伝えているから、進軍はそれより後であろう。七月に武蔵深谷領の岡部《おかべ》左衛門尉《さえもんのじょう》在所の北川辺矢島村（埼玉県深谷市）に戦争禁制が出されており、同月には長尾軍の上野進軍が行われたことがわかる。このときに景虎が出陣したのは確実だが、憲政も同行していたかどうかは確認できない。また、景虎の動向はほとんど判明せず、わずかに十月二十二日、家臣に関東出陣を労っていることが確認できるだけである。おそらく、このときには越後に帰陣していたと思われる。

氏康は景虎の進軍をうけ、味方の国衆を支援するため、九月十一日には上野に出陣している。山内上杉方の下野佐《さ》野《の》家と新田領の横瀬家から攻撃をうけていた、小泉領の富岡家と下野藤岡領の茂呂《もろ》家支援のため、氏康は、東上野に進軍し、利根川端（河鰭《かわばた》）に着陣し、佐野領・新田領への進軍をはかっている。このときの氏康の動向についてこれ以上は判明しないが、十二月十二日に、西上野安中《あんなか》領の国衆・安中長繁《ながしげ》の一族の安中源左衛門尉《げんざえもんのじょう》に、上野白井領と推定される勢多《せた》郡上南雲《かみなぐも》郷（群馬県渋川市）を所領として与えているので、その頃まで上野に在陣していたのであろう。

こうして氏康は、山内上杉家を関東から没落させたことで越後長尾景虎と対戦することになった。長尾景虎の進軍は関東武家勢力にとって、初めて関東外に本拠を有する政

小田原北條五代祭り◆戦国大名北条氏を称え偲ぶため、毎年五月三日に開催されている　写真提供：小田原市

北条氏政画像◆北条家として最大の版図を築いた　神奈川県箱根町・早雲寺蔵

治勢力の関東進軍であった。上杉憲政は自身の関東政界復帰のためとはいえ、国外の政治勢力を引き込んだかたちになる。景虎の進軍は、七月から十月頃までの四ヶ月にわたったとみられるが、憲政を復帰させることができないままの帰国であった。景虎が再び、憲政の関東復帰を図って関東に進軍するのは、これから八年も経った永禄三年（一五六〇）のことである。

氏康は、景虎の進軍をうけて自身も上野に進軍したが、景虎との対戦はなかった。氏康は九月から十二月頃までの四ヶ月間、上野に在陣したとみられるが、山内上杉方の国衆をどれだけ経略できたのか具体的な状況は判明しない。ただ、十月十一日の時点で足利晴氏と藤氏が、それぞれ下野小山領の小山高朝の嫡男氏朝《うじとも》（のち秀綱《ひでつな》）、佐野家が本拠の佐野城（唐沢山《からさわやま》城、栃木県佐野市）を防衛し続けていることを伝え、それに満足していることからすると、氏康は佐野城攻めをすすめていた可能性がある。

またここで、足利晴氏が山内上杉方を支持していたことがわかる。晴氏は前年に氏康と和解したとはいえ、長尾景虎の進軍で山内上杉方の反攻が行われたことで、再び山内上杉方支持になったと思われる。そして晴氏と同時に藤氏も書状を出しており、氏康との和解で廃嫡されていた藤氏が政治活動を行っていたことがわかる。晴氏・藤氏父子にとって氏康との和解は決して本意ではなく、山内上杉家攻略が確定的になったことで仕方なく応じていた。ところがここにきて、上杉憲政が長尾景虎という国外勢力を引き込み反攻の態勢をみせたことで、晴氏・藤氏は氏康に抵抗できると考えるようになった。晴氏の政治行動は、なかなかしぶとかったようだ。

唐沢山城跡の高石垣◆本丸南西部には高さ8メートルを超える高石垣が築かれている。土の城が中心の関東にあっては非常に珍しいものだ　栃木県佐野市　写真提供：佐野市観光協会

北条家の悲願達成、甥の足利梅千代王丸を古河公方当主に

天文二十一年（一五五二）十二月十二日、足利晴氏は梅千代王丸に判物《はんもつ》を与え、古河公方足利家の家督を譲った。晴氏は隠居して「大上様《おおうえさま》」となり、梅千代王丸が古河公方足利家当主となった。晴氏はその直前といっていい十月の時点で、山内上杉方を支持する態度をとっていた。それが一転して梅千代王丸に公方家家督を譲ったのである。晴氏のそのような態度をみた氏康が圧力をかけ、公方家家督を梅千代王丸に譲らせたとみてよい。

注目すべきはその日付で、十二月十二日は氏康が安中源左衛門尉に所領を与えたのと同じ日である。そうすると、氏康は上野から帰陣してすぐに、あるいは帰陣の途中、古河城に立ち寄って晴氏に家督譲与を迫り、晴氏はやむなく応じたという経緯を想定できる。とにもかくにも、これで氏康の甥である梅千代王丸が古河公方足利家の当主となったのである。それは、氏康の妹の芳春院殿が晴氏と結婚するときからの北条家の悲願であった。氏康はそれをついに達成したのであった。

氏康が、古河公方足利家当主の伯父という立場になった政治的意味は極めて大きい。それにより古河公方足利家と政治的一体化を遂げたのであった。やがて、梅千代王丸（義氏）と氏康の政治的一体化をもとに、それまで足利家と山内上杉家が構築してきたものとは異なる、新たな関東の政治秩序を構築していくのである。また、梅千代王丸は元服前の年少であったから、独自の政治行動はとれない。古河公方足利家の家政は母の芳春院殿が執り仕切ることになる。そのうえで氏康は関東管領として、かつ伯父として梅千代王丸の後見の立場に位置することになった。これにより氏康は、芳春院殿と梅千代王丸にはたらきかけて、古河公方足利家の政治意志を自らの政治戦略に活用することができるようになった。

寶聚寺◆足利氏の一族である小弓御所の由緒を記す石碑（右）と外観（左）。古河公方家の所領にあった「高柳御所」の由緒を伝えている　埼玉県久喜市

梅千代王丸は葛西城に在城していたが、古河公方足利家当主になったことで、すぐに本拠の古河城へ移住がはかられた。移住は翌天文二十二年二月二十六日に行われている。当初は芳春院殿も行く予定であったが、実際はそのまま葛西城に在城し続けて古河公方家の家政を執り仕切った。そのため、古河城の梅千代王丸と葛西城の芳春院殿とで、古河公方権力が分裂する状況が生まれてしまった。その解消のためか、梅千代王丸は同二十三年五月四日頃、古河城から葛西城に移住することになった。

一方、隠居した晴氏は、梅千代王丸が古河城に移ることで、天文二十二年四月十日までに古河城を出て古河公方家領の武蔵太田庄高柳《たかやなぎ》（埼玉県久喜市）に移住した。そこでは古河公方家権力を行使することはなくなり、事実上の隠居状態になった。かつて嫡男としていた藤氏も同様に古河城から出たようだが、その移住先は判明しない。晴氏に同行した可能性もあるが、晴氏・藤氏父子の有力な支援者である下野小山家を頼った可能性もある。

梅千代王丸が古河公方足利家当主になって二日後の天文二十二年十二月十四日、氏康は上総真里谷武田家の領国を接収して、事実上、直接統治下におさめ、その日に同家菩提寺の真里谷妙泉寺《みょうせんじ》に武田信応が与えていた寺領をあらためて寄進している。ここに真里谷領を領国に編入したことがわかる。武田信応は、それより先の十一月七日に死去していた＊。信応には後継者がいなかったらしく、真里谷武田家の当主は不在になった。そのため同家を従属させた氏康が領国を接収し、代わって統治することになったと思われる。

氏康がこの後、同家とその領国をどのように処置しようとしたかは判明しない。国衆家が当主不在になった場合、たいてい年少でも男子がいたら、その成長を待って成人後に当主に取り立てるか、女子しかいなかった場合でも、成人後に婿養子をとらせて継承させるといった方法がとられる。信応に実子がいたかどうか確認はされていない。とはいえ、氏康が真里

＊拙著『戦国の房総と北条氏』

谷武田家を断絶させたままにするとも考えがたい。おそらく、何らかの方法によって再興させることを考えていたであろう（しかし実現されなかった）。これにより、氏康は真里谷領を自身の領国に編入したことに変わりない。それはまた、氏康が真里谷領を直接に維持しなくてはならなくなったことを意味した。

真里谷領をめぐって天文十二年以来、里見家と抗争を続けてきた。すでに里見家の侵攻により佐貫領・久留里《くるり》領までの南部域が経略されていた。氏康にとって、真里谷領の継承はそれらの経略が当面の課題として浮上してくることになったのである。

右頁右：古河城復元模型（部分）◆本丸を東北から見る
右頁左：古河城復元模型（部分）◆同じく主郭部分を南側から見たもので、画面の右側に本丸と本丸門、左側が二の丸、上部が三の丸（馬場）である。氏康が活躍した時代はこの主郭部分が城域であったと考えられている　古河市歴史博物館蔵

古河城復元模型全体写真◆真上から撮影したもの。各種史料を基に江戸時代の古河城を復元している。左端は利根川　古河市歴史博物館蔵

陸奥白川と通信開始、逆乱が生じた里見義堯の領国へ進軍

天文二十二年（一五五三）正月十七日、氏康は武田晴信に宛てた起請文を使者を派遣して晴信のもとに届けている（以下「甲陽日記」）。使者が晴信に対面した際には、武田方で北条家への取次を担っていた小山田信有・宮川将監《しょうげん》が正装で同席している。二十日、晴信は氏康から送られた書状・進物を武田家御一門衆の穴山《あなやま》武田信君《のぶただ》（晴信の次女婿）に与え、また、宮川が氏康の使者に晴信からの返礼の進物を届けている。そして二月二十一日、晴信から氏康に宛てて起請文が出された。甲府に滞在していた氏康の使者に渡されたとみられる。そこには「来る甲寅《きのえとら》（天文二十三年）の年小田原へ御輿を入れらるべき」ことが記されていた。

この氏康と晴信との間で交わされた起請文は、新たに氏康の嫡男となった松千代丸（氏政）と、晴信長女の黄梅院殿との間であらためて婚約を成立させるものであった。これをうけて松千代丸はこの年の末か、一六歳になった翌年初め頃に元服し、実名を氏政、仮名は兄氏親のものを襲名して北条家当主歴代の新九郎を称することになった。結婚は翌同二十三年に行われることが決められた。時期は明記されていないが、その後の状況からみて十月に決められたのであろう。その後、三月十七日に氏康は家臣の南条綱長《なんじょうつなnext》を再び晴信に使者として派遣している。用件は判明しないが、結婚の取り決めに関わることであったろう。こうして晴信との婚姻関係の契約は復活をみた。

三月二十日、氏康は初めて南陸奥国衆と通信を行っている。下総結城政勝の取り成しで、その同族の白川晴綱《しらかわはるつな》から通信をうけて返信している。氏康は結城政勝に、近年は南陸奥大名の伊達晴宗《だてはるむね》・芦名盛氏《あしなもりうじ》とは通信していない状態だが、白川には返信すると述べている。白川

里見義堯像◆千葉県君津市・正源寺蔵

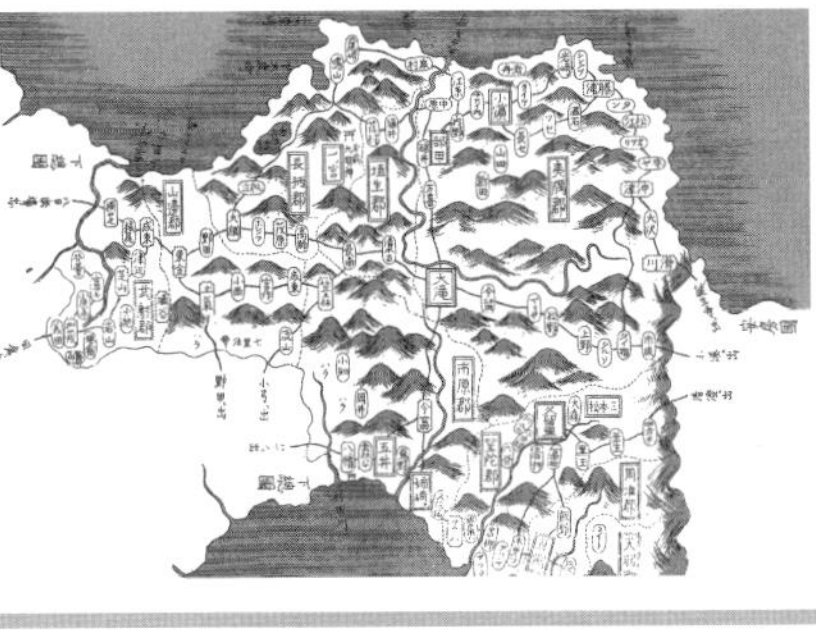
上総国絵図◆個人蔵

が氏康に通信してきたのは常陸佐竹《さたけ》家への対抗のためであった。結城・白川両家は佐竹家と対戦しており、そこに支援を獲得しようというものであった。そうして氏康は結城・白川両家、佐竹家とそれと連携する小田家との抗争に関わっていく。

　四月からは里見家領国に進軍した。前年の真里谷武田家領国の接収にともない、里見家から経略されていた領域の奪回を期したものであろう。四月三日、北条綱成を北安房に侵攻させている。六月には氏康自身も北安房に進軍したらしく、六月二十六日に虎朱印状で妙本《みょうほん》寺《じ》（千葉県鋸南町）に戦時禁制を与えている。その日、里見家領国では「逆乱」が生じている。北条方に呼応する勢力が出たらしく、おそらく上総天神山城（同富津市）の正木時治《まさきときはる》の離叛、北条方への従属であったろう。*事態は判然としないが、十月には上総の領主とみられる藤田弥七郎《やしちろう》に何らかの内容の朱印状を与えているので、一定の経略の成果はあったことがわかる。

　五月二日、氏康は武田晴信の北信濃進軍にあたり援軍の派遣を申し出ていたが、晴信側近家臣の駒井政頼《こまいまさより》から、氏康の家臣で武田家へ取次を担っていた桑原盛正に、晴信の意向をうけて「御加勢御無用《ごかせいごむよう》」の旨の書状が送られてきている。氏康と晴信の間には、まだ婚姻関係

＊拙著『戦国の房総と北条氏』

里見氏系図

- 義実（刑部少輔）
  - 義成（成義）（刑部少輔・左衛門佐）
    - 義通（民部少輔・上総介・上野介・陸奥守）
      - 義豊（太郎・左馬頭）
    - 実堯（権七郎、左衛門佐（大夫）・上総介）
      - 義堯（陸奥守）
        - 義弘（太郎・左馬頭）
          - 義頼（太郎・左馬頭）
            - 義康（太郎・左馬頭・左衛門督・安房守）
              - 忠義（安房守）
                - 利輝（里見豊後）
          - 梅王丸

天神山城跡◆真里谷武田氏が築いたとされる城で、江戸内海の湊として栄えた天神港を扼する　千葉県富津市

はなかったが、婚約の成立をもって婚姻関係を伴った強固な攻守軍事同盟が発動していたことがわかる。

この時点の晴信は遠慮していたようだ。当時、晴信は信濃村上義清《むらかみよしきよ》を没落させていたが、直後の八月に村上支援のため長尾景虎が初めて信濃に進軍して第一次川中島《かわなかじま》合戦が展開する。こうして晴信も景虎と直接に対戦する状況になった。それをうけて九月二十八日、景虎が信濃から退陣した後、西上野国峰領の国衆の小幡憲重・信実《のぶざね》父子が晴信に出仕している。小幡家はすでに氏康に従属しており、これは晴信にも従属するという両属関係を形成するものであった（「甲陽日記」）。これが可能だったのは、氏康と晴信が同盟関係にあったからだが、ここに氏康と晴信の共通の敵として景虎が登場してきたのであった。

天文二十三年（一五五四）になると、氏康は正月二十六日に房総に向けて出陣し、相模三浦郡浦賀《うらが》城（神奈川県横須賀市）に在陣した。氏康自身は同城にありつつ、軍勢を里見家領国に侵攻させた。そして四月一日までに上総の里見方の拠点三ヶ所を攻略している。三ヶ所の内容は判明しないが、その後の状況からみて里見家の本拠になっていた佐貫城と、天神山城近辺の峰上《みねがみ》城・百首《ひゃくしゅ》城（千葉県富津市）であった可能性が高い。峰上城は二月二十七日には北条方として存在している。これにより、氏康は上総西部の経略を果たし、里見家を上総中部の久留里城（同君津市）に後退させた。佐貫城には重臣の布施《ふせ》康能《やすよし》を城将として派遣し、在城衆を編成した。

右：久留里城復元模型◆左頁上の絵図を南側から眺めた模型　久留里城址資料館蔵

上：峰上城跡◆真里谷武田信興によって築かれたとされる。七堀切と呼ばれる七ヶ所の断崖堀切が名高い　千葉県富津市

玉縄衆を正木時治の天神山城に援軍として在城させたとみられ、それら領域維持のための軍事態勢を整えていった。

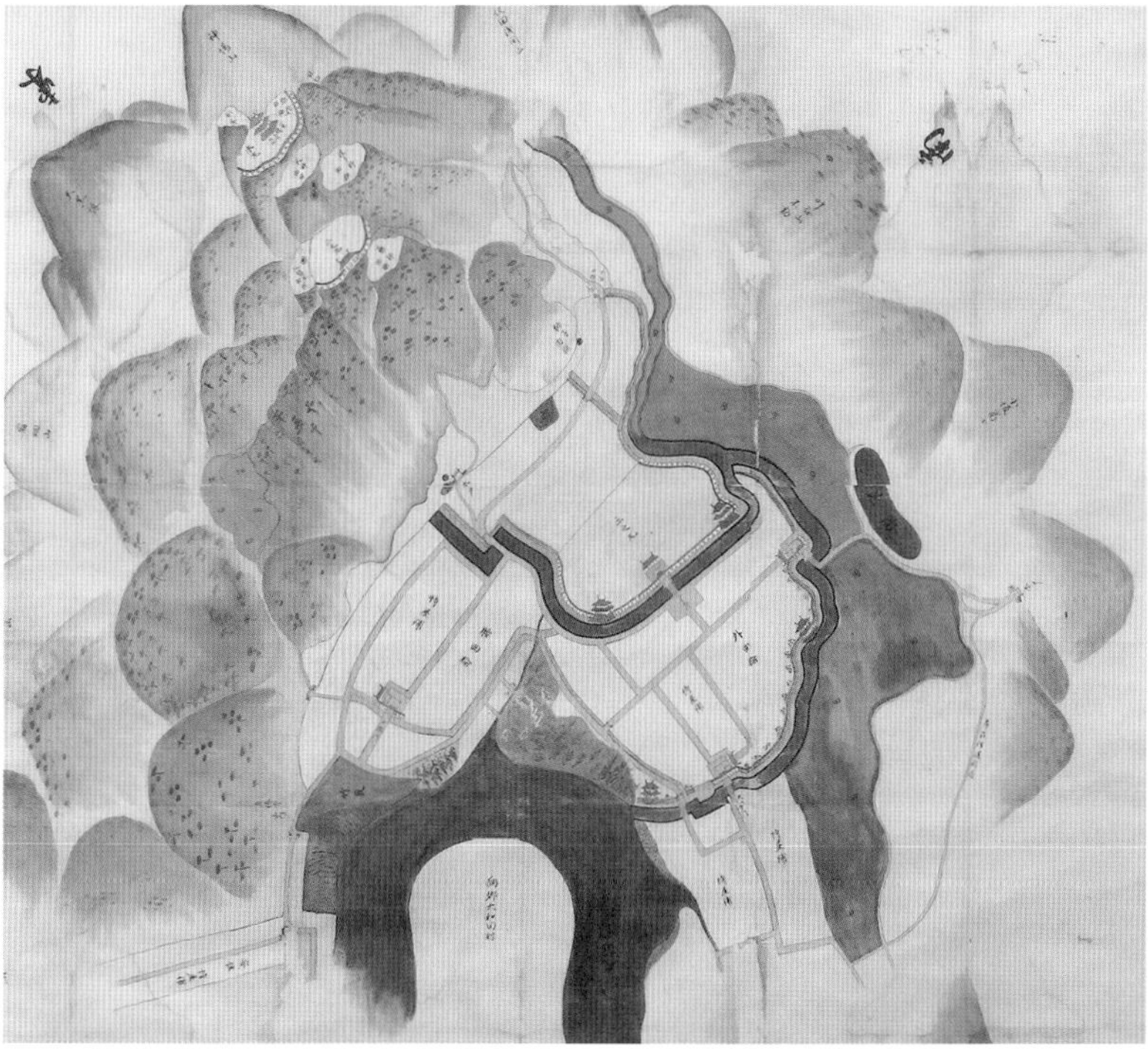

久留里城絵図（杉浦家文書・部分）◆城域の北西面より描かれている。甲斐武田氏の一族である上総武田氏の武田信長が築いた城で、真里谷武田氏の有力な支城として機能した。要衝の地にあることから戦国時代には一時、里見氏によって再築され居城となったこともある　久留里城址資料館蔵

百首城◆造海（つくろうみ）城とも呼ばれ、江戸内海を代表する海城である　千葉県富津市
写真提供：富津市生涯学習課

娘早川殿の豪華な婚姻行列と、その隙に生じた足利晴氏の謀叛

天文二十三年（一五五四）五月、氏康は上総進軍から帰陣しており、結城家と連携して佐竹・小田方と抗争していた常陸府中《ふちゅう》領の大掾慶幹の来訪をうけている。*軍事支援を要請するためであった。この時期、古河公方足利梅千代王丸が葛西城に移住しており、大掾はその帰路に葛西城を訪問している。同じ頃、結城家らに対抗する小田家を支援していた佐竹家と、それに従う水戸《みと》江戸家、佐竹家と結んでいる南陸奥の岩城《いわき》家は使者を葛西城の芳春院殿・梅千代王丸に派遣し、小田家の進退維持を要請している。そのことは、古河公方家直臣によって氏康にも連絡されてきた。氏康と芳春院殿・梅千代王丸は、対立する双方から働きかけられていたのである。

六月一日、氏康は室町幕府直臣の大館晴光に書状を送り、氏政を嫡男として立てたことをもって氏政が将軍家の相伴衆に任じられるよう要請した。ここから氏康もすでに相伴衆であったことが推定され、北条家では嫡男も相伴衆に任じられていたことがうかがえる。この結果は判明しないが、氏政ものちには相伴衆になっていたことを確認できる（「永禄六年諸役人附」）。

七月十六日頃、氏康の四女早川殿と今川氏真の結婚が行われた。輿の受け渡しは北条・今川両家の領国境にあたる伊豆三島であった。それまでは北条家家臣、そこからは今川家家臣が供奉《ぐぶ》した。婚姻行列は沿道の民衆が見物し、その様子は「先代未聞《せんだいみもん》に御座《ござ》候《そうろう》」（「勝山記」）といわれるほどであった。戦国大名家同士の婚姻行列は、両国の勢威を示す一大パレードであったことがわかる。この婚姻に際し、七月十六日に氏康は「駿州御祝言《ごしゅうげん》」にあたり現金（約六六七〇万円）と紙八駄を送った。伊豆西浦（静岡県沼津市）から駿河清水《しみず》（静岡市清水区）

三嶋大社◆氏康娘の輿の受け渡しが行われた、三島を代表する大社である。史実として確認はできないが、大名間の重要な行事を神前で行った可能性は高い　静岡県三島市

＊『白河市史五』八三六号

まで、「大事の荷物」のため海路で西浦在村家臣を同乗させている。婚姻行列とは別に、荷物も送られていたことがわかる。氏康は今川義元と婚姻関係を成立させ、今川家とは婚姻を媒介にした強固な攻守軍事同盟を確立させた。ところが、その隙を衝いて前古河公方足利晴氏・藤氏父子が七月二十四日、梅千代王丸の葛西城移住で主人不在になっていた古河城を経略し、氏康と芳春院殿・梅千代王丸に対して謀叛を起こした。

晴氏・藤氏父子には、下野小山家の隠居で榎本《えのもと》領の小山高朝と当主の氏朝、下総森屋相馬家、上野桐生《きりゅう》佐野家が同調した。氏康は、晴氏父子の謀叛に対して梅千代王丸の出陣を検討した。しかし、これは実現されなかった。おそらく、芳春院殿が拒否したのであろう。古河公方家家老の簗田晴助・一色直朝《なおとも》は、芳春院殿からの要請をうけて人質を出し、梅千代王丸支援の姿勢を明確にした。こうして、古河公方家直臣のほとんどは氏康方に味方した。

ところがその後、古河城周辺に洪水が生じたため、氏康はすぐに古河城攻撃をすすめることができない状態となった。そうしたなか、七月二十七日に白川晴綱から再び通信があった。佐竹家・岩城家が芳春院殿・梅千代王丸、そして氏康に働きかけてきたことをうけて、それへの対抗のためとみられる。氏康は七月晦日に返書して、結城政勝と連携することをすすめている。その後も白川からは氏康に連絡があり、その結果、九月晦日には氏康と白川晴綱・同義《よし》親《ちか》との間で、軍事協力する旨を誓約した起請文が交換されている。こうして氏康は、南陸奥国衆とも直接に起請文を

戦国期の今川・北条・武田三氏の関係系図

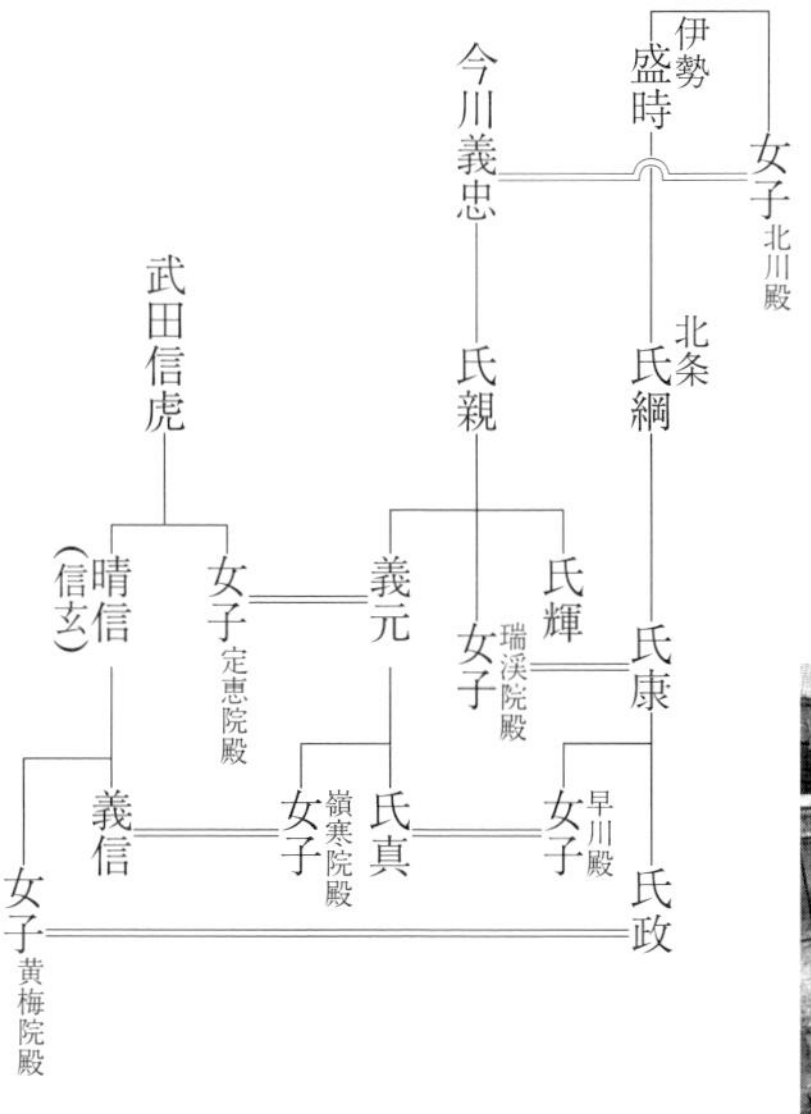

大掾氏歴代の墓◆茨城県石岡市・平福寺

交換して、政治的連携を成立させるようになっており、その政治勢力は南陸奥にも及ぶようになっていたことがわかる。

古河城に対しては、九月下旬になってようやく本格的な攻撃が可能になった。それに際して氏康は、古河公方家家老の家系であったが現在は失脚していた下総栗橋《くりはし》領の野田弘朝《のだひろとも》を起用することにした。九月二十三日に野田に対して、旧領の返還と新規所領の給与などの条件を提示し、古河城の攻略を命じた。そして北条家家臣の武蔵松山衆や岩付太田家（令和三年『古典籍下見展観大入札会目録』）、さらに野田の活躍によって十月四日、古河城を攻略した（「年代記配合抄」）。氏康は晴氏を拘束し、相模中郡波多野《はたの》（神奈川県秦野市）に幽閉した。藤氏は逃亡したらしく、支援者の榎本領の小山高朝に庇護された可能性が高い。

氏康はこの晴氏・藤氏父子の謀叛事件を鎮圧したことで、前公方晴氏の政治権力を消滅させ、同時に梅千代王丸を唯一の古河公方家権力として確立することに成功した。ちなみに、晴氏については翌弘治元年（一五五五）十月までには赦免し、関宿《せきやど》城（千葉県野田市）近くの関宿島に居住させたようだ。*晴氏・藤氏に味方した勢力についても順次、制圧をすすめ、九月には桐生佐野家を攻略し、下野小山氏朝も翌弘治元年三月に帰参させている。小山高朝と森屋相馬家についても同二年四月に攻略をすすめ、敵対勢力を一掃していった。

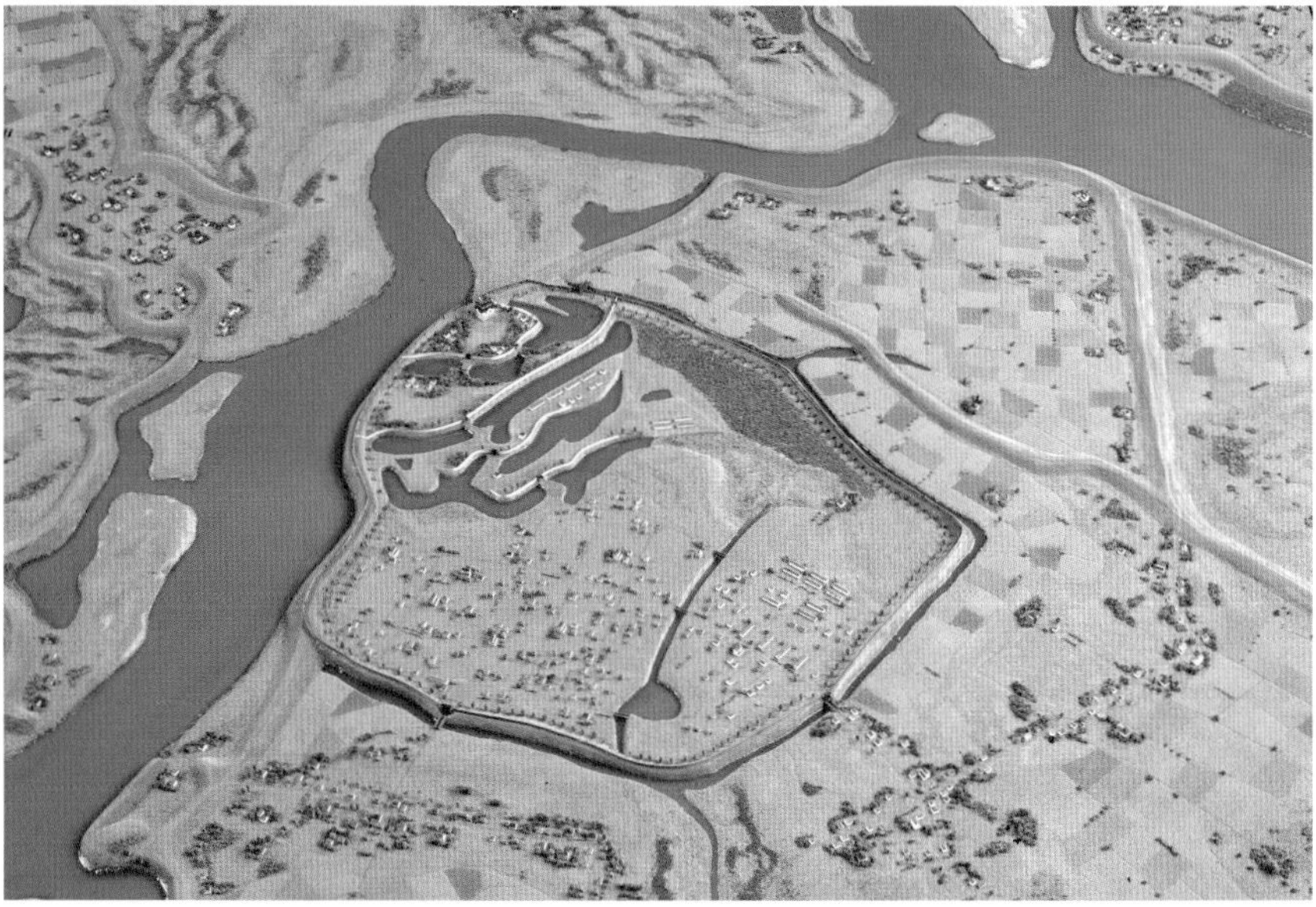

近世の関宿付近想定模型◆画面中央の堀で囲まれている範囲が関宿城である　千葉県立関宿城博物館蔵

＊拙稿「足利晴氏の発給文書」

信玄の娘と嫡男氏政の結婚で駿甲相三国同盟が完成

氏康が古河城攻略を本格的に開始した頃の天文二十三年（一五五四）九月二十六日、武田晴信は「小田原祝言の儀申し合わせ候」ため、出陣していた信濃から帰陣している。氏政と黄梅院殿の結婚のためであった。それからすると、結婚は十月に行われる予定だったが、氏康は古河城攻撃をすすめていたから結婚は延期されたと考えられる。すぐに新たな日取りが調整されたようで、十月四日の古河城攻略をうけ、十二月に行うことが取り決められたのではないか。

足利晴氏・藤氏父子の謀叛は上総情勢にも影響を与えたようで、氏康は十月から十一月にかけて上総の防衛態勢を強化している。十月五日、正木時治配下の真田弾正忠へ在城の軍勢について正木が取り決めたことに従って奔走すること、佐貫城の布施康能との連携を命じている。十一月十八日には佐貫城に在城していたとみられ、布施康能の一族とみられる布施兵庫大夫（のち三男氏照の家老）に敵方の情勢について連絡してくるよう命じている。氏政の結婚を控え、結婚の際には軍事行動ができなくなるため、里見方への警戒を強めるものだろう。

そうして十二月（日付は不明）、氏政と黄梅院殿の結婚が行われた（以下「勝山記」）。輿の受け渡しは甲斐郡内《ぐんない》領

黄八幡の旗◆北条綱成の旗指物であったが、後に真田昌幸の弟・信尹に武田信玄が与えたと伝える　真田宝物館蔵

上野原市の長峰砦跡（右）と甲州街道（左）◆輿の受け渡しで両勢力も通ったであろう古の甲州街道　写真提供：山梨県立考古博物館

上野原《うえのはら》（山梨県上野原市）で、送ってきた武田方の軍勢は三千騎・一万人、婚姻行列は輿一二挺、長持ち四二挺であった。蟇目《ひきめ》役は郡内領の国衆で北条方への取次を担った小山田信有が務めた。北条方の迎えの軍勢は家老筆頭の松田盛秀、家老で武田方への取次を務めた遠山綱景、氏康の側近家臣で武田家への取次担当の桑原盛正ら二千騎であった。

この行列は両国の沿道の民衆が見物した。本来なら、輿受け渡しによって大半の武田家家臣は引き返すものであったが、このときの武田家家臣は、そのまま小田原まで随行して小田原に滞在、さらに越年するのであった。氏康は小山田信有の家老・小林尾張守をわざわざ面前に出仕させ、その労に報いている。氏康が結婚の実現をいかに喜んでいたかがうかがえる。

こうして、氏康と晴信は婚姻関係を成立させた。両者は、すでに天文十三年に停戦和睦を成立させ、同二十年に婚約を成立させて攻守軍事同盟を形成していた。この結婚は両者の同盟関係をさらに強固にするもので、これによって今川家・武田家との三国同盟を完成することになった。そして、三大名家それぞれの政治行動に大きく作用することになる。氏康にはとりわけ、共通の敵として出現してきた長尾景虎との抗争を、武田晴信と協同して展開していく。それは永禄十一年（一五六八）まで、足かけ十五年におよぶ抗争になるのである。

この年の冬（十月～十二月）、氏康のもとに佐竹義昭《よしあき》から通信があり、氏康はやむをえず返信した。そのため、氏康と佐竹家が入魂になり婚姻関係も形成されるとの噂が立った。これに結城政勝・白川晴綱が反応し、翌弘治元年（一五五五）になって氏康に事情を問い質して

駿甲相三国同盟の様子◆『北条五代實記』　個人蔵

左頁右：結城城跡の大空堀◆下総結城家累代の居城　茨城県結城市
左頁左：小栗城跡と根古屋（手前の平地）◆茨城県筑西市

きた。氏康は三月十七日、白川との取次を担っていた北条綱成に、佐竹家と婚姻を結ぶことは考えていない、白川は結城と連携しているので他と同列に扱うことはないことを白川に伝えさせ、結城には佐竹家と入魂にすることは決してないこと、白川から小田領攻めについて尋ねられたので、結城の対小田への都合次第で援軍を派遣すると返答したことなどを伝えている。

同日には、白川への取次を担当していた側近家臣の岩本定次《いわもとさだつぐ》は白川晴綱に書状を出し、氏康への要請は北条綱成と計らって取り成したこと、今年の夏（四月〜六月）に常陸に出陣してほしいとの要請をうけて、結城政勝・大掾慶幹が軍事行動を起こしたならば、すぐに援軍を派遣すると伝えている。これによれば、白川からは夏中の常陸出陣を要請されてきたことがわかる。

続けて三月二十日、北条綱成が白川晴綱と結城政勝それぞれに書状を出しており、これは三月十七日付の氏康書状の副状《そえじょう》にあたる。内容は氏康が述べていることと同じだが、結城宛だけには、結城が小田家から小栗《おぐり》城（茨城県筑西市）を奪還し軍勢を在城させたから油断せず防備すること、さらに結城から要請があった小山家の進退の件について、芳春院殿・梅千代王丸に申請したが拒否されたことについて、氏康にも働きかけたかを尋ねている。そのうえで、氏康とともに芳春院殿・梅千代王丸に働きかける意向を伝えている。さらに四月四日、氏康は結城・白川への取次を担っていた岩付太田資正に書状を出して、佐竹家と入魂にする意向はないことを白川に伝えるよう命じている。ここにきて、結城・大掾・白川と小田・佐竹・岩城との抗争が大きく動いてきた。白川からは常陸への出陣を強く要請されており、氏康は本格的にこの抗争に介入せざるをえなくなっていた。

房総へ渡海し金谷城を制圧、足利義氏の元服式を葛西城で行う

氏康は、白川晴綱らから弘治元年（一五五五）夏（四月～六月）に常陸小田領への進軍を要請されていたが、三月から上総に進軍した。常陸情勢よりも真里谷領をめぐる里見家との抗争の解決を優先したとみられる。氏康は四月五日、峰上城の吉原玄蕃助《げんばのすけ》に戦功をあげれば所領を与えると約束している。五月二十日には上総に在陣していたこと、しかも嫡男の氏政も出陣していたことが確認でき、これは氏政の初陣でもあったようだ。氏康・氏政は帰陣したとみられ、そこに結城政勝が小田原を訪問してきて、あらためて小田領への進軍を要請されている（「異本小田原記」）。

七月に氏康は再び房総に軍勢を派遣、五日には弟の氏堯が安房妙本寺に戦時禁制を出していて、安房に海路から進軍した。ちなみに氏堯は、その直前の六月十二日に叔父の北条宗哲の後見をうけながら、上野平井領の統治にあたっていた。宗哲・氏堯の平井領支配がいつから行われたのかは判明せず、事例もこれだけであることから一時的な在城だったと思われる。いずれにしろ、これが氏堯の史料上の初見で、宗哲の後見をうけつつ領国統治に参加するようになっていた。そして、その直後に独自の軍団を率いて、安房に進軍したのであった。

氏康は七月十七日、天神山城の正木時治に陣所の状況についての連絡を求めている。また、同月二十二日に北条綱成は白川晴綱に出した書状で、春から房総に進軍していること、今年の秋（七月～九月）に里見家の領国を経略する意向を伝えている。北条軍の上総在陣は、その後もしばらく続いたとみられ、十月十九日に氏康側近家臣の岩本定次が白川晴綱へ出した書状には、西上総南端に位置した金谷城《かなや》（千葉県富津市）を攻略したこと、それをうけて来年春に小田領に進軍することを伝えている。氏康が閏十月十七日に白川へ送った書状には、

秋に金谷城を攻略したことを伝えている。金谷城の攻略により、氏康は西上総一帯の経略を遂げた。里見家に経略された真里谷領は、里見義堯が本拠にしていた久留里城のみという状況になった。氏康は、上総経略はこれを一段落として、翌年春に結城家・大掾家・白川家から頻りに要請されていた小田領への進軍を予定した。

そのうえで十一月十一日から同月二十二日の間、葛西城で足利梅千代王丸の元服式を行った。梅千代王丸は元服によって、将軍足利義輝からの偏諱により実名「義氏」を名乗り、正五位下の位階を与えられたと推定される。氏康がこの元服式に参列したことはいうまでもない。同式には三男の藤菊丸（のち氏照）も参列させている。これは藤菊丸を将来的に義氏の補佐役にしようとしていたためだろう。

氏康は、元服式で理髪《りはつ》役（童髪《わらわがみ》から成人用の髪に結い直す役）を務めた。これは関東管領としての役割であったのだろう。その後に表座敷で式三献《しきさんこん》の祝宴

縹糸威五枚胴具足◆吉原玄蕃助所用
個人蔵　写真提供：館山市立博物館

右頁：城ヶ島から対岸の房総半島を望む◆神奈川県三浦市
金谷城跡◆左方の削られた山陵に遺構が点在する　千葉県富津市

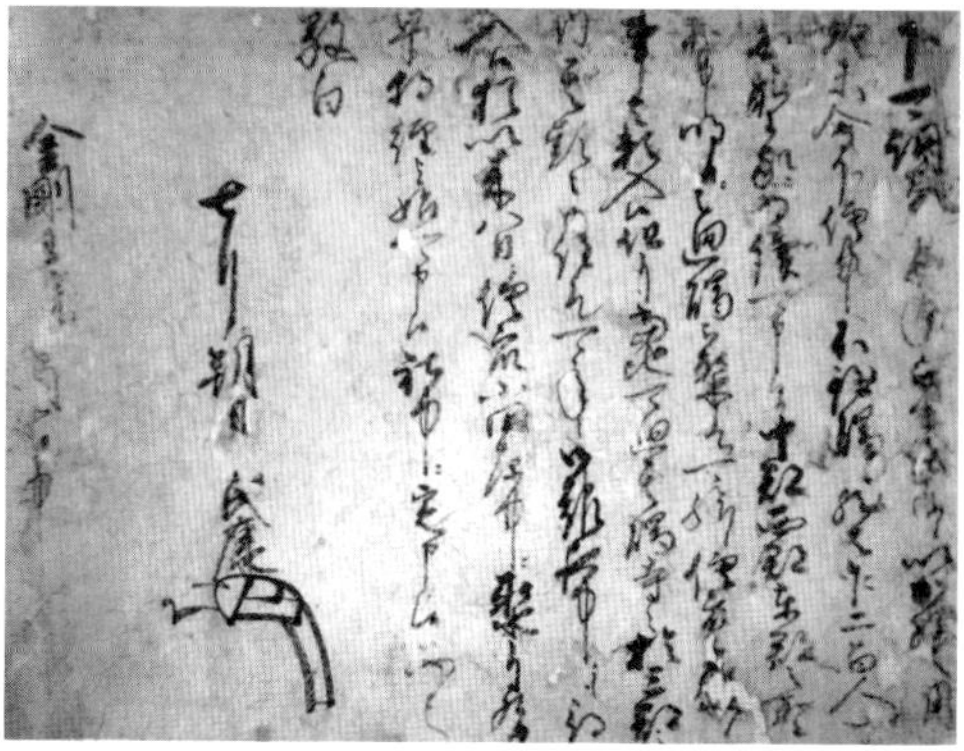

北条氏康書状◆神奈川県箱根町・箱根神社蔵

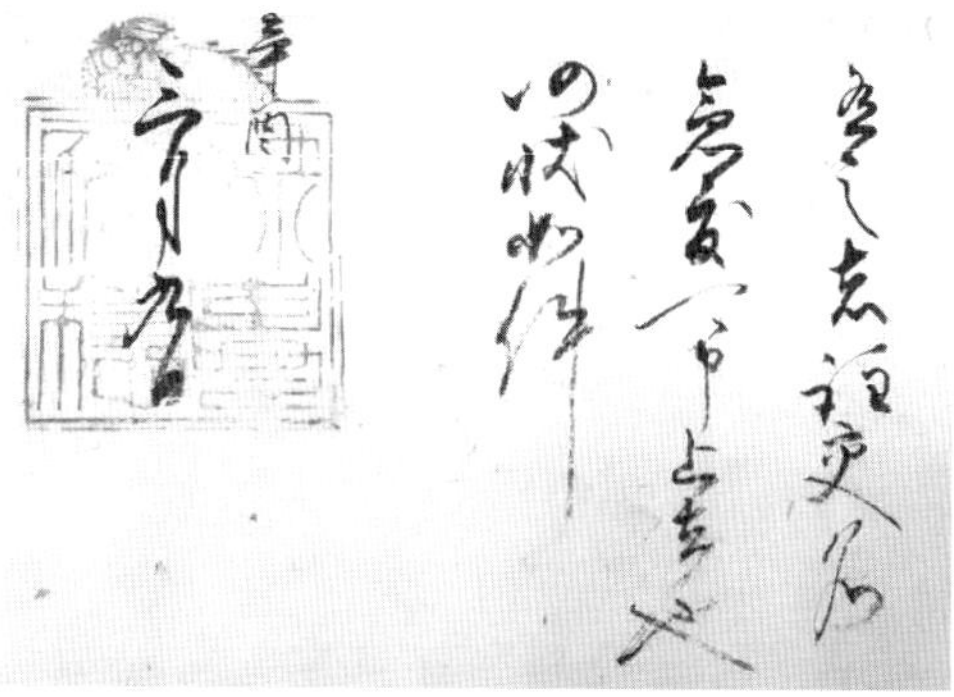

北条家朱印状◆神奈川県箱根町・箱根神社蔵

が催され、初献で氏康は義氏に弓矢を進上した。二献では、藤菊丸が義氏に甲《かぶと》と鎧を進上した。三献では、古河公方家直臣の簗田氏助が持ってきた銚子《ちょうし》を氏康が請け取って義氏に酌《しゃく》をし、その銚子を義氏が手に取って氏康に酌をし、それをうけて氏康は義氏に太刀を進上している。その席で義氏から酌をうけているのは、氏康だけであった。表の祝宴ののち、内座で宴席が催され、その冒頭で氏康は義氏から酒を与えられ、氏康はその返礼にまたも太刀を進上している。これは氏康が儀式の中心にあったことを示し、すなわち義氏の後見役であったことがわかる。*

御所塚◆塚には２基の宝篋印塔が残り、ひとつは足利義氏の孫義親の妻松月院殿のもので、もうひとつは「御所塚」の名称から古河公方の誰かと推定されている　茨城県古河市

こうして古河公方足利梅千代王丸は、ついに元服して足利義氏となって一人前の公方家当主となった。この後、義氏は自ら軍事・外交に関わる書状を出していくが、まだ一三歳だったので、その政務のほとんどは実際は母の芳春院殿が引き続いて担い続けた。十二月十七日に氏康は簗田晴助に書状を出し、義氏の元服をうけて義氏の居所を本来の古河公方足利家の本拠である古河城とする意向を伝えている。しかし、この件は実現をみることなく、義氏はその後もしばらく葛西城に居住を続けた。その理由は判明しないが、まだ下野・常陸情勢が落ち着いていなかったためかもしれない。

足利義氏はこの後、公方家当主として関東・南陸奥の大名・国衆に対して直接、軍事・外交を展開していくことになる。氏康は後見役として政治的に一体となり、北関東・南陸奥の大名・国衆に対応していく。義氏の元服をうけ、同年の冬に下野那須領の那須資胤《すけたね》が忠誠を誓約する起請文を出して義氏に帰参の赦免を申請してくるが、同時に氏康・氏政は資胤から通信されている。義氏への忠誠は、氏康との連携と一体の関係となっていたのである。

＊「鎌倉公方御社参次第」『北区史資料編古代中世2』所収

北条家・古河公方家関係系図

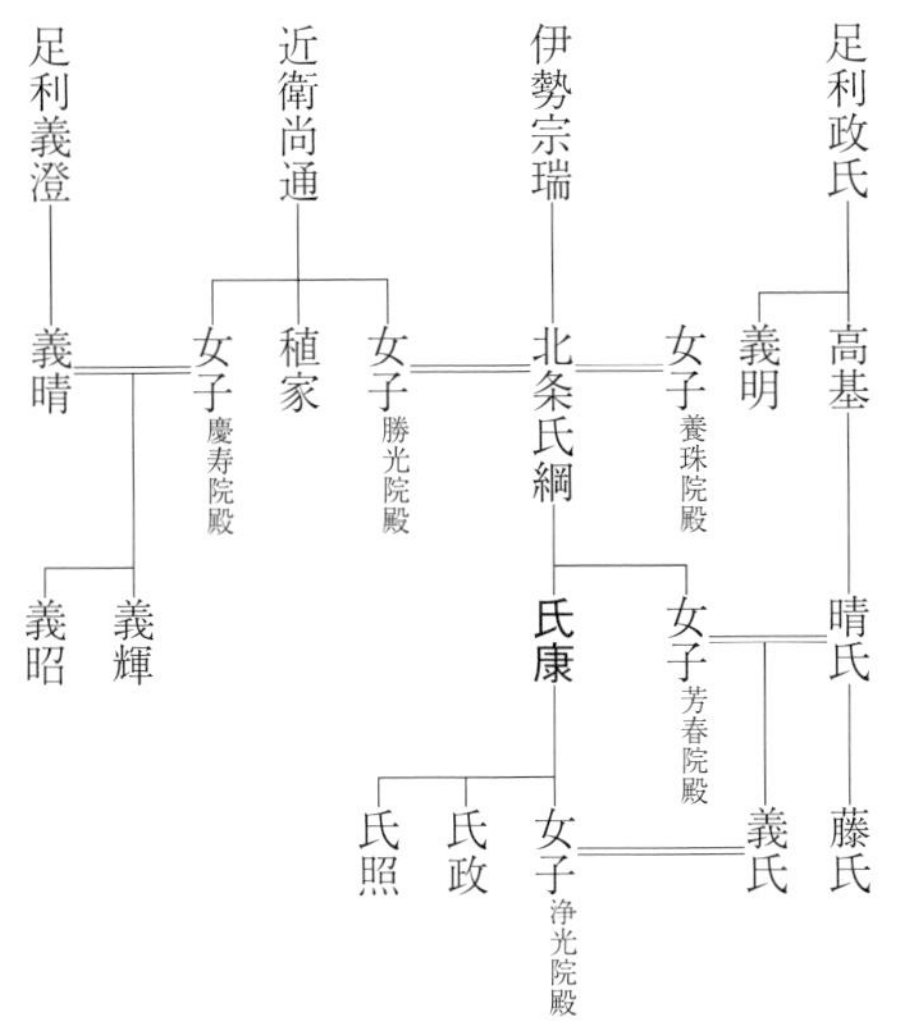

常陸海老島合戦で小田軍に勝利、三男氏照を大石家の養子に

氏康は弘治二年（一五五六）四月、ようやく結城政勝への援軍として出陣し、常陸小田領に進軍した。氏康が派遣したのは、家老で江戸城代の遠山綱景を大将とする軍勢、従属国衆で古河公方足利家直臣として結城家への取次を担っていた岩付太田資正の軍勢であった。これに加え、下野壬生《みぶ》領の壬生綱雄《つなかつ》、佐野領の佐野豊綱《とよつな》、藤岡領の茂呂因幡守も参陣したことが伝えられている＊。

壬生家については、すでに天文二十年（一五五一）に氏康が支援していたから、その頃から氏康に従属する存在になっていたのだろう。佐野家は、同二十一年の長尾景虎の上野進軍の際、長尾方に味方していたから、その後に氏康に従属したと思われる。佐野家からは佐野領で所領千貫文が氏康に進上されていた（「北条家所領役帳」）。この所領は従属にともなう「上納分」にあたる。茂呂家は山内上杉家没落の際、主家の赤井家とともに氏康に味方していて、さらに氏康に従属するようになっていた。氏康は、すでに下野国衆とも従属させる関係を形成していた。

結城軍と北条軍は、四月五日に常陸海老島《えびがしま》・大島台《おおしまだい》合戦（茨城県筑西市）で小田軍に勝利し、敵兵千人余を討ち取る戦果をあげた。合戦は先陣の結城軍・遠山軍・太田軍の三軍団だけで勝利した。氏康自身は対戦することなく勝利を得たのであった。結城家への援軍は天文十九年から要請されていたもので、ここにようやく実現したことになる。合戦の勝利で結城家は小田家に経略されていた領国の回復を遂げた。氏康の参戦が北関東の大名同士の抗争に直接、大きな影響を与えるようになったことがわかる。こうして氏康の政治勢力は、北関東にも具体的に展開されていった。

北条氏康を描いた錦絵◆個人蔵

＊「結城家之記」『結城市史第一巻』

この合戦勝利をうけて、足利義氏は九日に、いまだ帰参しない榎本領の小山高朝と森屋相馬家の攻撃を図っている。結果は判明しないが、おそらくともに攻略を遂げたと思われる。こうして、足利義氏は父晴氏の謀叛に加担した勢力の鎮圧を遂げた。

北条家の騎馬武者・徒歩武者模型◆横浜市歴史博物館蔵

壬生城の復元模型◆江戸時代末期の壬生城と城下町の一部を文献資料を基に復元したもの。天守や櫓などはなく、中心となるのが堀に囲まれた本丸と、その中に建てられた御殿である。徳川将軍が日光東照宮に参拝する際に宿泊した御殿としても名高い　壬生町立歴史民俗資料館蔵

大石家系図

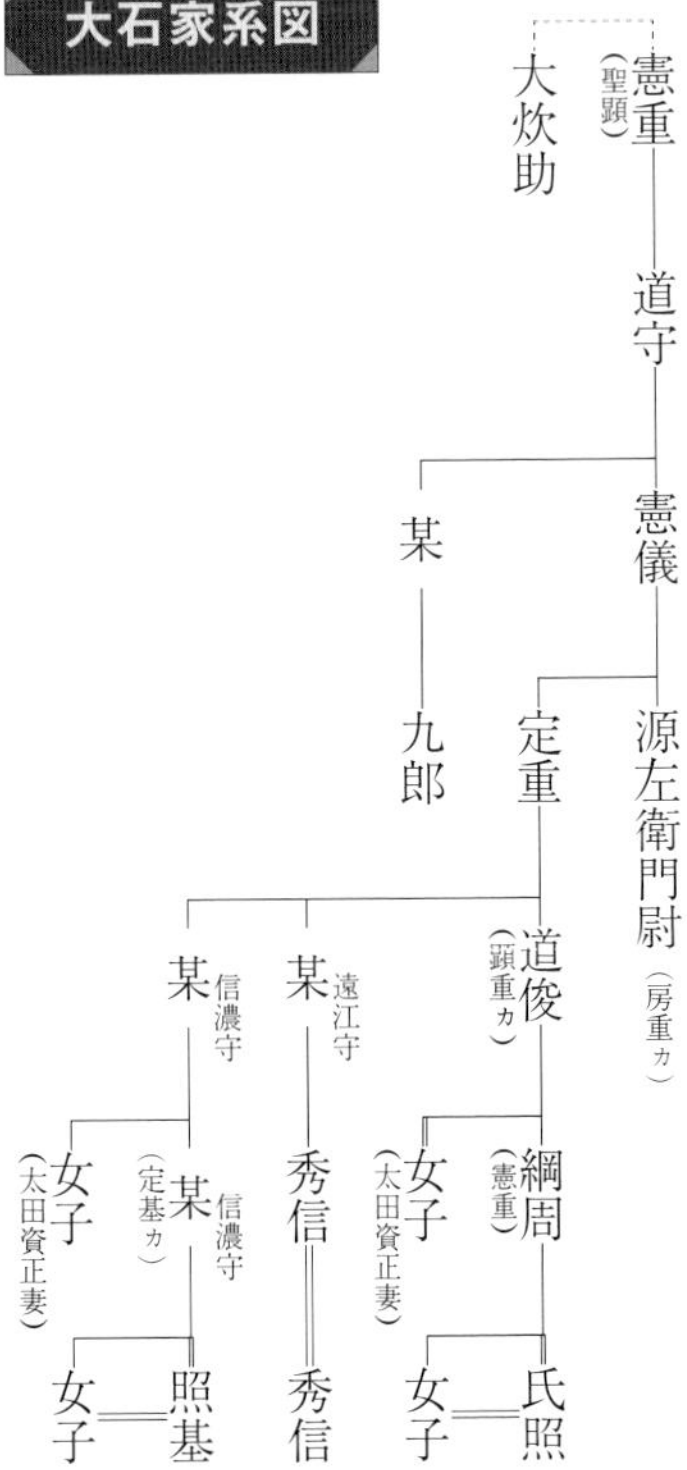

氏康のほうでは、常陸から帰陣後の五月二日、三男の藤菊丸が大石家の婿養子に入ったうえで、大石家領の相模東郡座間《ざま》郷（神奈川県座間市）の鈴鹿《すずか》大明神社を再興している。大石家の当主綱周《つなかね》（道俊の養子）は前年まで史料に見え、そのときに小田原に参向していたが（「異本小田原記」）、この後、綱周は史料に見られなくなる。代わって大石家当主として見えるのが藤菊丸であった。藤菊丸は前年の足利義氏元服の際に参列しており、それからこの間、大石家の婿養子になることが取り決められ、綱周の嫡女・豊《とよ》（比佐《ひさ》とも、一〇歳か）の婿に入って大石家の家督を継承することになった。大石綱周の小田原参向は、もしかしたらこの婚姻を要請したものかもしれない。

なお、藤菊丸は一五歳であったから、おそらくこの年の末か、一六歳になる翌年初めに元服したのだろう。仮名は養父綱周のものを襲名して源三を称し、実名は氏照を名乗る。ただし、

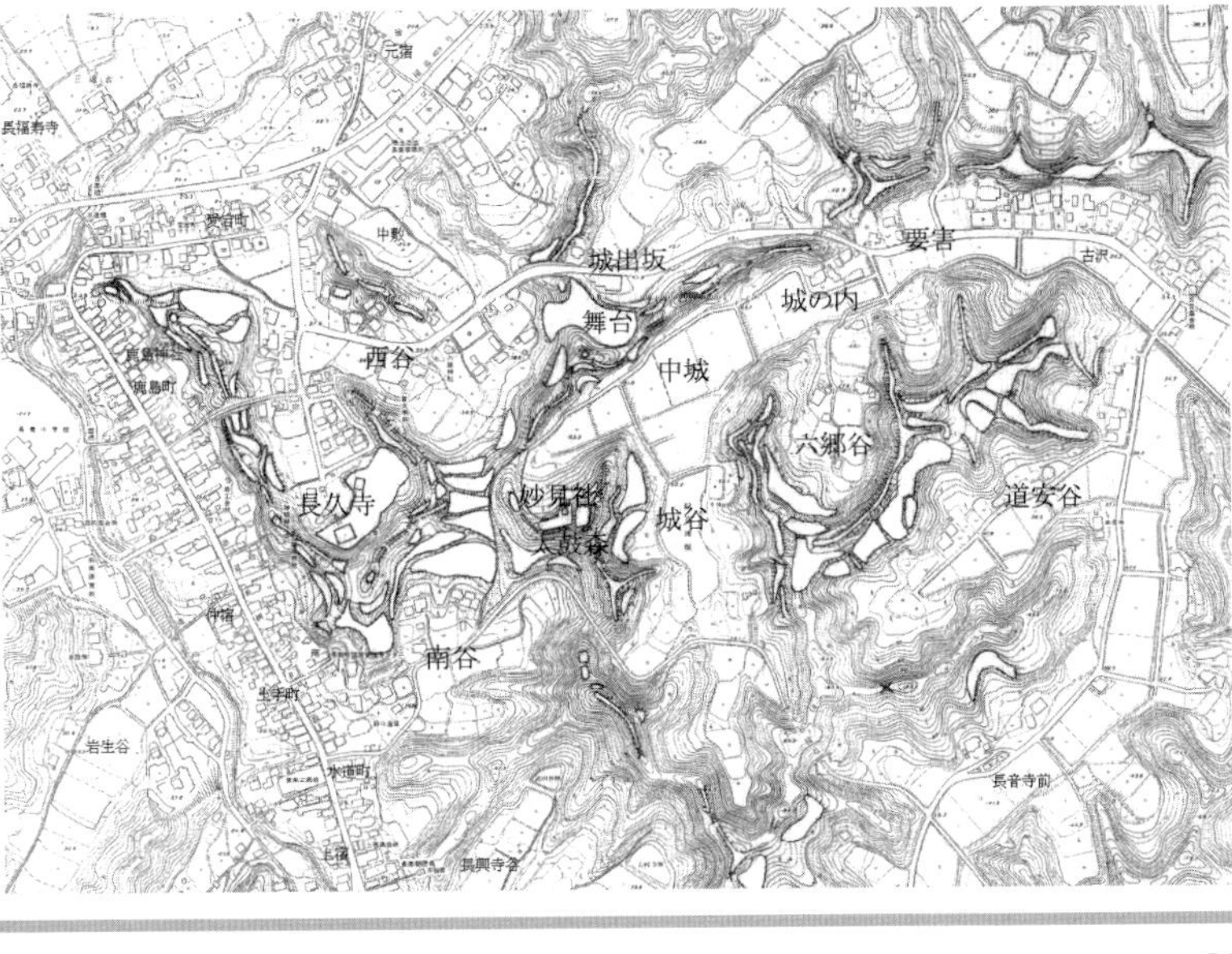

長南城跡概念図◆真里谷城と並ぶ上総武田氏の二大拠点。広大な城域に多くの曲輪が点在する　千葉県長南町　提供：千葉県長南町

武蔵由井領への入部は少し時間が空いて、一八歳の永禄二年（一五五九）と推定され、そのときに大石豊と結婚し大石家当主の立場を確立したのだろう。なお、前代の綱周はその後、史料に見えなくなり、通常なら死去したと考えられるが、氏照を婿養子にとったのにともない隠居しただけという可能性もある。綱周のその後の動向は、今後の検証が必要になろう。

氏康は、七月になると江戸城に出陣した。＊これは上総侵攻のためであった。前年の金谷城攻略によって西上総の経略を遂げていたので、今回は上総中部の経略が目的であった。八月五日、真里谷領の高谷延命寺《たかやえんめいじ》（千葉県袖ヶ浦市）に戦時禁制を与えていて、同月六日に上総の領主の藤田弥七郎に、前年に上総で与えた所領が支配できなかったことの代替に堪忍分《かんにんぶん》を与えている。

また、同月十日に小机城主の北条三郎（宗哲の嫡男）に戦陣での行動について規定した条書を与えているが、それも上総陣でのことと推定される。三郎の年齢は判明しないが、このときから小机城主として見えるので、この頃までに宗哲の家督を継承していたようだ。この出陣も初陣の可能性が高いとみられ、だからこそ戦陣での行動について教訓しているのだろう。

氏康はこの進軍で、長南《ちょうなん》城（千葉県長南町）を本拠にする国衆の長南武田家の攻略をすすめ、池和田《いけわだ》城（同市原市）や長南城などを攻撃した。このときには攻略できなかったらしく、九月頃にいったん帰陣したようだが、池和田城攻めの軍勢は在陣を続けていた。この進軍は足利義氏の名目で行われたようで、義氏は十二月九日、結城政勝に上総への参陣を要請している。結城が参陣することはなかったが、義氏の軍事行動と氏康のそれとが一体になってすすめられていた状況がわかる。

＊『白河市史五』八四〇号

小机城跡◆北条家の重要な武蔵南部の支城として機能してきた。現在は「小机城址市民の森」として良好な状態で遺される巨大な空堀や曲輪を見ることができる　横浜市港北区

上野・下野・上総東部へ、敵対する国衆に軍事行動を展開

氏康は弘治二年（一五五六）十月、今度は上野に進軍したようだ。十月三日、小泉領の富岡氏に在陣の労をねぎらう書状を出している。十一月七日には下野足利領の国衆・長尾当長《まさなが》（のち景長《かげなが》）の代官として参陣した小野寺長綱《おのでらながつな》を労っている。足利長尾家は、天文二十一年の長尾景虎の進軍時には長尾方であったが、この間、氏康に従属していたことがわかる。それに隣接した上野新田領の横瀬家も同様に長尾方だったが、弘治元年八月までに氏康に従属したことが確認されている。十一月十三日には、佐久間左近《さくまさこん》という武士に上野在陣での戦功を賞する感状を与えたことが伝えられている。

このときの出陣目的は判明しないが、すでに天文二十一年の時点で小幡家・那波家・赤井家（富岡家・茂呂家を含む）が氏康に従属し、同二十三年には桐生佐野家、弘治元年には横瀬家が氏康に従属していた。上野中部の国衆の惣社《そうじゃ》長尾家・箕輪《みのわ》長野家・厩橋《まやばし》長野家・大胡《おおご》家らの動向は判明していないが、永禄元年（一五五八）には氏康に従属していたことは確実である。北上野の白井長尾家は天文二十一年の時点では長尾方だったが、同じく永禄元年には氏康に従属していたとみられる。そうするとこの出陣は、諸勢力のなかでいまだ氏康に従属していない国衆を攻略したものであったろう。

上野の在陣は十一月半ば頃までと思われるが、その直後の十一月十八日に榎本領の大中《だいちゅう》寺《じ》（栃木県栃木市）に戦時禁制を出している。ただこれは、前年に出された足利義氏の戦時禁制をうけて、あらためて氏康からの禁制を求められて出したものである。そのため、実際に氏康の軍勢が榎本領に進軍していたかどうか判明しないが、上野からの帰陣のなか、近辺を行軍したことで禁制の発給を求められたように思える。また、前年の足利義氏の戦時禁制

勧農城跡◆足利長尾氏の本拠地　栃木県足利市

足利長尾氏累代の墓◆栃木県足利市・長林寺

に関しても、義氏独自の軍事行動は想定されないので、氏康の進軍も想定されていたと思われるが、ともに進軍の事実は確認されない。だが、戦時禁制が求められているため、進軍する情勢はあったように思われる。

榎本領の小山高朝に対しては、この年の四月に足利義氏が攻撃を図っていた。しかし、十一月に氏康の戦時禁制が出されているから、まだ小山高朝は義氏に帰参しておらず、依然として義氏・氏康による侵攻が想定される状況であった。榎本領は翌弘治三年二月、氏康は結城政勝に、政勝から要請された大中寺領について保証し、小山家家臣妹尾《せのお》の違乱があったら対処することを伝えているので、そのときには小山高朝は義氏に帰参して榎本領を芳春院殿・義氏に進上した可能性がある。榎本領は芳春院殿の御領所とされていて、氏康は政勝に対し、芳春院殿に直接申請することをすすめている。そうすると先の禁制も、実際に氏康が榎本領に進軍する動きをみせたこ

木造十二神将立像のうち申神像◆北条氏邦とその家臣団が秩父の法養寺に奉納したもの　埼玉県小鹿野町・法養寺薬師堂蔵　写真提供：小鹿野町教育委員会

祇園城跡◆小山氏代々の居城。西に思川が流れ、公園化された城跡には土塁・空堀・馬出しなどの遺構が現在も明瞭に残されている　栃木県小山市　写真提供：小山市

とにともなうもので、それをうけて小山高朝は義氏に帰参したことも十分に考えられる。

弘治三年二月十八日には、上総在陣の軍勢は池和田城とその他三ヶ城を攻略した。三ヶ城は判明しないが、氏康が前年に長南城へ使者を派遣しているので、長南城を含む長南武田家の諸城であろう。これにより、長南武田家は氏康に従属したと思われる。長南領より南部は里見家の本拠になっていた久留里城、里見家領国に編入されていた大多喜《おおたき》領・一宮《いちのみや》領・万《まん》喜《き》領・勝浦《かつうら》領などが展開されていた。氏康はいよいよ里見家領国と全面的に対峙する状態になった。

他方で、三月十三日には氏康は上野に軍勢を派遣したことがうかがわれる。武田晴信から援軍（「甲斐衆」）が派遣され、氏康は北条綱成にそれを預けている。同月二十六日、氏康は富岡家に軍事行動の状況を尋ねている。この上野進軍に関して、武田晴信は倉賀野（群馬県高崎市）に家臣上原与三左衛門尉を派遣していた。さらに、晴信は武蔵国衆の深谷上杉家一族の市田《いちた》茂《も》竹庵《ちくあん》に宛てた書状で、武田軍への加勢として上野に出陣してきたこと、敵は退散したこと、晴信は礼のため宝泉寺《ほうせんじ》を使者として派遣したことを述べている。文面通りとすれば、市田家は武田軍が敵から攻撃されたところに、援軍してきたものと思われる。

このときの上野進軍は武蔵国衆・上野国衆を動員し、さらに武田家から倉賀野まで援軍が派遣されていることから、敵を後退させたもののようである。敵は倉賀野より北に位置した勢力で、惣社長尾家や白井長尾家を想定できる。ともあれ、氏康による上野経略は確実に進展していたことがわかる。

長南城跡の切岸◆千葉県長南町

長南武田氏の墓◆千葉県長南町・大林寺

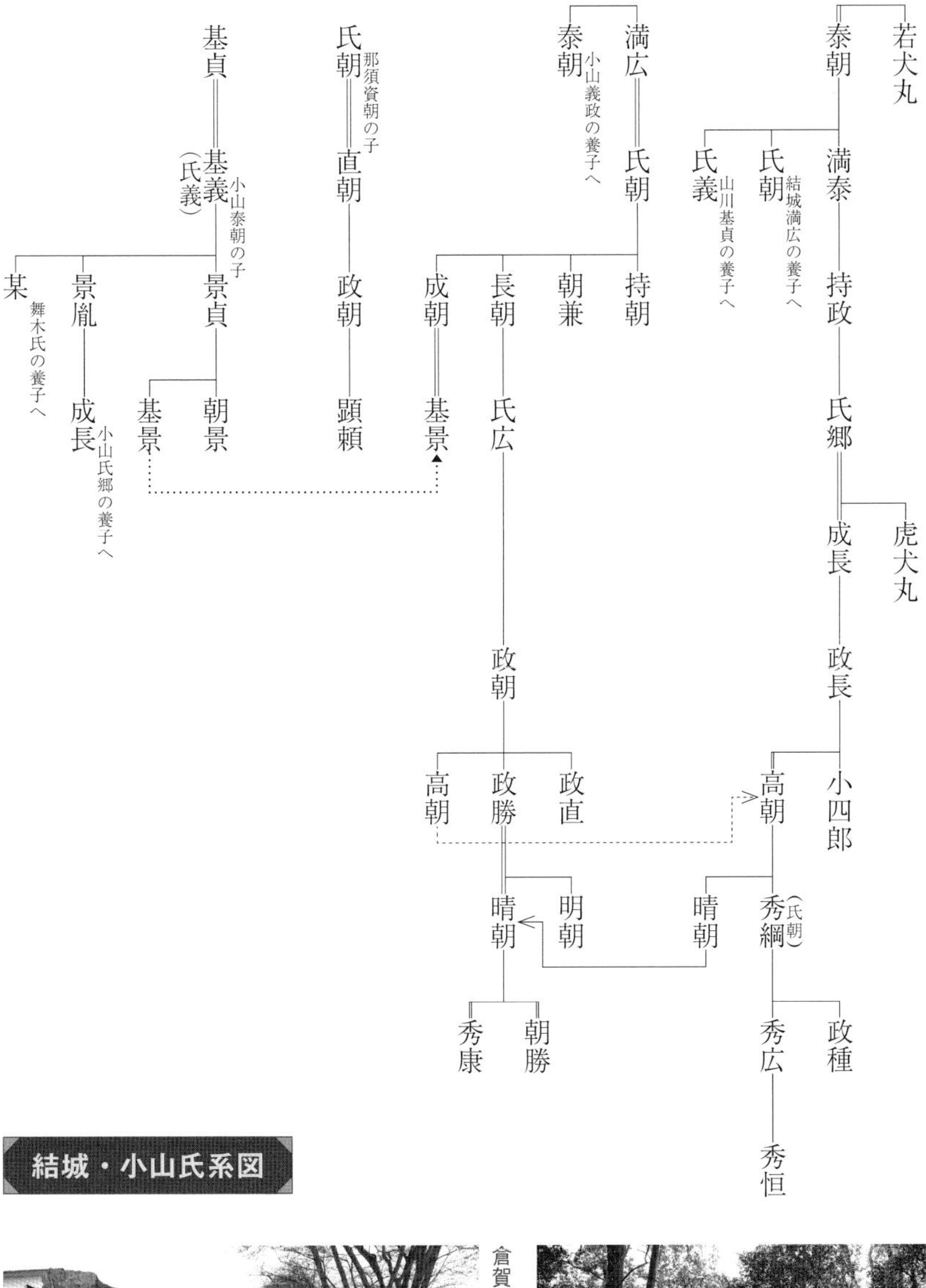

結城・小山氏系図

倉賀野城跡◆群馬県高崎市

祇園城の空堀跡◆栃木県小山市

川中島合戦に派兵、下野で宇都宮家の内乱を終息させる

上野に軍勢を派遣していた同時期の弘治三年（一五五七）五月二日、氏康は上総小糸《こいと》領の国衆である秋元《あきもと》家一族の釜滝《かまたき》秋元家の家臣・東大和守《やまとのかみ》に所領を与えている。里見方に属す秋元家の経略をすすめ、一族の釜滝秋元家を調略したことがうかがわれる。六月十二日には上総領主の藤田弥七郎に所領を安堵し、七月九日に真里谷妙泉寺に寺領をあらためて安堵している。十月十二日には、天神山城に兵粮の搬入を指示しており、三浦衆の南条昌治《まさはる》らが援軍として在城していたことがわかる。

これらは、北条軍が上総に在陣を続けていたことを示しているが、氏康自身は出陣しなかったと思われる。氏康はその間、五月に上野新田領長楽寺《ちょうらくじ》（群馬県太田市）に寺領を保証し、七月に家老の垪和氏続《うじつぐ》に父伊予守の家督継承を承認し、また、氏照に代わって由井領支配を開始し、さらに武蔵勝沼《かつぬま》領の三田綱定《みたつなさだ》に同領内での禅宗の宗論に対して裁決している。八月には、古河公方家直臣の豊前氏景《ぶぜんうじかげ》に足利義氏から下野皆川《みながわ》領で与えられた所領について支配にあたるよう命じ、障害があれば遠山綱景に連絡することを指示している。これらは他方面に関わる内容であり、小田原で出されたものであろう。

その一方、上野に進軍していた北条綱成は、六月になると今度は逆に武田晴信への援軍として信濃上田（長野県上田市）に派遣された。信濃で武田晴信と長尾景虎の対戦（第三次川中島合戦）が展開されたためであった。晴信は上野に派遣していた軍勢を、信濃真田《さなだ》領（上田市）に転進させた。綱成はそれに同行して上田まで進軍したとみられる。武田・長尾両軍の対戦は九月まで続いたが、その間の七月十六

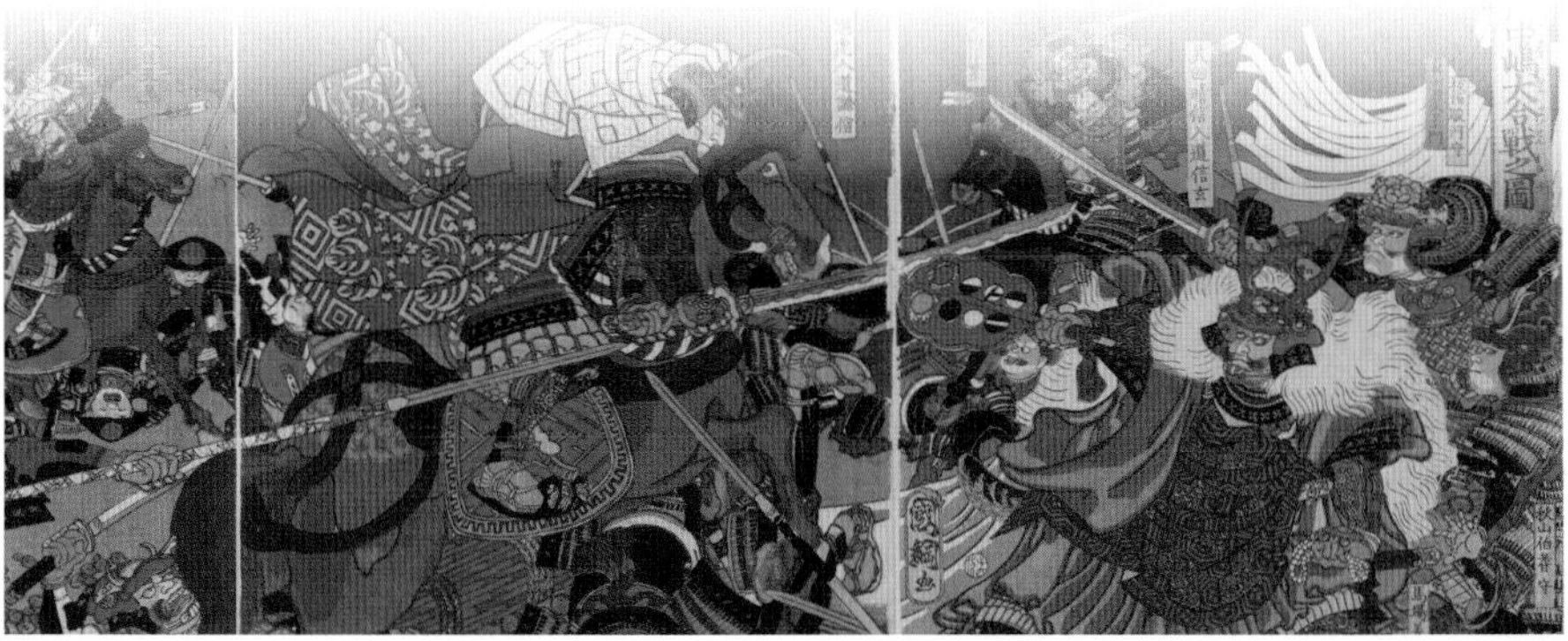

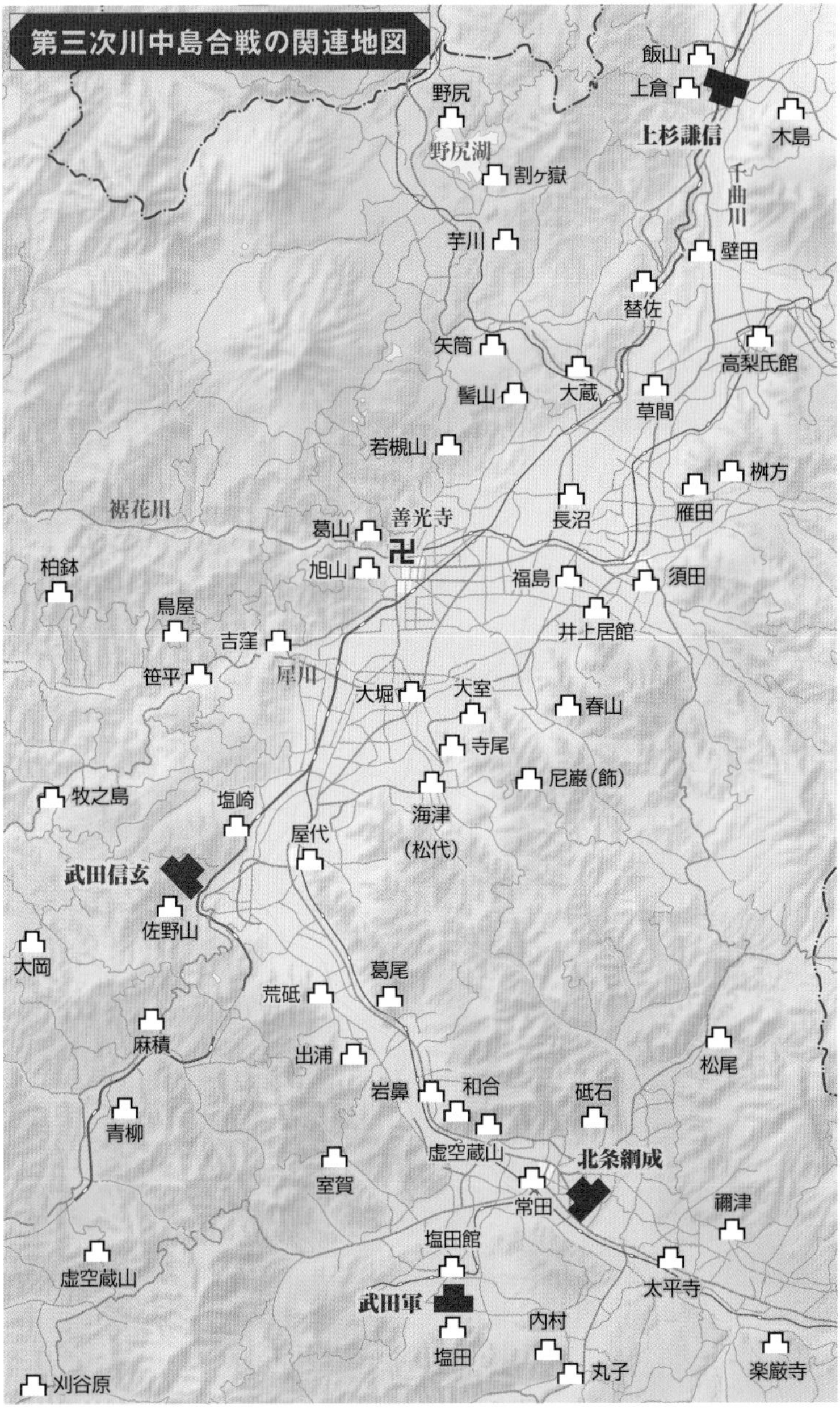

日、晴信が側近家臣の駒井政頼に宛てた書状[*1]で、氏康が長尾景虎との和睦をすすめてくることが予想されている。しかし、晴信はそれを容れることはなかった。

九月七日、氏康は常陸佐竹義昭と通信している。佐竹家の家臣である船尾《ふなお》昭直《あきなお》の進退につ

右頁：「川中島大合戦之図」◆武田・長尾両軍の戦いを描く　個人蔵

＊1『思文閣古書資料目録』二七五号

壬生義雄（よしかつ）像◆壬生綱雄の嫡男。戦国時代の壬生家に遺された唯一の肖像画である（『壬生物語』より）　壬生町立歴史民俗資料館蔵

いて（船尾から依頼されてのことと思われるが）、本領に帰還できるよう岩城家への働きかけを要請している。このときは、氏康と佐竹家が直接に通信する関係になっていた。

佐竹家とは天文二十三年から通信を開始していて、佐竹家と敵対していた白川家・結城家から疑念を示されていたが、氏康は引き続き通信していたことがわかる。

この時期、氏康と足利義氏は下野宇都宮家の内乱を終息させることを図り、七月に義氏が宇都宮領に進軍する動きをみせている。*2 義氏だけの軍事行動は想定できないため、これには氏康も出陣することになっていたと思われる。実際の出陣については判然としないが、八月に宇都宮家に従属する皆川家が領国内の郷村《ごうそん》の一部を足利義氏に進上しており、それが古河公方家直臣に与えられていることから、何らかの軍事行動があった可能性もある。皆川家は義氏と氏康に帰服し、所領の一部を進上したのかもしれない。

足利義氏は、宇都宮家の内乱について当主伊勢寿丸（のち広綱）を本拠の宇都宮城に帰還させて解決することを考えていたとみられる。それには、那須家・佐竹家・岩城家が協力して宇都宮城を占拠する壬生綱雄への攻撃をすすめた。かつて氏康は、壬生綱雄が宇都宮城を占拠する際、それを支援していたから、ここでは一転してそれを排除する立場をとったこと

真田館大手門（右）と東曲輪の土塁（左）◆武田の援軍として北条綱成は真田領へ進軍している　長野県上田市

になる。義氏の意向を尊重せざるをえなかったのであろう。おそらく、氏康も宇都宮領に進軍したことであろう。

壬生綱雄は宇都宮城から退去して本拠の壬生城（栃木県壬生町）に帰還するが、時期は判明しない。氏康が那須資胤に宛てた十二月十一日付の書状で「今度壬生退治に就き」と記しているので、十二月初めと思われる。那須は塩谷《しおや》領に侵攻していたが、壬生が降参して宇都宮領が伊勢寿丸に引き渡されたことを伝えている。ところが、那須は塩谷領への侵攻を停止しなかったため、十二月二十八日に足利義氏は那須に侵攻の停止を命じている。

こうして天文十八年から続いていた宇都宮家の内乱も、当主伊勢寿丸の復権というかたちで決着された。足利義氏の意向によるものであったが、その実現は氏康の政治勢力と軍事力の裏付けによるものといってよい。下野では榎本領や皆川領から、義氏に御領所として郷村が進上されたが、その維持も氏康の保証によるものであった。こうして氏康は、下野にも直接に政治勢力をおよぼすようになっていた。

＊2『猿島町史 資料編 原始・古代・中世』中世二九〇号

宇都宮氏系図

氏綱—基綱—満綱＝持綱（女子＝持綱）—等綱
- 等綱
  - 明綱
  - 正綱
    - 成綱
      - 忠綱
      - 尚綱（俊綱）—広綱
      - 興綱
    - 塩谷孝綱

常陸太田城の土塁◆佐竹氏の代々四七〇年に及ぶ居城。佐竹隆義が入城した日に鶴が城の上空を舞い飛んでいたと伝えることから、「舞鶴城」とも呼ばれている　茨城県常陸太田市

足利義氏が鶴岡八幡宮参拝・小田原訪問を終え関宿城に入る

氏康は永禄元年（一五五八）になると、足利義氏を「関東の将軍」にふさわしい政治的地位を確立させ、義氏と氏康の政治的一体化をもとにした新たな関東政治秩序を構築しようとした。そのうえで義氏を古河公方家領国に入部させて、義氏を真に古河公方足利家当主として確立させることの実現に取り組んでいった。

まず、二月二日に義氏を従四位上《じゅしいのじょう》・右兵衛佐《ひょうえのすけ》に叙任させた。右兵衛佐の官職は、鎌倉公方足利家・古河公方足利家において初めての任官である。いうまでもなく、武家政権の創始者である源頼朝《みなもとのよりとも》に由来するもので、義氏を源頼朝に擬えるものでもあった。そして、それを補佐する関東管領の氏康は、鎌倉幕府執権北条氏にちなんだ左京大夫に任官している。これにより、それまで鎌倉公方足利家と関東管領上杉家によって構築されていたものに代え、頼朝に擬えた義氏、執権北条氏に擬えた氏康とで、新たな関東の政治秩序の構築を表明したのである。ここに関東の政治秩序は義氏と北条家を中核にするものとなった。

次いで、氏康は義氏を鎌倉鶴岡八幡宮に参詣させ、続いて北条家の本拠・小田原城を訪問させる準備をすすめた。二月十九日には具体的な準備に入ると同時に、義氏を古河公方家の領国に入部させる準備をすすめた。それについて家老である簗田家の本拠関宿城（千葉県野田市）を義氏の本拠にすることを構想し、簗田晴助と交渉をすすめた。義氏の本拠を本来の古河城ではなく関宿城にしようとしたのは、関宿城が「一国に匹敵する」要衝だったからで、具体的には関東中央部における水陸交通の結節点であったこと、関宿領は北条家領国の葛西領に接続し、関宿城と直接に水陸で繋がることになるからと思われる。

義氏と芳春院殿は、鶴岡八幡宮参詣のため四月四日に葛西城を出発した。道中は江戸城代

鶴岡八幡宮◆神奈川県鎌倉市

の遠山綱景が先導し、綱景の軍勢と三浦衆が護衛した。義氏は四月十日に参詣した。古河公方足利家当主が同社に参詣するのは、これが最初で最後のことであった。同社は源頼朝以来の関東武家政権の守護神であったから、義氏がそれに参詣するのは「関東の将軍」としての政治的地位を確立させようとしたものであった。参詣にあたって、小田原からやってきた氏康の嫡男である氏政が同席し、家老筆頭の松田憲秀《のりひで》（盛秀の子）、家老の笠原美作守《かさはらみまさかのかみ》らを従えていた。芳春院殿も翌十一日に参詣した。その十一日、氏康と簗田晴助との交渉が成立し、氏康は簗田に起請文を与えている。関宿城を六月に義氏に進上すること、その代替に古河城を簗田に引き渡してその本拠とすること、所領は従来通

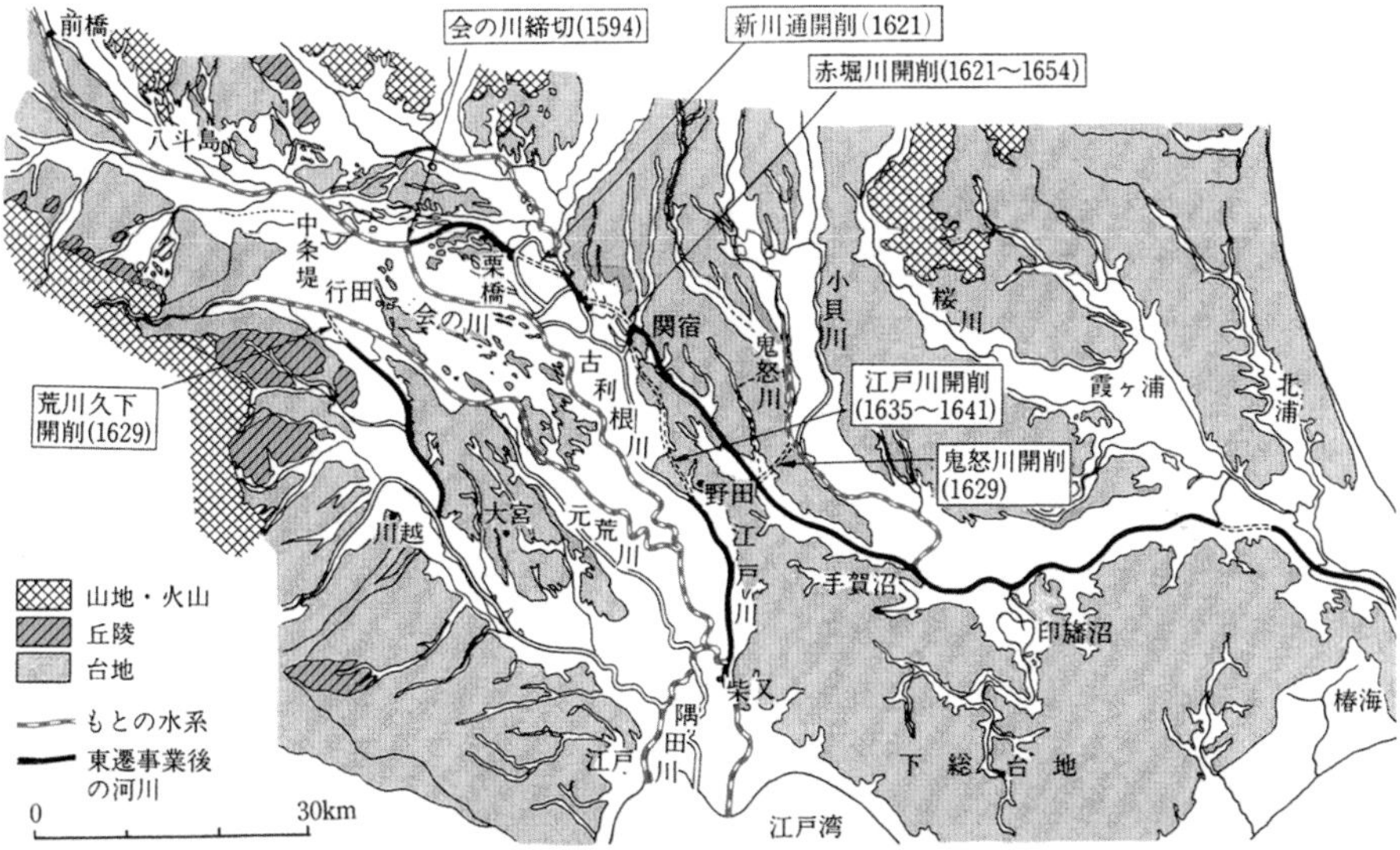

関宿を中心とする河川流路の変遷図◆湿地・河川が多く集中する地域のため、流路の変更や洪水などに悩まされてきた　写真提供：千葉県立関宿城博物館

関宿城跡に立つ城跡碑（右）と千葉県立関宿城博物館の模擬天守（左）◆博物館は利根川と江戸川の分流点のスーパー堤防上にある　千葉県野田市

り保証することが簗田から要求されていて、氏康はそれを承認した。

義氏らは十三日まで鎌倉に滞在し、十五日に小田原を訪問した。古河公方足利家当主が小田原を訪問するのも最初で最後のことであった。そして二十八日、義氏は城内の氏康屋形を訪問し、寝殿《しんでん》、次いで会所《かいしょ》で饗応が行われている。北条家御一家衆の北条氏堯・三郎・氏信（三郎の弟）、親類衆の伊勢貞就・八郎父子、家老の松田憲秀・遠山隼人佑《はやとのじょう》（綱景の子）・笠原美作守・清水康英《やすひで》らが列席した。北条家として初めて古河公方足利家当主を迎え、一族・家臣をあげて饗応したのである。

義氏と芳春院殿は、それから四ヶ月ほど小田原に滞在を続けた。その間、氏康は芳春院殿に義氏を関宿城へ入部させることの承認と、それにともなって芳春院殿と義氏から、簗田に関わる種々の事項の取り決めと承認を求めた。五月二十四日までには、氏政から関宿城移住について芳春院殿に申し入れが行われ、芳春院殿からも了解を取り付けた。そうして六月一日、芳春院殿と義氏は簗田晴助に関宿城を進上させること、代替として古河城を与えること、それにともなう城廻の所領の交換、簗田の進退について保証するなどの内容の義氏判物と「大和」朱印状を与えた。

足利義氏の花押

これによって関宿城は簗田から義氏に引き渡され、代わりに古河城が簗田に引き渡された。そして義氏と芳春院殿は関宿城に入部するための準備をすすめた。閏六月十日には、関宿城下で古河公方直臣の屋敷の割り振りが行われている。そして、八月十四日には関宿城に入部していることが確認できる。具体的な入部時期は七月下旬か八月初め頃と思われる。以後、義氏は「関宿様」と称され、元服してから初めて古河公方家の領国に入部し、真に古河公方足利家当主としての政治的地位を確立した。その段取りをつけたのは、いうまでもなく氏康であった。

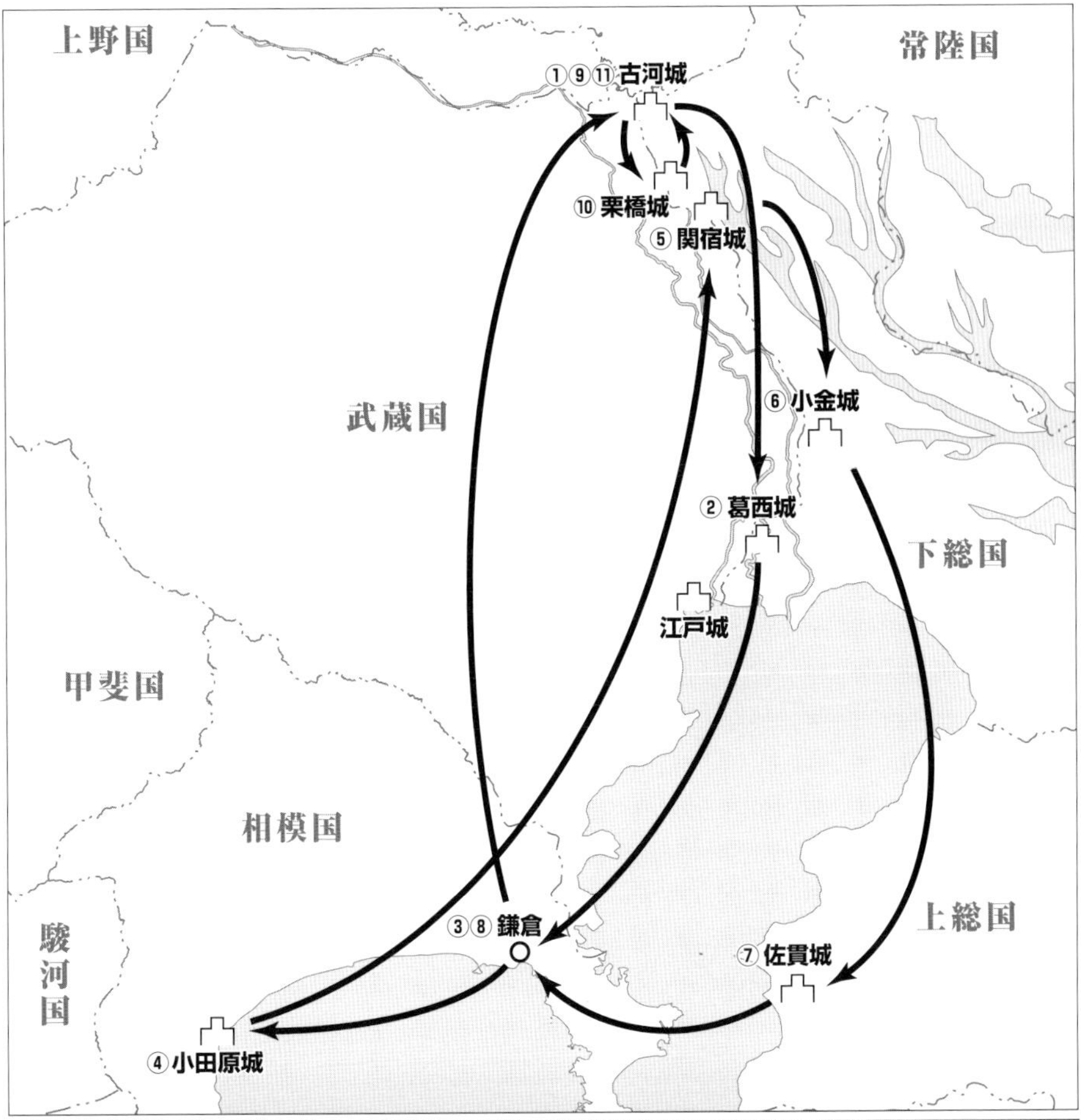

	年月日	西暦	本拠地	出来事	公方の場所
①	天文 12 年 3 月 26 日	1543	古河	義氏、古河城で生まれる	古河城
②	天文 19 年 7 月頃	1550	下総葛西	義氏、葛西城に入る	下総葛西
③	永禄元年 4 月 10 日	1558	下総葛西	義氏、鶴岡八幡宮に社参する	鎌倉
④	同 4 月	1558	下総葛西	義氏、小田原城に滞在	小田原城
⑤	同年 8 月頃	1559	下総関宿	義氏、関宿城に入る	下総関宿
⑥	永禄 4 年 7 月	1561	下総小金	義氏、関宿を簗田氏に渡し小金城へ移る	下総小金
⑦	永禄 6 年 4 月以前	1563	上総佐貫	義氏、上総佐貫城に移る	上総佐貫
⑧	永禄 7 年 7 月中旬	1564	鎌倉	義氏、鎌倉に戻る	鎌倉
⑨	永禄 11 年 6 月 28 日	1568	古河	義氏、古河に戻る	古河城
⑩	天正 5 年閏 7 月以前	1577	古河	義氏、栗橋に在城、その後 栗橋・古河間でしばしば移動	栗橋
⑪	天正 11 年 1 月 21 日 （関東では天正10年閏12月20日）	1583	古河	義氏、古河城で死去する	古河城

古河公方足利義氏の居所移転一覧の図表◆『関東戦乱――戦国を駆け抜けた葛西城』（図録、葛飾区郷土と天文の博物館、2007 年）等を参考に作成

今川義元の小田原訪問と「北条家所領役帳」の作成

足利義氏が小田原に滞在しているなかの永禄元年（一五五八）六月下旬、上総小糸領で合戦が生じた。氏康に味方する釜滝秋元家に対し、小糸秋元家が攻撃してきたとみられる。戦功をあげた東修理亮《しゅりのすけ》は玉縄城に連絡したが、城主の綱成が留守のため嫡男である康成《やすしげ》（のち氏繁）が代わって小田原の綱成と氏康に取り次いだ。六月二十七日には氏康から東に宛てて感状が出され、閏六月七日に綱成と康成は、東にその感状を送付している。上総では里見方との攻防が続いていたことがわかる。

氏康は閏六月になると小田原を出陣して、北上野に進軍した。閏六月十八日、西上野安中領の国衆・安中重繁に、吾妻《あがつま》領に向けて出陣することを伝え参陣を命じている。この出陣は「火急」と記しているので、急遽取り決めたものであろう。進軍先が吾妻領であるから、それより南部の惣社長尾家・白井長尾家はともに氏康に従属していたとみられ、この進軍は岩下斎《いわしたさい》藤《とう》家を攻撃するものであったようだ。ただ、具体的な戦果はみられなかったようである。

今川義元像◆静岡市葵区・臨済寺蔵

七月十九日には、武蔵天神山領の藤田泰邦の母（「天神山御老母」）に武蔵御嶽領で所領を与えている。これは堪忍分であると思われ、それを与えたのは氏康五男の乙千代丸（のち氏邦）を藤田泰邦の婿養子に取り決めたことによると思われる。藤田泰邦は先の弘治元年（一五五五）に死去して後継者がおらず、嫡女の大《だい》福御前《ふくごぜん》がいただけであった。そのため藤田家の家臣は、

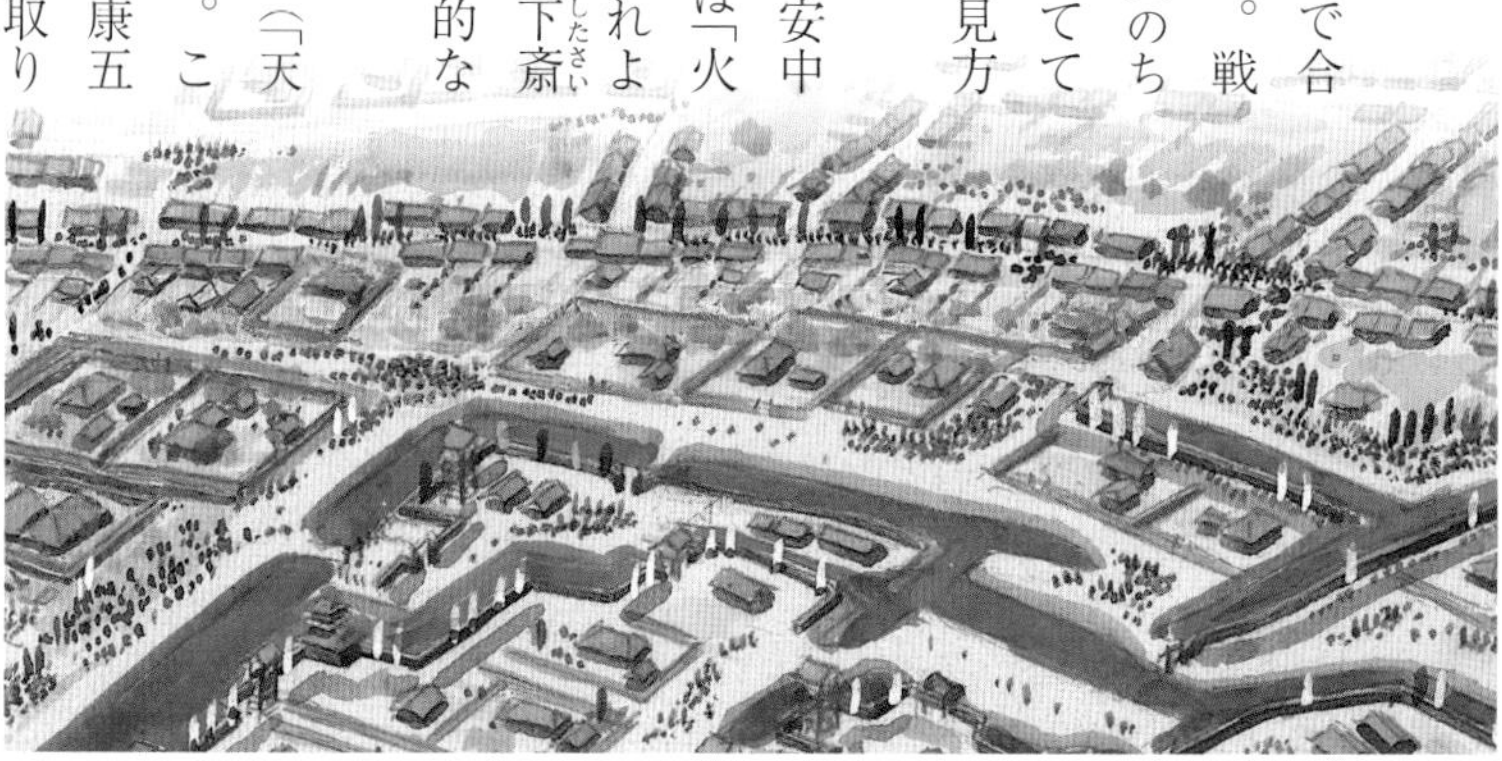

北条氏康時代の小田原の町並み◆画面下部が小田原城の主郭。上部には東海道が通る。第一章掲載「北条氏康時代の小田原城」の部分　作画：香川元太郎

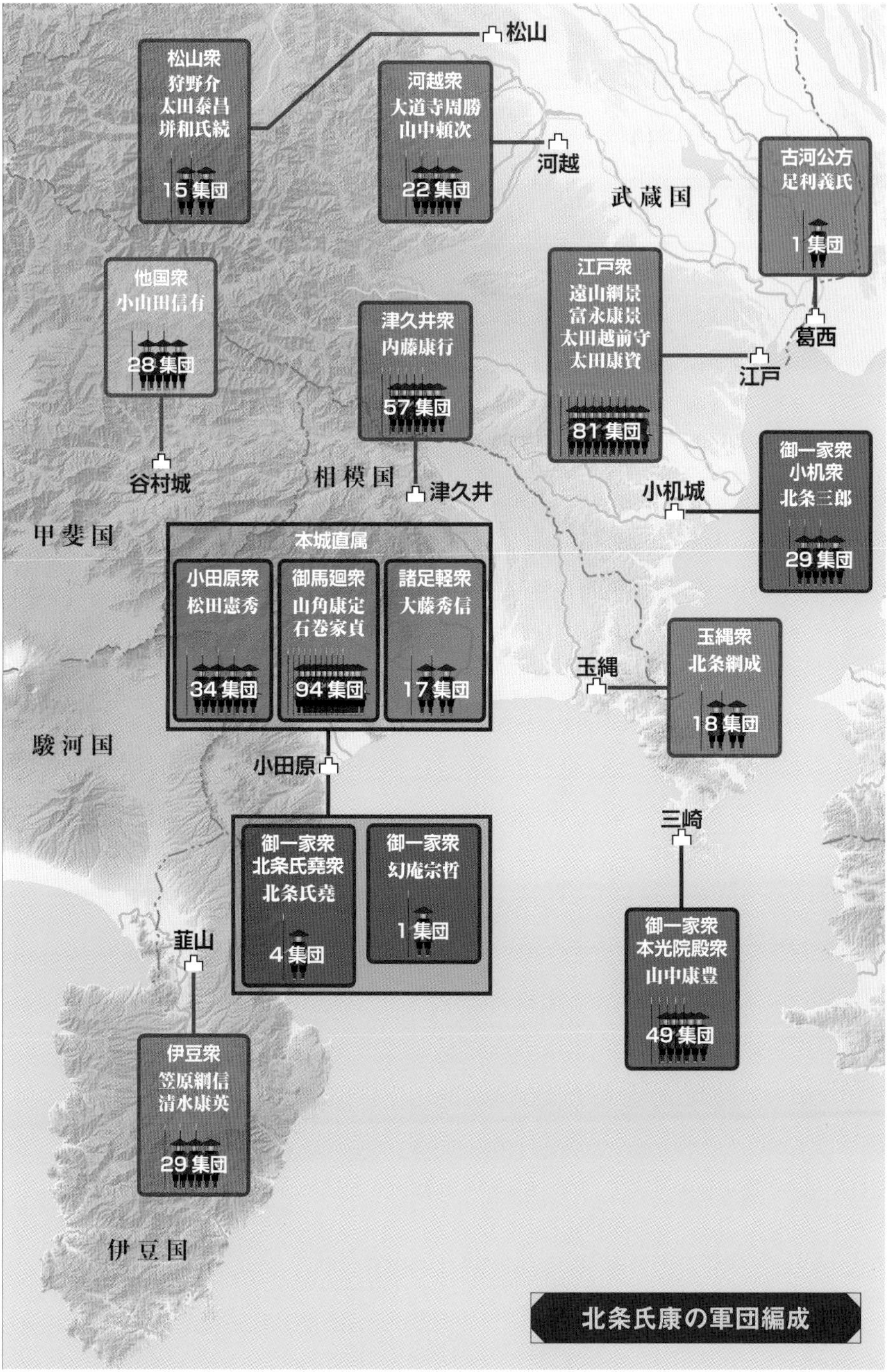
松山
松山衆
狩野介
太田泰昌
垪和氏続
15 集団
河越衆
大道寺周勝
山中頼次
22 集団
河越
武蔵国
古河公方
足利義氏
1 集団
葛西
他国衆
小山田信有
28 集団
谷村城
津久井衆
内藤康行
57 集団
津久井
江戸衆
遠山綱景
富永康景
太田越前守
太田康資
81 集団
江戸
相模国
甲斐国
小机城
御一家衆
小机衆
北条三郎
29 集団
本城直属
小田原衆
松田憲秀
34 集団
御馬廻衆
山角康定
石巻家貞
94 集団
諸足軽衆
大藤秀信
17 集団
玉縄
玉縄衆
北条綱成
18 集団
駿河国
小田原
三崎
御一家衆
北条氏堯衆
北条氏堯
4 集団
御一家衆
幻庵宗哲
1 集団
韮山
御一家衆
本光院殿衆
山中康豊
49 集団
伊豆衆
笠原綱信
清水康英
29 集団
伊豆国
北条氏康の軍団編成

氏康に子息を婿養子に迎えることを申請し、乙千代丸を婿養子にすることを取り決めたのである。ただし、乙千代丸は一一歳と年少のため小田原に滞在を続け、代わって氏康が乙千代丸の天神山領入部まで同領の統治にあたっていくのである。

十一月十三日には、今川義元から小田原への訪問をうけたと推定される。義元は前年の正月に家督を嫡男氏真に譲って隠居していたとはいえ、依然として今川家の最高権力者として引き続き「太守」と称されていた。小田原では氏康主宰の茶会に参加し、氏政とその兄弟にも対面した。義元はその様子を駿府に居住する氏規に伝えている。氏規は一四歳で、この年の初め頃に元服したとみられる。今川家御一家衆の関口氏純《せきぐちうじずみ》の婿養子に入り、仮名は関口家歴代の助五郎《すけごろう》を称し、実名「氏規」を名乗っていた。

義元は氏規に、二、三日後に出立し、二十日頃に駿府に帰還することを伝えている。十一月二十四日の時点で、義元はまだ小田原に滞在していたとみられるので、帰還は十二月のことであったろうか。義元の小田原滞在は一ヶ月以上におよんだようだが、小田原訪問の理由は判明しない。氏規が関口家の婿養子に入ったことの報告に関わるものか、その他の政治交渉のためだろうか。いずれにしろ、氏康はこのときに初めて義元と対面したのであろう。かつて両者の関係はギクシャクしていたから、こうしたことで親交を深めたのかもしれない。

永禄二年二月十二日、氏康は家臣の所領貫高とそれへの軍役《ぐんやく》・普請役《ふしんやく》などの知行役の賦課を規定した「北条家所領役帳」を作成した。記載は軍団ごとにまとめられた。軍団は、小田原衆・御馬廻衆・玉縄衆・江戸衆・河越衆・松山衆・伊豆衆・津久井《つくい》衆・諸足軽衆・職人衆・他国衆・社領・寺領・御一家衆・客分衆の一五に区分され、職人衆・社領・寺領・客分衆には知行役は賦課されていない。こうした所領役帳はこれまでにも作成され、家臣への知行役賦課の台帳となっていたが、ここに氏康は大きく改定したのであった。

軍役については、弘治二年から所領の貫高に応じて賦課するようになっていて、さらにそれまで賦課されていなかった分についても明確に賦課している。すなわち、軍役を賦課する対象を拡大しているのである。これは、この頃の氏康の軍事行動が上総・下野・上野と、本国からかなり遠方で行われており、家臣への軍事負担が大きくなっていたのである。そのため、軍役・普請役の賦課規定を明確にしようとしたのだろう。そして作成直後に氏康は上野に進軍しているから、この「役帳」は、まさに上野出陣に備えて作成されたと考えられる。

この後も北条家は、何度となく「役帳」を更新したと思われる。現在残されているのはこのときのものだけだが、これによって永禄二年時点の北条家の家臣団構造を把握できる。他の戦国大名ではこのような史料は残っておらず、「役帳」は戦国大名の家臣団構造を理解するうえで最重要の史料になっている。

右頁右：安中城跡◆九十九川越しの遠景　群馬県安中市
右頁左：大道寺政繁の墓◆政繁は北条氏康・氏政・氏直の三代に仕えた北条家の重臣である。河越・松井田の領主を務め、豊臣秀吉による小田原攻めに際し氏政・氏照等と共に自刃を命じられた　群馬県安中市・補陀寺

	衆　名			筆頭・寄親	人数	貫高	
1	小田原衆			松田憲秀	34	9202	当主直属
2	御馬廻衆			石巻家貞 山角康定	93	8591	当主直属
3	玉縄衆			北条綱成	18	4381	支城配属
4	江戸衆			遠山綱景 富永康景 太田康資	74	12650	支城配属
5	河越衆			大道寺周勝 山中頼次	22	4079	支城配属
6	松山衆			狩野介 太田泰昌 垪和氏続	15	3300	支城配属
7	伊豆衆			笠原綱信 清水康英	29	3393	支城配属
8	津久井衆			内藤康行	8	2238	支城配属
9	諸足軽衆			大藤秀信	16	2260	当主直属
10	職人衆				26	903	無役
11	他国衆			小山田信有など	28	3721	無役
12	社領				13	1103	無役
13	寺領				28	1289	無役
14	御一家衆	葛西様		芳春院殿	1	395	無役
		幻庵		北条宗哲	1	5542	
		三浦衆	本光院殿衆	山中康豊	15		支城配属
			御家中役之衆		17	3861	
			半役被仰付衆		15		支城配属
		左衛門佐殿		北条氏堯	4	1383	無役
		小机衆		北条三郎	29	3438	
15	客分衆			伊勢貞就など	11	1050	
					497		

北条氏所領役帳構成表

Ⅳ　関東制覇の野望と氏政への家督譲渡

永禄二年（1559）～永禄八年（1565）

上野沼田城へ出陣、嫡男氏政に家督を譲り隠居する

永禄二年（一五五九）三月十日、氏康は将軍足利義輝から御内書を送られ、武田信玄（永禄元年十二月に出家）と長尾景虎の和睦につき今川義元とともに周旋することを命じられた。前年に両者に和睦を命じていたが、一向に進展がみられなかった。足利義輝は景虎の上洛を促し、この和睦命令はその実現のためであった。和睦が成立した形跡はなく、氏康と義元もその周旋にあたった形跡はない。それでも景虎は、和睦命令が出されたことで抗争の激化はないとみて、三月に上洛する。足利義輝からは山内上杉憲政の進退について一任されたことで、山内上杉家の領国回復のための絶好の名分になった。

氏康は、その三月に上野に向けて出陣した。一方、上総への対応のため相模浦賀城に北条綱成・康成父子、遠山康光などの軍勢を、鎌倉に北条宗哲を在陣させた。上野への出陣は二十日ほどと予定していた。目的は上野での城普請で、四月十八日の時点でも行われていた。このときの普請は北上野の沼田《ぬまた》城（群馬県沼田市）についてであろう。

沼田領の国衆・沼田家では内乱が生じていて、隠居の万喜斎《ばんきさい》（顕泰《あきやす》）が次男で当主であった弥七郎（朝憲《とものり》か）を殺害し、沼田城を攻略しようとする事態が生じた。朝憲の舅であった北条方の厩橋長野《ながの》賢忠《けんちゅう》はそれに対抗して沼田城に加勢し、万喜斎を越後に没落させたという。万喜斎は長尾景虎に味方し、厩橋長野家は氏康に従属していたから、これは

沼田城復元模型◆写真提供：沼田市観光協会

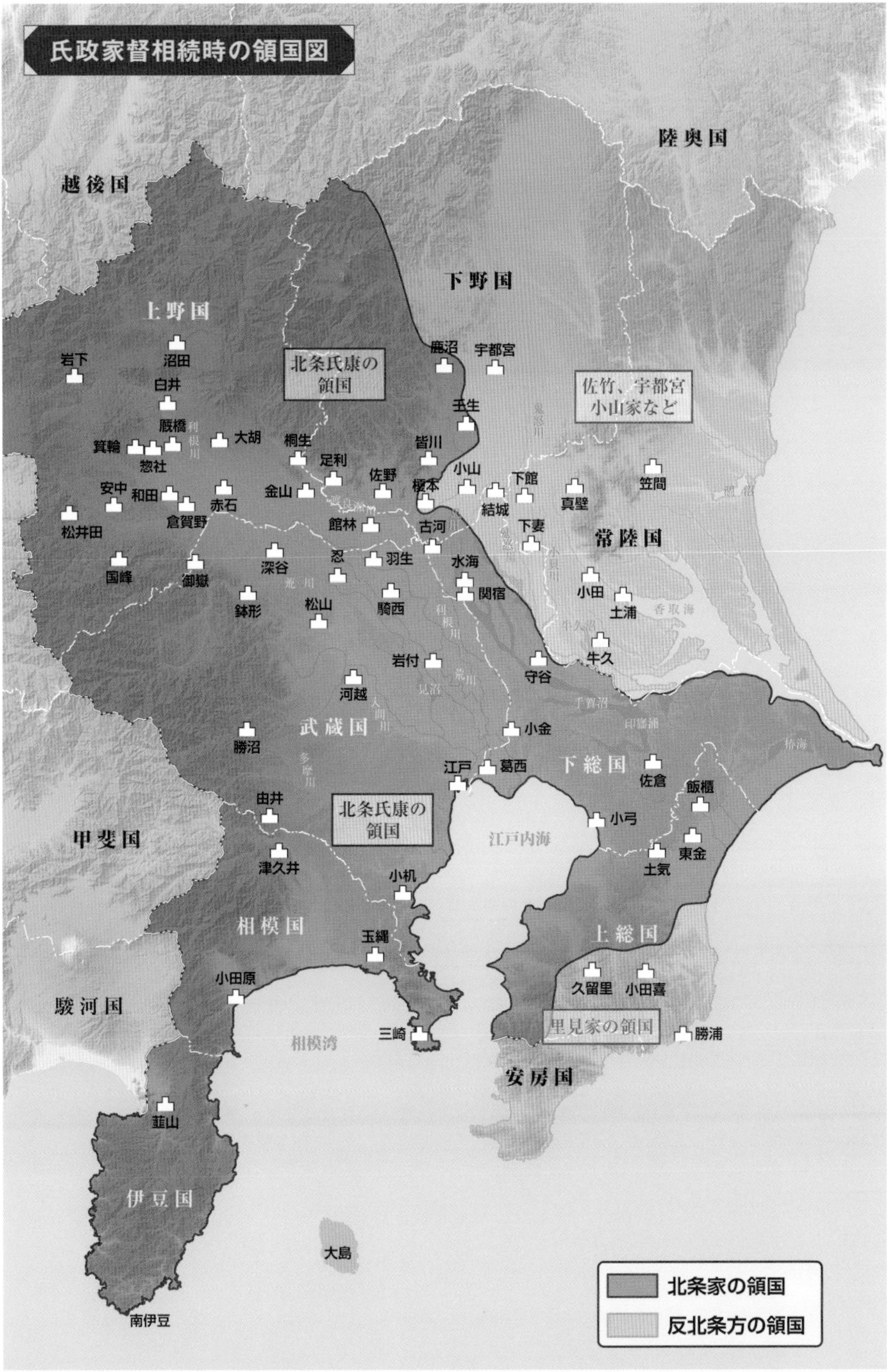
氏政家督相続時の領国図
陸奥国
越後国
下野国
上野国
北条氏康の領国
佐竹、宇都宮
小山家など
沼田
岩下
白井
厩橋
箕輪
惣社
大胡
桐生
足利
佐野
金山
安中
和田
赤石
倉賀野
松井田
館林
深谷
国峰
御嶽
忍
羽生
鉢形
松山
騎西
鹿沼
宇都宮
壬生
皆川
小山
榎本
下館
結城
真壁
笠間
古河
下妻
常陸国
水海
関宿
小田
土浦
香取海
牛久
岩付
守谷
河越
武蔵国
勝沼
小金
江戸
葛西
下総国
佐倉
飯櫃
由井
小弓
東金
土気
甲斐国
津久井
小机
江戸内海
相模国
玉縄
上総国
久留里
小田喜
小田原
駿河国
三崎
相模湾
里見家の領国
勝浦
安房国
韮山
伊豆国
大島
南伊豆
北条家の領国
反北条方の領国

沼田家における北条派と長尾派との抗争であった。この内乱をうけ、氏康は北条綱成の次男・康元《やすもと》を沼田家の養子に送り込み、沼田領を継承させた。そうした経緯から、このときの氏康による城普請は、康元を沼田領に送り込み、沼田城を確保するためと考えられる。

　康元はその後、八月の時点で沼田城主として沼田領の統治にあたっていることが確認される。こうして、氏康は上野最北の沼田領の経略に成功した。十月には再び上野に出陣して岩下領に進軍したとみられ、十月二十三日に岩下領のうち岩櫃《いわびつ》領（群馬県東吾妻町）・嶽山《たけやま》領（同中之条町）を勢力下においている。これは岩下斎藤家を従属させたことを示している。これにより氏康は上野一国の経略を遂げたのであった。それは、氏康が山内上杉家の領国をすべて併合したことを意味した。

　だが、それによって長尾景虎と直接に領国を接することにもなった。氏康も、時期は判明しないが越後に進軍し、そのときに沼田家家臣の赤見《あかみ》山城守《やましろのかみ》があげた戦功に対し感状を出したことが確認される。長尾方の沼田万喜斎を越後に退去させる際、北条方の軍勢が越後にまで進軍したようである。氏康が北上野の経略を遂げたことで、必然的に越後との抗争を生じさせたのであった。すでに景虎は、山内上杉家の進退を差配する立場にあった。そうしたなかで北条軍による越後進軍がみられたのであった。このことが翌年に、長尾景虎が関東に侵攻してくる直接の理由をなしたのである。

　こうして、北条家の動向は新たな局面を迎える兆しが出ていた。そうしたなか、十二月二十三日に氏康は家督を嫡男氏政に譲って隠居した。氏康は四五歳、氏政は二一歳であった。ただし、その後もしばらく北条家の最高権力者として存在し、氏康・氏政の父子は「小田原二御屋形」「御両殿」などと呼ばれ、氏康は「御本城様《ごほんじょうさま》」と称された。おそらく本屋形は氏政に譲り、従前からの氏康屋形を本拠にしたと思われる。この隠居について、氏康は「一代

右：沼田城本丸付近の石塁◆群馬県沼田市
左：沼田城三の丸土塁と空堀道◆群馬県沼田市

のうち横合い無き時に身を退くは聖人の教えと存じ」と述べている。領国が安泰のときに退位するものである、という考えによった。

もっとも、このときの領国をめぐる状況は氏康の言葉通りとはいえず、むしろ北条家領国を含む東国は大飢饉に襲われていた。氏康の隠居は領国復興に取り組むためであったとみられる。家督を継いだ氏政は、直後の永禄三年（一五六〇）二月から三月にかけて領国の村落を対象に徳政令を発令し、困窮した百姓の債務を破棄し、今年の年貢納入方法について、半分は銭貨ではなく現物納を認めた。これは飢饉にともなって、銭貨流通を障害させる撰銭が発生しており、それへの対処を織り込んだものであった。

岩櫃城跡◆岩櫃領の中心となる標高 802 メートルの岩櫃山にある巨大な山城で、西と南は巨岩による絶壁と吾妻川によって守られている。城主は斎藤氏　群馬県東吾妻町

氏康は大飢饉をうけて自らは国王の地位から退き、新たな国王となった氏政に領国の復興政策を発令させたのである。そうして氏政のもとでの領国復興をすすめようとした。北条家の領国統治のスローガンは、祖父宗瑞の代から「禄《ろく》寿応隠《じゅおうおん》」（生命と財産を保障し、平穏無事の社会にする）であった。氏康はその実現に尽力していたといってよい。

沼田家系図

長尾景信
- 景春 ＝ 女子
- 女子（沼田泰輝室）
- 女子

沼田泰輝 ＝ 女子（長尾景信女）
- 顕泰 ＝ 女子（景春女）

顕泰
- 左衛門三郎（憲泰）
- 弥七郎（則安・朝憲）＝ 長野賢忠娘
- 平八郎（景義）
- 長野業正室
- 安中越前守（重繁カ）室

沼田城から越後国境の山々を望む◆群馬県沼田市

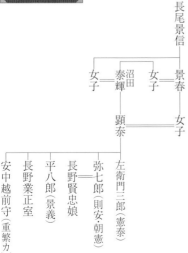

長尾景虎が上杉憲政を擁し越山、多くの関東国衆が離叛する

氏康は家督を氏政に譲ってからも、軍事・外交についてはその後の永禄八年（一五六五）まで管轄を続けた。氏政がまだ若年だったためである。そして飢饉対策を行ったのち、永禄三年五月に氏康は上総に進軍し、里見家本拠の久留里城攻めを行った。五月九日、氏政の家督相続を祝う使者を送ってきた白川晴綱に、久留里城攻めのために向かい城を構築していて、近日のうちに在城衆を配備することを伝えている。そうして二十五日頃には、在城衆を配備した。

対する里見家は、下野足利領の長尾政長《まさなが》（当長の子）を通じて越後在国の上杉憲政（当時は法名光哲《こうてつ》）と、それを庇護する長尾景虎に支援を要請し、六月二日には今年の秋に救援のため関東に進軍することを伝えられている。こうして、関東の反北条方は景虎という国外勢力を頼みにし、それを関東の戦乱に引き込んでいくのであった。

上杉謙信（長尾景虎）像◆米沢市上杉博物館蔵

七月二日、氏康は出羽《でわ》米沢《よねざわ》領の伊達《だて》晴宗《はるむね》との通信をすすめて弟の氏堯が書状を送っている。八月八日には氏康自身も書状を送ったが、伊達晴宗との通信はこれが初めてであった。伊達家家臣の中野宗時《なかのむねとき》の上洛にあたっては通行について援助し、その途中で氏康・氏政父子は中野に対面した。さらに、伊達は武田信玄とも通信を図って書状を

伊達晴宗像◆伊達稙宗の子。政治方針をめぐり父稙宗と対立し、内乱となったが、将軍足利義藤（義輝）の周旋で和睦し家督を継いだ。伊達家で初めて奥州探題に補任されている　仙台市博物館蔵

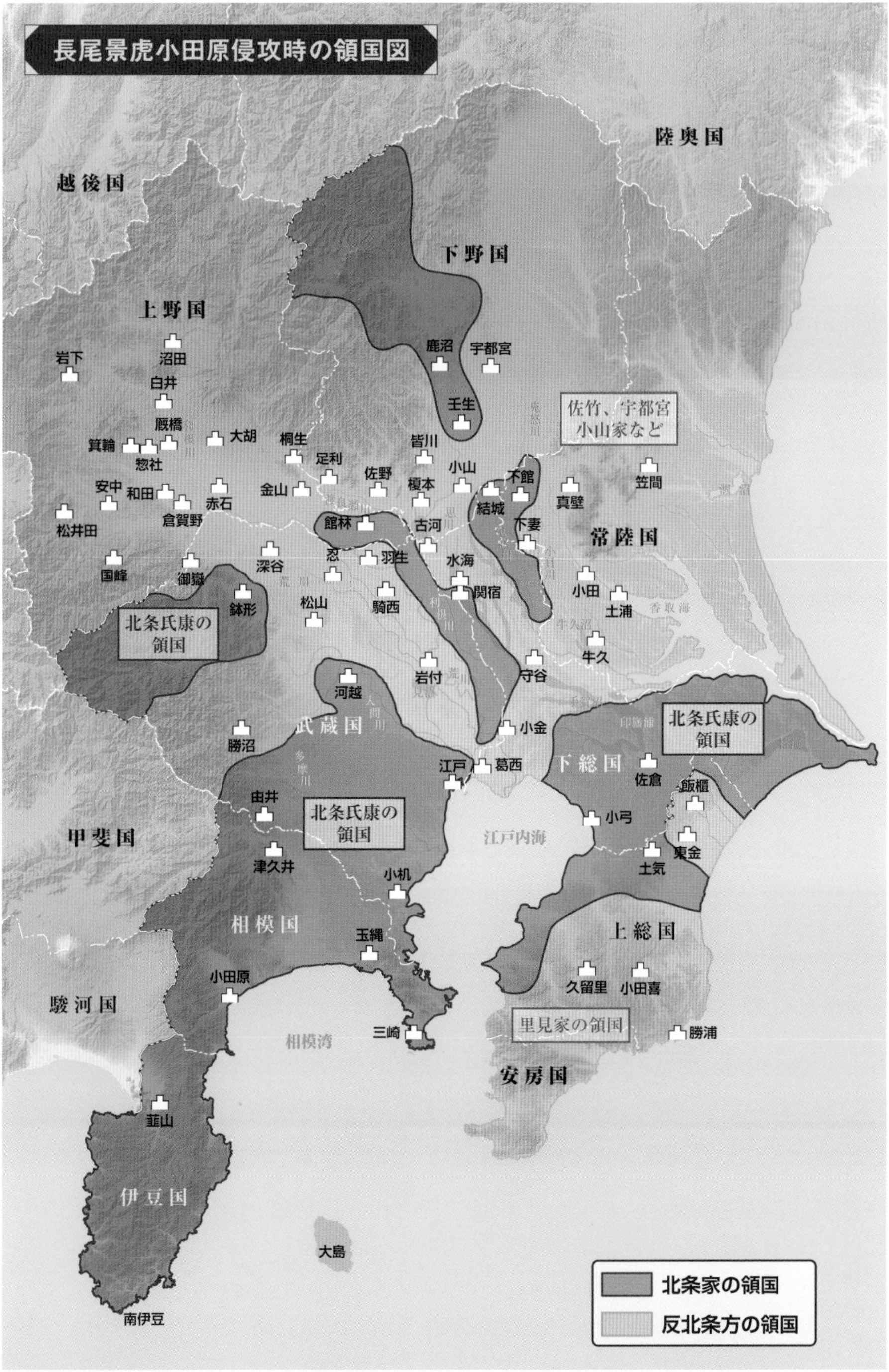
長尾景虎小田原侵攻時の領国図
陸奥国
越後国
下野国
上野国
岩下
沼田
白井
厩橋
箕輪
惣社
大胡
桐生
足利
皆川
鹿沼
宇都宮
壬生
佐竹、宇都宮
小山家など
安中
和田
赤石
金山
佐野
榎本
小山
下館
結城
真壁
笠間
松井田
倉賀野
館林
古河
下妻
常陸国
国峰
御嶽
深谷
忍
羽生
水海
関宿
小田
土浦
香取海
鉢形
北条氏康の
領国
松山
騎西
牛久
岩付
守谷
河越
武蔵国
小金
北条氏康の
領国
勝沼
江戸
葛西
下総国
佐倉
飯櫃
由井
北条氏康の
領国
小弓
甲斐国
江戸内海
津久井
東金
土気
小机
相模国
上総国
玉縄
小田原
久留里
小田喜
駿河国
里見家の領国
三崎
勝浦
相模湾
安房国
韮山
伊豆国
大島
南伊豆
北条家の領国
反北条方の領国

送っている。氏康と信玄の同盟関係が、陸奥の大名にも影響を与えていたことがうかがえる。

八月になって、佐竹家が白川家領国に侵攻した。白川晴綱から佐竹義昭・那須資胤との関係周旋を要請されたことについて、氏康は九月三日に白川に書状を送り、佐竹義昭に働きかけたが承諾をえられなかった。那須資胤とは入魂の関係にはないため、足利義氏に依頼することをすすめている。十九日には、あらためて佐竹義昭に足利義氏が和睦を命じたので応じるよう要請し、同月二十二日には、陸奥会津《あいづ》領の芦名盛氏にそのことを報せている。

しかしその間、長尾景虎が上杉憲政を擁してついに関東に進軍してきた。すでに景虎は佐竹家と通信を成立させていた。佐竹が氏康の要請に応じなかったのは、すでに景虎と通じていたからだろう。景虎は八月下旬に関東に進軍、五日に沼田城は攻略され、城主の沼田康元は後退した。さらに岩下斎藤家・白井長尾家・惣社長尾家・箕輪長野家が相次いで景虎に従属した。氏康はこのとき、久留里城を攻囲していた。里見義堯は八月に上杉光哲に景虎の関東進軍を要請しているので、景虎がこの時期に侵攻してきたのは直接的には里見家支援のためとみられる。

九月十五日に、氏政は西上野大戸《おおど》城（群馬県東吾妻町）の浦野《うらの》家一族の浦野中務丞《なかつかさのじょう》に、人質として実子を倉賀野城に寄越すよう命じている。上野国衆の離叛防止のためであろう。このとき、倉賀野城が上野支配の拠点になっていたことがわかる。久留里に在陣していた氏康は、包囲陣を解いて景虎迎撃のため転進し、二十八日までに武蔵河越城に着陣した。十月初めには上野新田領の横瀬家も景虎に従属して、北条方として残っていた小泉領の富岡家や藤岡領の茂呂家がそれと交戦した。

同月九日、氏康は離叛しようとしていた岩付太田資正の引き留めを図ったが果たせなかった。氏康は当初、上野惣社城（前橋市）で景虎迎撃を図っていた。二十三日までに同地で越

羽生衆の拠点・羽生城跡◆城碑が建つ古城天満宮（右）と上杉謙信の旗かけの松（左）　埼玉県羽生市

後軍と合戦があったが、その進軍を食い止められなかった。氏康は二十五日には、さらに進軍して松山城に着陣した。氏康としては、この松山城で越後軍を食い止めようとしたとみられる。

しかし景虎に味方する勢力は増大し、上野では国峰小幡家で景虎に味方した勢力が小幡憲重を追放した。武蔵国衆の深谷上杉家・忍成田家・羽生《はにゅう》衆が景虎方になり、天神山藤田家でも景虎に味方する家臣が天神山城を占拠した。さらに下野小山家や佐野家・宇都宮家、古河公方家家老の簗田晴助らも景虎方になった。そのため、足利義氏の関宿城は敵方への最前線に位置し籠城戦を展開した。

氏康は江戸衆の太田越前守《えちぜんのかみ》を援軍として派遣し、また結城晴朝《はるとも》（政勝の養子、小山高朝の子）と壬生綱雄からも援軍が派遣された（『結城家之記』）。十一月十二日、氏康は結城家家臣の簗大蔵丞《やなおおくらのじょう》に援軍としての出陣に報い、江戸領で所領を与えることを約束している。

氏康は松山城での迎撃を断念し、十二月二日には河越城・江戸城を防衛戦にして小田原城に帰陣した。沼田城から後退した沼田康元は、西上野南部の高山城（群馬県藤岡市）に在城していたが、同月五日には景虎方の攻撃をうけて落城、康元はさらに後退した。その際、在城していた松山衆の狩野介は戦死した*。二十一日には氏照の本拠由井城（東京都八王子市）も敵からの攻撃に備えているので、勝沼領の三田家もこのときには景虎に従属していたとみられる。

*『群馬県史資料編7』三六九四号

小峰城跡◆白川晴綱が居城とした
写真提供：白河市

景虎が小田原へ侵攻、武田・今川軍が到着し三国共闘成る

氏康は、長尾景虎の侵攻にほとんど為す術なく、小田原城に在城するしかなかった。景虎は、永禄三年（一五六〇）の暮れを上野厩橋城（前橋市）で越年し、同四年正月、小田原城に向けて進軍を開始、二月には北条方の最前線拠点になっていた松山城も攻略された。それまでに氏康は、関東管領として関東の大名・国衆の多くを従えた存在であったが、山内上杉光哲（憲政）を擁した景虎の侵攻をうけて、それらの大名・国衆の多くは景虎方に従う状態になった。

上野国衆で北条方として残ったのは館林赤井家だけで、下野国衆では壬生家だけであった。武蔵では松山上田家が北条方として残っていたが、松山城は攻略されてしまった。下総では結城家・千葉家が北条方として残ったものの、家中には景虎に味方するものも出ていた。古河公方足利家でも景虎に従う家老がいて、足利義氏は関宿城で籠城戦を強いられた。上総では景虎に味方した里見家が旧真里谷武田家領国の経略をすすめ、さらに下総の千葉家領国へ侵攻をすすめていた。

二月下旬、氏康は本国への景虎の侵攻に備えて防衛態勢を整備している。玉縄北条綱成を三崎城（神奈川県三浦市）に、その嫡男康成を鎌倉に配置し、また武蔵世田谷の吉良家を玉縄城に在城させた（「豆相記《ずそうき》」）。そして、景虎は二月二十七日に鎌倉鶴岡八幡宮に関東静謐《せいひつ》を祈願する願文を奉納しており、関東制覇を公然と表明してきた。その頃、景虎方は由井領や鎌倉に進軍するようになっていたようだ。

三月三日、越後軍は相模中郡に侵攻してきた。由井城の氏照は、武田家家臣の加藤虎景《かとうとらかげ》に相模津久井領への進軍を要請している。九日には里見軍が鎌倉に侵攻してきた。武田家からは由井領への援軍として加藤が派遣され、十日に由井に着陣している。十四日に中郡大槻《おおつき》（神

右：吉良家代々の居城・世田谷城跡◆東京都世田谷区
左：三崎城主郭の土塁◆神奈川県三浦市

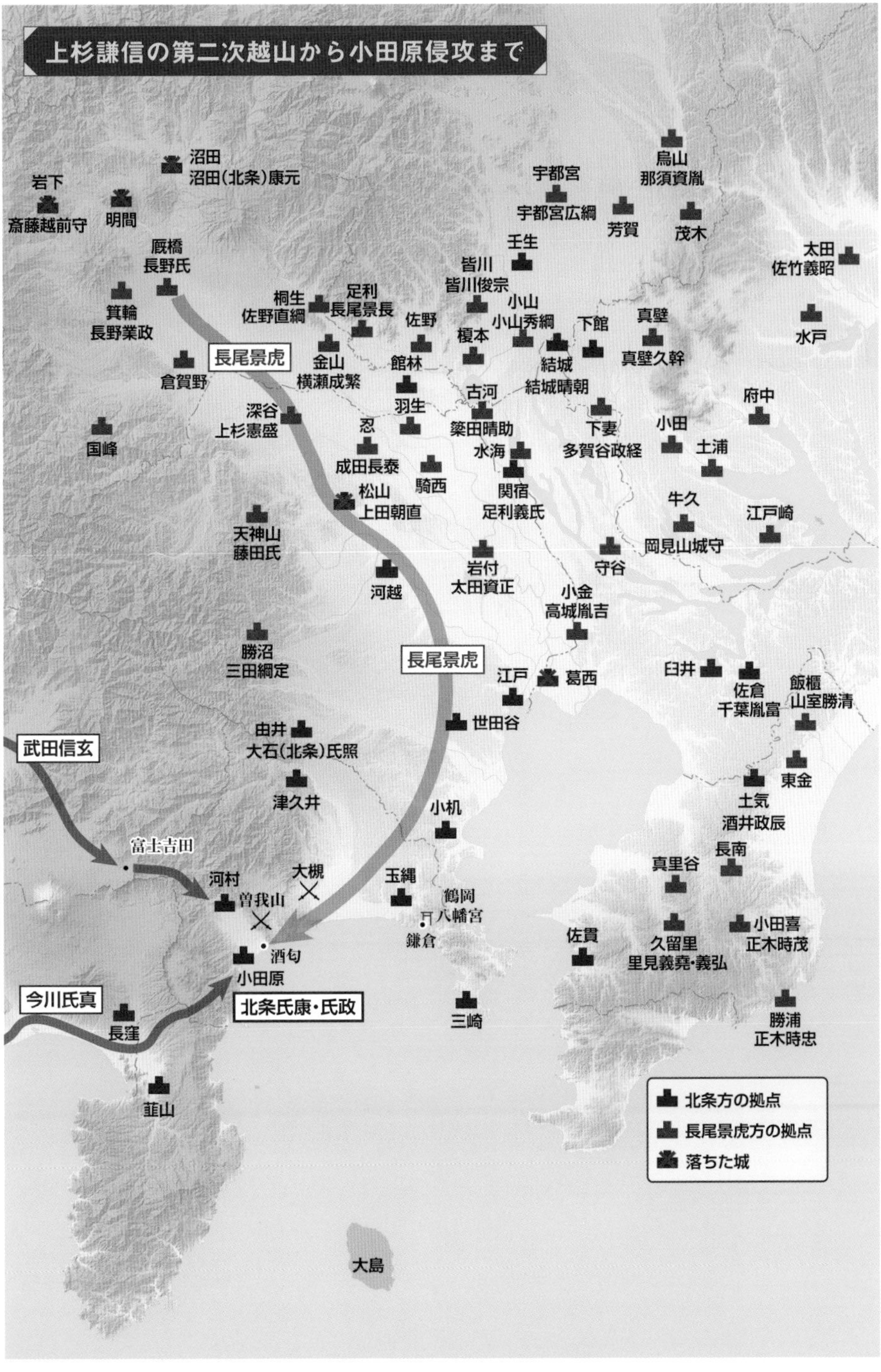

上杉謙信の第二次越山から小田原侵攻まで

奈川県秦野市）で合戦があり、大藤秀信《だいとうひでのぶ》が戦功をあげた。二十二日には相模西郡の曽我山《そがやま》（同小田原市）で合戦があり、ここでも秀信が戦功をあげた。越後軍は小田原城に迫ってきており、氏康は秀信に、敵先陣の動向次第で城外の水之尾《みずのお》に着陣することを命じている。二十四日、秀信は沼田（同南足柄市）に布陣し、敵軍と交戦している。そのため氏政は、秀信に敵軍が酒匂川《さかわがわ》を越えたら小田原城に着陣することを命じている。いよいよ小田原城防衛の態勢をとった。

氏康は景虎の進軍をうけ、同盟関係にあった武田信玄と今川氏真に、自身出陣による援軍を要請しており、信玄・氏真ともにそれに応えて出陣してきた。三月二十四日、信玄は一万人の軍勢を率いて甲斐郡内領の富士吉田《ふじよしだ》（山梨県富士吉田市）まで着陣し、五日のうちに相模に入って河村《かわむら》（神奈川県山北町）に着陣する状況にあり、氏真も駿府を出陣する状況にあった。景虎が小田原に進軍してきたのは二十七日のことであった。景虎は酒匂に本陣を据えたとみられるが、そのときには信玄が相模に進軍してくる状況にあっただろう。そして閏三月四日には氏真も相模に進軍してきた。そうして武田・今川両軍の着陣をうけて景虎は小田原城攻撃を断念したとみられ、酒匂陣から後退した。

景虎が小田原城攻めのため酒匂に在陣したのは、わずか一週間ほどであった。それでも氏康にとって初めて本拠まで敵軍の侵攻をうけたのであり、いいようのない屈辱であったろう。越後軍の進軍をうけて、領国は「山野《さんや》の体《てい》」となる有様であった。氏康は、政治顧問にあたる箱根権現社別当の融山《ゆうざん》に景虎退散の祈禱を依頼していたが、その甲斐無くこの有様を招いたことは、融山の面目を失わせたとして残念がっている。それでも景虎が一週間ほどで退陣したのは、武田・今川両家による援軍のおかげであった。信玄・氏真ともに出陣してきたことで景虎を後退させえた。これは三国同盟において、初めて三大名が共闘したものになる。

右：吉良氏の墓所◆世田谷区・勝光院
左：沼田城の空堀跡◆氏康の家臣・大藤秀信が越後軍と交戦した際に拠った城　神奈川県南足柄市

酒匂陣から退陣した景虎は、鎌倉に入って鶴岡八幡宮に参詣し、そこで関東諸将の要請をうけるかたちで山内上杉家の家督を継承し、上杉光哲から実名の偏諱を与えられて上杉政虎《まさとら》を名乗った。これにより政虎は関東管領山内上杉家の当主となり、関東管領は北条家と山内上杉家の両家が並び立つものとなった。氏康は再び、関東管領の地位をめぐって山内上杉家と抗争することになる。

政虎のその後の動向はわからないが、閏三月十六日に簗田晴助に古河公方足利家の家督について簗田の差配に委ねることを保証しているので、そのときには古河城に入っていたと思われる。同城には政虎に同行してきた山内上杉光哲と摂関家の近衛《このえ》前嗣《さきつぐ》（のち前久《さきひさ》、稙家の子）を置き、古河公方足利家の当主に藤氏を擁立した。そして、その後に厩橋城に帰陣した。

上杉謙信の旗印◆謙信が篤く信仰した毘沙門天の「毘」が墨書されており、出陣の際に一番手の旗となった　個人蔵　写真提供：米沢市上杉博物館

酒匂遠望◆大藤秀信が越後勢との戦いで戦功をあげた曽我山より、長尾景虎が本陣を構えていた酒匂を望む。このあと今川・武田の連合軍が北条家の救援に到着したため、景虎はこの酒匂陣を引き上げて鎌倉に戻り、鶴岡八幡宮の神前で山内上杉家の名跡を継承する。遠方に相模湾を望む　神奈川県小田原市

上杉政虎への反撃開始、関東で武田家との共闘を開始

氏康は、上杉政虎がまだ厩橋城に在城していたとみられる永禄四年（一五六一）四月から、政虎に従った国衆の攻略、攻略された諸城の奪回を開始し、八日に勝沼領で三田家家臣の金子家長《かねこいえなが》を調略した。二十五日には、葛西城奪回のため出陣することを表明している。これは関宿城で籠城する足利義氏を江戸城に迎えるためとみられる。しかし、出陣はなかった。

このときは葛西城も政虎方に攻略されていた。それは政虎の進軍のなかでのことだろう。その際、江戸城代遠山綱景の三男で、江戸衆の寄親《よりおや》の一人とみられる小幡源次郎《げんじろう》が政虎方に寝返っていた。これは北条家の譜代家臣が敵方に寝返った最初の事例である。葛西城は政虎が新たな扇谷上杉家当主として擁立し、松山城に据えた八条《はちじょう》上杉憲勝《のりかつ》に管轄された。憲勝はまた、河越城への向かい城として岩付領に難波田城（埼玉県富士見市）を取り立てた。*五月五日に河越在城衆が難波田城に行き来する敵兵を討ち取る戦功をあげているので、それは四月までのことと考えられる。

氏康は五月下旬に、秋に政虎に対して反撃の一戦を図り、それを箱根権現社別当の融山に諮問した。二十五日にその返事がもたらされ、そこでは性急な一戦は控えること、領国統治に専念することなどを諫言《かんげん》されている。氏康は二十八日、それに反論して、

難波田城復元模型◆難波田氏が築いたとされ、三重の水堀が大きな特徴である　写真提供：富士見市立難波田城資料館

*『戦国史研究』八四号

目安制の採用や徳政令の施行などで領民統治に尽力していることを述べている。自身を誰よりも領民統治に尽力する戦国大名と認識していたことがわかるだろう。

六月になって勝沼領への進軍を開始、三日に味方を表明していた金子に参陣を命じ、五日に先陣の氏照が勝沼領に戦時禁制を出している。三田綱定は本拠の勝沼城（東京都青梅市）から後退して、新たに唐貝山《からかいやま》城（青梅市）を築いて対抗してきた。上杉政虎による三田家への支援はなく、政虎は六月下旬に越後に帰国してしまった。これをうけて七月十五日以前、足利義氏は簗田晴助と和睦して関宿城から退去し、下総小金《こがね》領の国衆・高城胤吉《たかぎたねよし》の本拠小金城（千葉県松戸市）に移った。

そこから江戸城に移ることを予定していたが、葛西城が敵方であったため、しばらく同城での滞在を余儀なくされる。氏康は二十三日に三田家との決戦を予定したらしい。武田軍からの援軍の加藤虎景も引き続き由井に在陣していて、これに加わる予定であったとみられる。七月十日の時点で氏康や武田軍は由井城に在陣しているので、進軍は延期されたのだろう。二十五日には河越衆が勝沼領に進軍し、的場《まとば》（埼玉県川越市）で三田勢と交戦している。

唐貝山城の落城、それによる三田家の滅亡の時期は判明しないが、八月六日・十一日に氏政が家臣に勝沼領で所領を与えているので、そのときには三田家を攻略していた。氏康はその領国を接収し、翌年に氏照に与えることになる。氏照は由井領に加えて勝沼領をも含め、武蔵西部一帯を領国とした。

氏康・氏政は勝沼領を攻略すると、松山城対岸の高坂《たかさか》（埼玉県東松山市）に進軍した。その頃、天神山藤田家の家臣で北条方の立場を維持していた南図書助《みなみずしょのすけ》が、敵方になっていた日尾《ひお》城（同小鹿野町）を攻略したため、氏康・氏政は一軍を割いて天神山領に進軍させた。その軍勢は九月九日に松山上田家領を通過している。十一日には敵方になっていた天神山城（同長瀞

難波田城跡◆城跡は公園として整備されている　埼玉県富士見市

三田家一族の墓◆東京都青梅市・海禅寺境内

町）を開城させた。これにより、乙千代丸が継いでいた藤田家の本拠も回復された。この間の八日、まだ小田原に在城していた乙千代丸は、天神山領への使者を務めた家臣に所領を与える約束をしている。これは乙千代丸が領国支配のために出した公文書として初めてのもので、元服前ではあったが領国回復のため急遽対応したものであった。

氏康は、十月五日の時点では松山城近くに在陣していた。十七日までに、藤田家の家臣が秩父《ちちぶ》大宮《おおみや》（埼玉県秩父市）、次いで三沢《みさわ》谷《だに》（同皆野町）で敵軍と交戦し、天神山領の回復がすすめられている。二十二日までに上田家の家臣が上田家領の飯田《いいだ》（同小川町）で松山城の軍勢と交戦している。氏康・氏政は、その後も天神山領の平定、松山城への対抗を続けていたとみられる。

そうしたところ、十一月下旬に上杉軍が南下してきた。上杉政虎は上野からの帰陣後、八月二十九日に北信濃に向けて出陣し、九月十日に川中島で武田家と合戦していた（第四次川中島合戦）。合戦では政虎自ら敵兵と戦うという激戦であった。その帰陣からほどなく、政虎は上野国衆支援のため再び関東に進軍してきていた。十一月二十七日には武蔵児玉《こだま》郡生山《なまのやま》（同本庄市・美里町）で上杉軍と合戦して勝利し、上杉軍を後退させた。これは、氏康が政虎と直接に対陣した最初でもあった。

小金城跡◆中城後より本城跡を望む　千葉一族である原氏重臣の高城胤吉が天文６年（1537）に築いた。昭和30年代まで市民の憩いの森として残されていたが、その後の宅地開発等で中城・本城など主要部から消失し、現在は金杉口、達磨口付近の畝堀遺構などが残るのみである　千葉県松戸市　松戸市文化財調査報告第二集『大谷口』（松戸市教育委員会、1970年）から転載

葛西城を奪還、五男氏邦は天神山領に入部する

永禄四年（一五六一）十二月三日、氏康・氏政は天神山領で抵抗していた高松城《たかまつ》（埼玉県皆野町）に進軍して、開城を迫っている。高松城攻略は天神山衆などの軍勢に任せたとみられ、氏康・氏政は七日には上野に進軍し、西上野に進軍してきた武田信玄と共同で倉賀野城を攻撃した。こうして氏康は、武田信玄と共闘して上杉政虎との抗争を展開していくかたちになった。このときの上野在陣がいつまでであったのかは判明しないが、十八日には高松城を開城させて天神山領の回復を遂げている。氏康は勢力の回復を着実にすすめていた。

永禄五年になると、正月二十日に将軍足利義輝から今川氏真と三河岡崎《みかわおかざき》領の松平元康《まつだいらもとやす》（のち徳川家康《とくがわいえやす》）との和睦周旋を、武田信玄とともに命じられている。これは氏真から要請したものであった。ただし、氏康のもとに義輝の御内書が届けられたのは四月頃のようで、それをうけて氏康は、五月一日に松平家家老の酒井忠次《さかいただつぐ》と、尾張織田方の国衆で松平家への取次を務めていた水野信元《みずののぶもと》に書状を送り、和睦受諾をうながす書状を出している。そこでは、氏真から自身援軍として三河への出陣を要請されて応じる意向を示したが、その前に和睦するよう求めている。氏康は前年に氏真から自身援軍をうけているので、それに応えようとしたのであろう。しかし、実際には出陣しなかった。

氏康・氏政は、正月二十九日に岩付領経略に向けて進軍し、二月に入ると葛西城の攻撃をすすめた＊。そのなかで、三月四日以前に北条方になっていた佐野昌綱《まさつな》（豊綱の子）が上杉政虎に攻撃されたため、氏照が支援のために勝沼領まで出陣した。しかし、上杉軍が退陣したため、氏照も十四日には帰陣した。氏照もこのときには、一軍を率いて軍事行動するようになっていたことがわかる。氏康も河越城から厩橋城に向けて進軍したが、和田川を越えられ

＊『新編埼玉県史資料編9』七二五～六頁

小山秀綱画像◆小山高朝の子。北条氏と上杉謙信の間を巧みに渡り歩き、小山氏存続のために奔走した。天正十年（一五八二）以後は北条氏に帰属し、秀吉の小田原攻めで改易となった　東京大学史料編纂所蔵模写

結城晴朝画像◆茨城県結城市・孝顕寺蔵

ないうちに上杉軍が退陣したため帰陣している。

葛西城の攻撃は続けられていて、三月二十一日に氏康は、江戸衆太田康資《やすすけ》（氏康の養女婿、遠山綱景の娘婿）家臣の本田《ほんだ》に江戸領での所領給与を、二十二日には葛西城を攻略したら葛西領で所領を給与することを約束している。その後の四月十六日には、氏政がそのことをあらためて保証している。北武蔵では天神山衆が上杉方の御嶽領に対していた。四月二日には、まだ小田原在城の乙千代丸は、天神山領の家臣に上杉方が御嶽領に在陣しているかを尋ね、同月十七日に御嶽領への侵攻を命じている。

そうして二十四日、氏康は上杉方に攻略されていた葛西城の奪還に成功した。太田康資の軍勢によるもので、攻略にあたって康資は葛西領を与えられることを要求しており、氏康はそれを承知したものの、実際、葛西領は従来に所領を持っていた遠山綱景らに再給与されたと思われる。しかし、それが太田康資に大きな不満をもたらすことになっていく。八月四日、小田原に在住していた乙千代丸は天神山領の用土業国に書状を出し、一、二日のうちに天神山領に入部するため、小田原を出陣することを伝えている。いよいよ乙千代丸は元服前にもかかわらず、ついに領国に入部することに

石戸城跡と城下の街並み（北から望む）◆白線で囲われた部分が城跡で、西を流れるのが荒川　写真提供：北本市教育委員会

なった。いうまでもなく氏康の指示によるのだろう。氏康は天神山領の確保、敵方の御嶽領などとの抗争にあたり、藤田家当主の乙千代丸を領国に置く必要があると判断したようだ。

次いで、七日までに下野宇都宮広綱・常陸小田氏治を味方につけ、それにともなって氏康に味方していた下総結城晴朝・下野小山秀綱・常陸大掾貞国《さだくに》（慶幹の子）・下野那須資胤が、それまで敵対していた小田氏治と和睦を成立させた。氏康による上杉方勢力の調略が活発にすすめられていた。それをうけ、五日のうちに岩付領に向けて進軍することを表明している。実際の進軍は少し遅れたが、氏康・氏政は九月四日に河越城と岩付領の石戸《いしど》城（埼玉県北本市）に着陣した。石戸城はこのときか、もしくはこれまでに岩付太田家から経略していたと思われる。おそらく、天神山領に入部する乙千代丸も同行していたであろう。乙千代丸は十月十日には同領への入部を遂げ、家臣への所領給与を開始している。氏康は十六日に入間川で岩付太田軍と交戦しており、その後、そのまま松山城攻めに向かった。

十一月になって、氏康はまたも武田信玄との共同作戦をとった。信玄は九日に西上野に出陣してきた。これにあわせて氏康・氏政は十一日に進軍し、松山城を攻撃したが（「武州松山書捨《かきすて》」）、そこに武田軍が合流してきて両軍による攻撃が行われた。攻撃は年を越して行われていく。その間の冬（十月〜十二月）には陸奥白川晴綱・隆綱《たかつな》父子から氏康・氏政に、盟約を結ぶ起請文が送られてきた。これは白川家での代替わりにともなうものと考えられる。

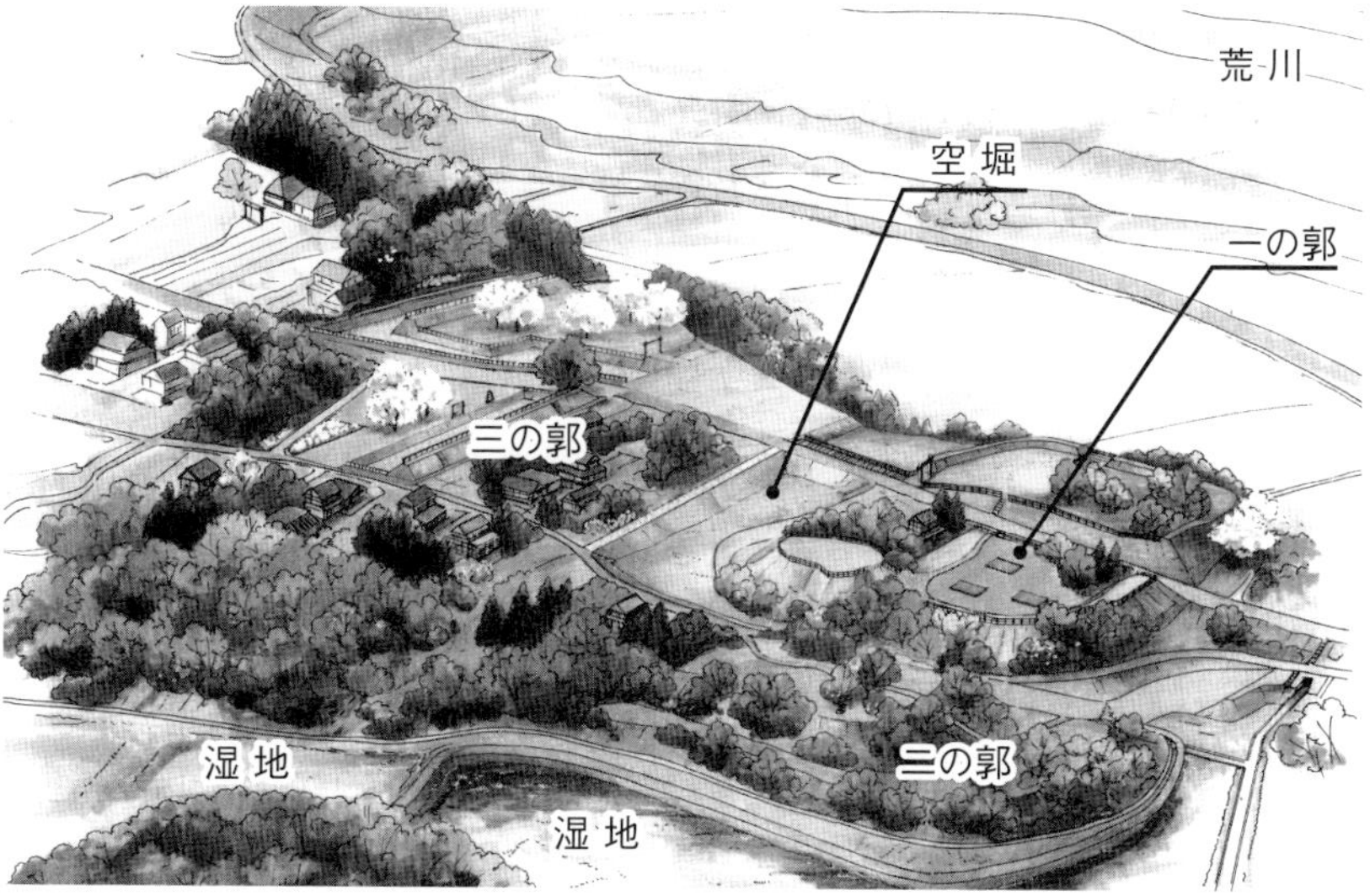

石戸城跡想定鳥瞰図（東から望む）
◆画像提供：北本市教育委員会

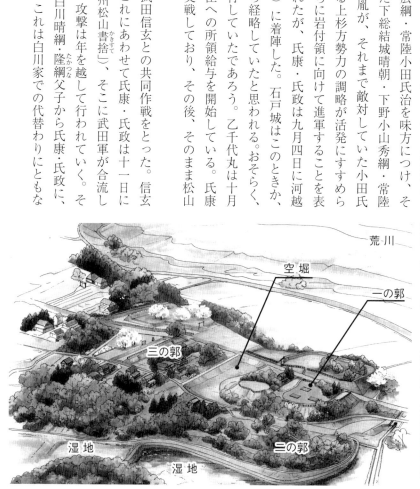

松山城を奪還も、陸奥で「氏康頼もしからず」の評判が立つ

氏康は、武田信玄とともに松山城を攻囲したまま永禄六年（一五六三）を迎えた。正月五日、上野に在陣していた上杉輝虎《てるとら》（前年初め頃に政虎から改名）が松山城救援のため出陣してきて、北条方の武蔵深谷領を攻撃し、次いで六日に武田方になっていた西上野の高山・小幡谷（群馬県甘楽町）を攻撃してきた。二十七日、輝虎は上野館林城（同館林市）に移動し、二十九日には輝虎から岩付への出陣命令をうけていた里見義尭が千葉家領国に侵攻して、北条方の下総小弓原家領の臼井（千葉県佐倉市）に進軍、二月一日には下総小金領の市川《いちかわ》（同市川市）まで進軍してきた。

上杉輝虎と里見義尭の軍勢が迫るなか、氏康は二月四日に松山城の攻略を遂げた。信玄が城方に証人を送り、その仲介によるものであった。輝虎はその直後に岩付領石戸城に着陣した。上杉軍では氏康・信玄との決戦を図ったが、氏康・氏政は松山城から出なかった。それをうけて輝虎は、岩付太田家の本拠・岩付城に移動した。氏康と信玄は、それに向けて陣所を移動させるが会戦には応じなかった。それならばと輝虎は攻撃しようと図ったが、内通者が出て出陣の期日が漏れたためか、氏康と信玄はそれを察知してともに退陣し、氏康は松山城に戻り信玄は帰国した。

これにより上杉軍の若衆は、このまま在陣していては士気が落ちるとして北条方諸城の攻撃を主張し、輝虎は十一日に岩付城から退陣、十七日には北条方になっていた小田伊賀守《いがのかみ》の崎西城《きさい》（埼玉県加須市）を攻撃した。伊賀守は太田資正を通じて輝虎に降伏し、伊賀守の兄で北条方になっていた忍成田長泰も輝虎に従属した。氏康は後詰の軍勢を派遣したが間に合わなかった。氏康は二十一日まで松山城に在城を続けていて、その日に白川晴綱・隆綱父子

上杉謙信十六将図◆個人蔵

に、今後も盟約することを誓約した起請文を送るとともに、小田氏治・那須資胤と連携して上杉方の佐竹義昭への対抗を要請している。

氏康から白川へ起請文が届けられたのは四月のことだが、そのときに芦名盛氏にも起請文が届けられたことが確認できるから、白川の起請文が氏康に届けられた前年冬に芦名からの起請文も届けられていたのだろう。氏康は芦名・白川から、同時に盟約の締結・更新をはたらきかけられ、それをうけたと考えられる。芦名・白川は上杉方の佐竹と抗争しており、それらの対抗関係が氏康と輝虎の抗争に連動する情勢がみられるようになっていた。氏康と輝虎の抗争は、南陸奥の大名・国衆をも巻き込んでいったのである。

氏康が松山城から退陣した時期は不明だが、その後も輝虎は下野・上野に進軍して北条方国衆の攻略をすすめていった。輝虎からの参陣要請をうけていた佐竹義昭は、三月一日には北条方の結城家と小山家の中間地に出陣している。輝虎は同月二十四日までに、利根川を戻って藤岡城の茂呂因幡守、次いで祇園《ぎおん》城（栃木県小山市）の小山秀綱を従属させた。このときには北条方となっていた宇都宮広綱も輝虎に服属し、佐竹とともに小山に着陣している。さらには結城家も輝虎に服属した。

輝虎は、続いて四月七日までに佐野昌綱を攻撃した。そのため氏康は信玄に出陣を要請、信玄もそれをうけて十二日の北信

厩橋（前橋）城跡（空撮）◆平成５年頃。旧県庁舎の左方中央から伸びる松並木の下が前橋城の土塁である　『姿を現した前橋城』（群馬県教育委員会、1995年）より転載

濃への出陣を決めている。佐野は輝虎に従属しなかったが、同族で北条方になっていた桐生佐野直綱《なおつな》は輝虎に従属してしまった。そして二十六日に上野厩橋城、二十八日に沼田城に帰陣、その後に越後に帰国した。信玄は、十日に輝虎が佐野城攻めから退陣したことを聞いて、北信濃への出陣を取りやめている。

氏康は、信玄との共闘で松山城の奪回には成功したが、その後に輝虎から北条方の大名・国衆に対する攻撃をうけ、武蔵忍成田家・崎西小田家、下野藤岡茂呂家・小山家・宇都宮家、下総結城家、上野桐生佐野家が相次いで輝虎に従属してしまった。この輝虎の軍事行動に佐竹家と里見家も応じ、佐竹は祇園城まで参陣し、里見は下総西部まで進軍してきていた。里見軍は輝虎との合流を諦めて三月二十四日には帰国していたが、佐竹家・里見家は輝虎の軍事行動に連携するようになっていた。

氏康は、輝虎が行った味方への攻撃に対して、何ら具体的な支援ができなかった。それについて陸奥では、後詰めを行わなかった氏康は「頼もしくない（氏康頼もしからず）」と噂されていた。すでにそうして状況を察していたのか、氏康は四月中旬に陸奥の芦名家・白川家に対し、これから二十日のうちに氏政とともに結城領に進軍すること、その際には武田信玄・今川氏真にも自身出陣して援軍してもらうことを表明している。敵から攻撃をうけている味方に支援が叶わなければすぐに報復する、それが戦国大名の本分であったことがわかる。

忍城復元模型◆近世期の城郭を再現した模型で本丸は木立に囲まれている。周囲は湿地帯によって守られ難攻不落と言われた状況を物語っている　行田市郷土博物館蔵

国府台で里見義堯・義弘と戦い勝利、房総への反撃開始

しかし、氏康の出陣はすぐにはなかった。永禄六年（一六五三）五月十日、氏康・氏政は連署で、御嶽領の安保晴泰《はるやす》・同泰倫《やすとも》に上野緑埜郡での所領給与を約束している。この地域は、武田信玄との協定で武田家領とすることが取り決められていたが、氏康・氏政は安保家を従属させるにあたって、それらの領有を保証したのであった。安保家はそれらの所領を以前から実効支配していたとみられる。氏康・氏政は安保家の従属実現のため、あえてその維持を保証したのかもしれない。おそらくその後、信玄の了解を取ったことであろう。

氏康は七月二十六日、ようやく下野に向けて出陣し、相模川沿いの大神《おおかみ》（神奈川県平塚市）に着陣した。武田信玄・今川氏真にも自身での援軍を要請していて、氏真は二十四日に駿府を出陣、月末に小田原に着陣し、八月二日に氏康のもとに進軍してきた。しかし、相模川の洪水のため、しばらく進軍できなかった。

信玄は同じ頃、西上野に進軍してきた。その後に氏康と氏真は利根川まで進軍したが、ここでも洪水のために渡河ができず、九月九日まで立ち往生を強いられた。氏康は十月中旬に武田軍とも合流し、利根川を渡河する予定を立てているので、その頃まで在陣したと思われる。しかしその後、氏康らは利根川沿いから退陣して岩付城攻めに転じたようだが、十月二十六日には退陣した。氏康はこの出陣で、明確な戦果をあげることはできなかった。

十二月、武田信玄が上野に進軍すると今度はその援軍として出陣し、九日、氏康は信玄に御嶽城に着陣する予定を伝えている。上杉輝虎は氏康・信玄への対抗のため出陣し、十二月二十一日に三国《みくに》峠手前まで進軍した。信玄が倉賀野城を攻撃し、氏康がこれに合流する情勢に対して、里見義堯に太田資正支援のため武蔵までの出陣を要請した。しかし、里見はすぐ

太田康資木像◆千葉県鴨川市・誕生寺蔵

大神古戦場跡◆享徳の乱や山内上杉・扇谷上杉の戦いなどで戦場となった。永禄四年（一五六一）の長尾景虎の小田原攻めにも景虎勢の脇備がこの地に陣を張っている　神奈川県平塚市

に出陣せず、そのため閏十二月二十七日、輝虎はあらためて里見義堯・義弘《よしひろ》父子に出陣を要請している。里見家はようやく出陣するが、その行き先は輝虎が望んだ武蔵ではなく、葛西城に向けてであった。

氏康は十二月二十日に西上野まで進軍し、武田軍と合流した。そして利根川を渡って東上野に進軍し、閏十二月五日には上杉方の新田領金山《かなやま》城（群馬県太田市）を攻撃した。輝虎は太田資正と成田氏長《うじなが》（長泰の子）に武蔵羽生への進軍を要請するが、両者の出陣はなかったようである。

氏康と信玄は、十一日に金山城攻めのための藤阿古陣（太田市）を引き払い、館林領と下野足利領の間に陣を移した。十九日、輝虎が厩橋城に着陣したことをうけて、氏康は松山城、信玄は西上野に退陣した。両者とも輝虎との正面切っての対戦は避けた。氏康はその後、帰陣したことであろう。

永禄七年（一五六四）正月一日、下総に進軍した里見軍が葛西城を攻撃してきた。そのなかで、上総椎津《しいづ》城・村上城（千葉県市原市）が攻略された。それにあわせるように江戸衆の太田康資が離叛し、里見軍に合流した。氏康は太田康資の家臣に残った家中をまとめさせ、江戸城に御一家衆の康元を派遣して江戸城の防備を固めた。四日、小金領の高城胤辰《たねとき》（胤吉の子）と江戸衆から、里見軍が岩付城に送る兵粮の確保に手間取っており、すぐの出陣を要請されたことに応え、家臣に短期出陣の用意で五日に小田原を出陣することを命じた。

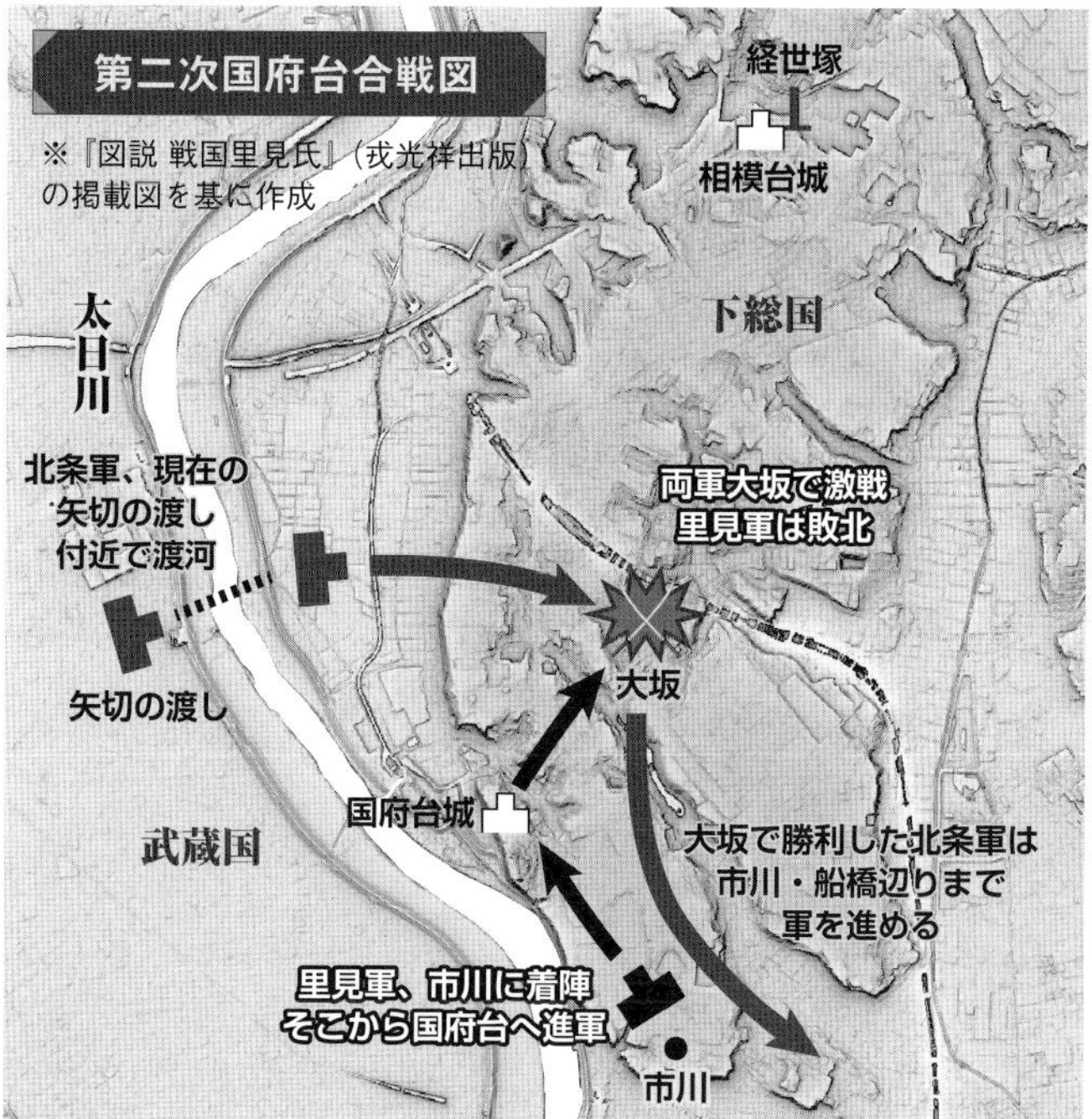

＊『武田氏研究』五七号

氏康・氏政は、七日には江戸城に着陣したとみられる。里見軍は葛西領対岸の市川国府台《こうのだい》（千葉県市川市）に着陣し、そこに岩付太田軍も合流した。里見軍は一旦、後退するが、北条軍先陣の江戸衆遠山綱景・隼人佑父子や富永康景《とみながやすかげ》はそれを後退ととらえて進軍、大井川（江戸川）を越え国府台に上ったところで里見軍の攻撃をうけ、遠山父子と富永は戦死した。遠山綱景は氏康が家督を相続して以来の家老で、このときには最年長の家老に位置していた。その戦死は、氏康に大きな衝撃を与えたことであったろう。

里見軍には氏政の旗本軍が対抗し、押し返した。氏康は陣城《じんじろ》に在陣していて状況が不明だったものの決戦すると決め、後続の軍勢を国府台の下まで進軍させた。そこへ里見軍が対抗してきて、酉《とり》の刻《こく》（午後六時頃）に合戦になった。今度は逆に里見家一門の実房《さねふさ》や家老の正木信茂《のぶしげ》らを戦死させる大勝利をあげ、里見軍らは退陣した（第二次国府台合戦）。それにより、椎津城なども帰属した。

氏康・氏政はそのまま市川・船橋（千葉県船橋市）まで進軍し、二月九日に江戸城へ帰陣した。*五月七日、上総土気領の酒井胤治・政茂《まさしげ》父子が離叛して里見方になると、十六日までに、逆に里見方であった上総東金領の酒井胤敏《たねとし》が従属してきた。またその日、里見軍とともに敗走していた太田資正が、土気酒井家の尽力によって岩付城に帰還した。六月二十七日までに下総香取領に在陣していた、里見家家老で上総勝浦領の正木時忠《ときただ》を従属させた。氏康は合戦での勝利を機に、里見家への攻勢を本格的に強めていくのであった。

太田氏資銅像（右）と墓碑（左）
◆太田道灌の系譜を継ぐ太田資正の嫡子。関東管領上杉憲政の麾下であった父資正と弟政景を常陸へ逐い、自らが岩付城主となって北条氏の麾下となる。その後、三船山合戦で討ち死にした　さいたま市岩槻区・芳林寺

下総関宿城攻め、上総・安房への派兵、そして最後の出陣

永禄七年（一五六四）七月中旬、足利義氏が鎌倉に居所を移してきた。義氏は関宿城からの退去後、しばらく小金城に居住していたが、永禄五年五月に佐貫城に移住していた。佐貫城は同七年正月には里見家に攻略されていたとみられるので、義氏は同城から退去してどこかに居住していたのだろうが、ここに武家政権の聖都である鎌倉を本拠にした。以後は「鎌倉様」と称された。

同月二十三日、太田資正の嫡男の氏資（氏康の娘婿）は、資正が里見方と相談のため出城した隙をついて資正を追放し、岩付太田家の当主となるクーデターを起こし北条家に従属してきた。従属は氏康の調略によるらしく、氏康は松山領を与える約束をしたようだが実現しなかった。これにより、氏康は岩付領を味方に付けることに成功し、武蔵での勢力回復を大きくすすめている。そのうえで、二十七日には氏政が正木時忠を支援するため東上総に進軍した。この頃から、北条軍の行動は当主である氏政が総大将を務めるようになってきた。北条軍は里見方である上総万喜領の土岐《とき》為頼《ためより》を攻撃、次いで西上総に転進して佐貫城を攻撃、さらに安房に玉縄北条康成が進軍した。氏政は八月十六日までに帰陣した。その間の八月四日までに、将軍足利義輝は上杉輝虎に氏康との和睦を要請した。これは輝虎からの要請であったらしく、輝虎は氏康にも使者派遣を求めるが、足利義輝はそのためには氏康との停戦を要求している。結局、氏康のもとに和睦要請の使者が派遣されることはなかった。

この年の二月、天神山領の乙千代丸が元服し、実名氏邦を名乗って*、六月から独自の朱印を捺した朱印状の発給を開始している。元服は前年のことであったろう。その六月には、四男氏規が独自の朱印を捺した朱印状の発給を開始している。氏規は同五年六月まで駿府に居

◆太田資正の墓（右）と片野城跡（左）　片野城は太田資正の居城である　茨城県石岡市

＊『戦国史研究』八四号

住していたが、この間に小田原に帰還して北条家御一家衆として存在するようになっていた。帰還の理由は不明だが、妻の関口家の家付き娘が死去するなどのことがあったためではなかろうか。小田原に帰還した氏規に対して、氏康は為昌の遺領を継承させ、玉縄北条綱成の娘と婚約させた。そうして氏規は、綱成から三浦郡の支配権を、氏康から三浦衆の支配権を継承し、三浦郡を領国として三崎城主となった。氏康の子どもたちが、一人前になって北条家の領国統治を分担するようになってきた。

永禄八年二月十二日、氏政は土気酒井家攻略のため、同家本拠の土気城（千葉市緑区）を攻めたが、十二日・十三日の合戦で先陣の小弓原家・東金酒井家は撃退された。同時に西上総にも進軍していたらしいが、具体的な状況は判明していない。同月に上杉方の成田家が、北条方の深谷上杉家の本拠深谷城を攻撃してきて、氏康は戦功をあげた深谷上杉家家臣に感状を出している。

氏政が上総から帰陣してすぐに、氏康・氏政は三月二日から、古河公方足利家の家老簗田持助の本拠である関宿城を攻撃した。岩付太田氏資が先陣を務め城下まで進軍したが、翌日に撃退された。九日に再び岩付領から進軍したが、大井川沿いの親井《おやのい》（千葉県野田市）で迎撃された。この敗北をうけてか、太田資

「増訂 伊豆七島全図」（部分）◆江戸期の房総半島や江戸周辺、三浦半島の地名・港湾・海程などが描かれている　個人蔵

正が五月七日に岩付城乗っ取りを謀ってきたが失敗している（「長楽寺永禄日記《ちょうらくじえいろくにっき》」）。同月十七日には、成田氏長が北条家に従属を申し出て、北条家は従属が確定したら忍領に進軍するとした。しかし、従属のための条件が合意しなかったのか実現していない。

逆に、深谷上杉憲盛《のりもり》（憲賢の子）は北条家に忍領攻撃を要請したとみられ、八月十七日から氏康・氏政は忍領攻撃を開始した。その日、天神山城の氏邦は、鉢形《はちがた》村関山《せきやま》（埼玉県寄居町）に進軍して深谷上杉家と談合した。二十四日に氏康は鉢形に着陣した。世間ではこれを、信濃での武田家と上杉家の抗争に、武田家支援のため御嶽城に進軍するとみる向きもあったが、実際は忍領攻撃のためで、二十八日に忍領市田《いちだ》（同熊谷市）に進軍した（「長楽寺永禄日記」）。

氏康はその直前まで関宿城攻めもすすめていたらしいが、失敗したため忍領攻めに転進して、九月六日までに忍城と忍領久下《くげ》（熊谷市）の間の清水に在陣したといい、あるいは同日に深谷領御正《みしょう》（熊谷市）に在陣したともいわれている（「長楽寺永禄日記」）。複数の軍事行動が行われていたのかもしれない。七日、上杉方の新田領横瀬家が成田家支援のため利根川沿いの高林《たかばやし》（群馬県太田市）まで進軍、九日に矢島に在陣した。十五日、北条軍は御正から忍領に進軍、十六日から忍城を攻撃するが無理攻めはせず、その後は忍領内を転々と移動している（「長楽寺永禄日記」）。そして氏康は十月には帰陣したとみられる。これが結果として、氏康にとって最後の出陣となった。

土気城跡の土塁（上）と土気酒井氏の墳墓（下）◆一説では、酒井定隆は京都から関東に下り、古河公方足利成氏に仕えたとされる。その後、土気古城を再興してこの地に拠り、定隆・貞治・玄治・胤治・康治の五代（歴代については諸説ある）の本拠として機能した。現在は土塁の一部と空堀、郭を分ける切通しなどが往時を伝える。また、近くの酒井氏墳墓には土気城主五代を含む大小二〇基の古墳が遺されている　千葉市緑区

V 無双の名将、世を去る
永禄九年(1566)〜元亀二年(1571)

出陣の停止と「武栄」朱印状を活用した領国統治

永禄九年（一五六六）三月、上杉輝虎が北条方の下総小金城と臼井城を攻撃してきたため、それへの後詰めとして氏康は氏政とともに出陣する予定であったらしい。しかし、二十三日の臼井城攻めで上杉軍が大敗し、後退した。氏政は戦後処理のため出陣したらしいが、氏康が出陣することはなかった。氏政が出陣中の留守の五月十五日、氏康は自らの朱印として「武栄《ぶえい》」朱印を作成し、それを捺した朱印状の発給を開始している。

それは伊豆狩野牧郷（静岡県伊豆市）に宛てた、この年の正木棟別銭という役銭の納入を命令する「配符《はいふ》」（納税通知書）として出したものである。本来は虎朱印状で出されるべきものだが、虎朱印は当主が携行していて小田原になかったため、氏康が自身の朱印で代わって出したのであった。そうして同月二十二日まで、氏康は虎朱印状に代替して「武栄」朱印状で領国統治を行っている。ところが、六月以降も氏康は「武栄」朱印状で領国統治を行い続けている。もはや虎朱印の代替として出してはいない。その後、氏康は死去する五ヶ月前の元亀二年（一五七一）五月まで、「武栄」朱印状で領国統治を行っていくのである。

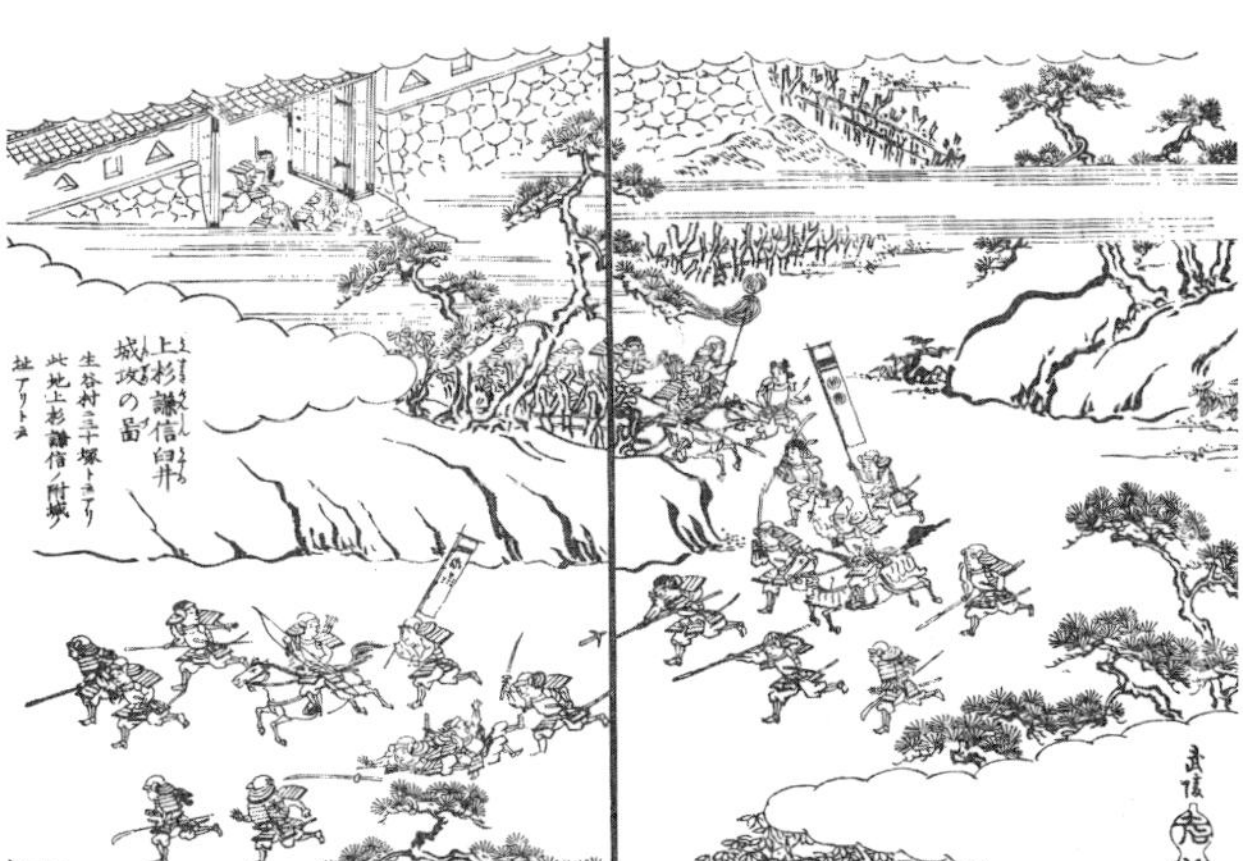

＊山口博『北条氏康と東国の戦国世界』
上杉謙信臼井城攻めの図◆「利根川図志」より

氏康が「武栄」朱印状で行った領国統治の内容は、伊豆から武蔵南部（小机領・小山田庄）を対象に、すなわち北条家の本国の大部分を対象に領民への租税賦課・徴収とそれに関わる支配制度の整備、氏政の出陣中での戦陣への物資補給などに関わるものにあたっている。*氏康は領民への租税賦課・徴収に関わる制度改革を、氏政に家督を譲った直後の永禄三年から継続して行っていた。そのなかで特筆されるものに、同年、租税の未進分は債務化し、あわせて租税は村落から直接に納入させる方式をとる。また、村落側の納入責任者として村落有力住民を「名主」に任命し、対する徴収側の責任者として村落ないし近隣の有力住民を「小代官」に任命した。それぞれ納入と徴収の責任を担わせる村役人制を構築したこと、同七年から撰銭対策のため租税の納入方法について、精銭《せいせん》が準備できない場合に米・麦などの現物納を容認し、そのため貫高と現物との換算数値を規定する「納法」を制定したこと、あわせて公定升《こうています》を制定し量制を統一したこと、などがある。

氏政が当主になってからも、氏康はそれらの内容の管轄を続け、虎朱印状で制度改革をすすめていた。そして「武栄」朱印状を創出してからは、もはや虎朱印状ではなく「武栄」朱印状で統治を行っていくのであった。氏康が、永禄三年から領民支配の制度改革をすすめたのは、大飢饉のなかでさらに上杉輝虎という他国の戦国大名と全面戦争が開始されたことに関わる。大飢饉を克服し、大規模化した戦争に堪えうる村落の租税負担能力の維持という矛盾する事態を両立させるためであった。氏康は、それを死去する直前まで取り組み続けていくのであった。

こうして氏康は、永禄九年五月以降、出陣をしなくなり、領国統治に専念するようになった。それにあわせるかのように、同年五月晦日までに相模守に遷任し、左京大夫の官途名を氏政に譲っている。氏康が左京大夫であったのが確認される最後は前年三月のことで、任官

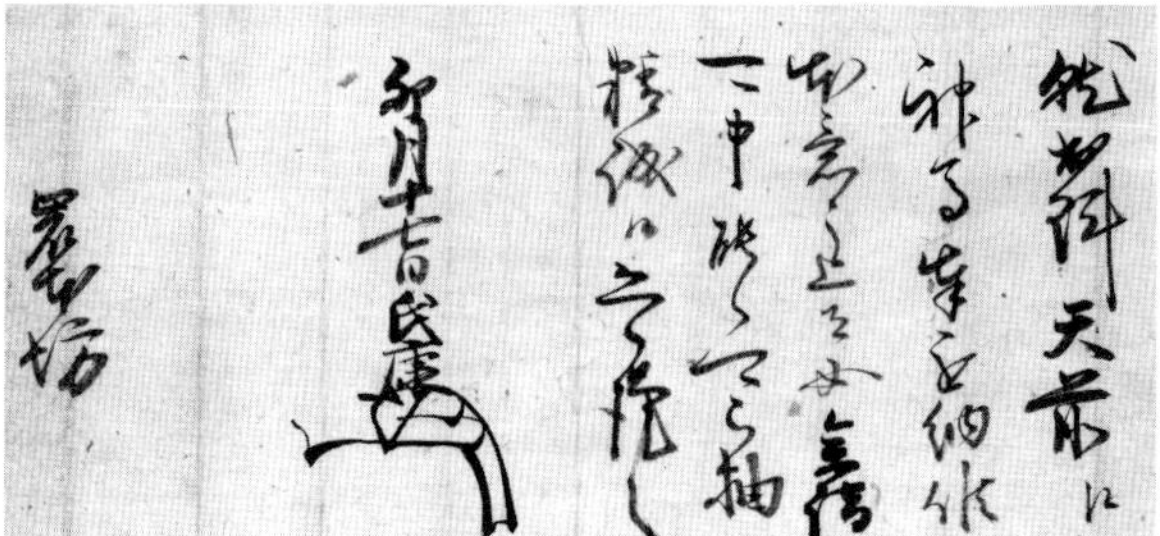

北条氏康書状◆江島弁才天への神馬奉納を、江島神社本宮別当の岩本坊へ伝えている。氏康は相模国の有力寺社を積極的に保護した　岩本院文書　藤沢市文書館寄託

時期は正確には判明しない。北条家当主が相模守を称すのは、氏康が最初の事例である。父氏綱が北条苗字に改称したのは、鎌倉時代に相模守を歴任していた執権北条氏に擬えてのことであった。ここに氏康は同官を称することで、氏綱による北条苗字改称の意図を完成させたのであった。

氏康はまた、他国の大名・国衆との軍事・外交についても、永禄三年以降も管轄し続けていた。本来なら、氏政に家督を譲った時点で、それらも移行するつもりであったらしいが、直後の上杉輝虎という大敵の侵攻があったため、「氏政若輩の間、了簡《りょうけん》無く、国家の意見を成した」のであった。ただそれらについては、永禄四年以降、順次、氏政の管轄に移行されていった。同六年には氏政は国衆への所領給与に、氏康との連署というかたちで関与するようになり、同年のうちには単独で行い、氏政の専管事項に移管されている。軍事行動でも、同七年七月の上総進軍から、氏政単独で行うようになっている。他国の大名との外交も、同九年三月に武田信玄に宛てた書状から、氏政単独で行われるようになっている。

永禄九年三月には、氏政が北条家の軍事・外交についても主宰していった。氏康が直後に、「武栄」朱印状による領国統治に専念するようになったのも、それをうけてのことといえるであろう。国衆への起請文も、同九年九月に横瀬成繁・国繁《くにしげ》父子に氏政と連署して出しているのが最後で、書状すら、それ以降は相手から通信されたものに返事を出す程度である。氏康はそうして、他大名や国衆との外交や軍事行動について、すべて氏政に任せていった。

「武栄」朱印

官途・受領名関係図

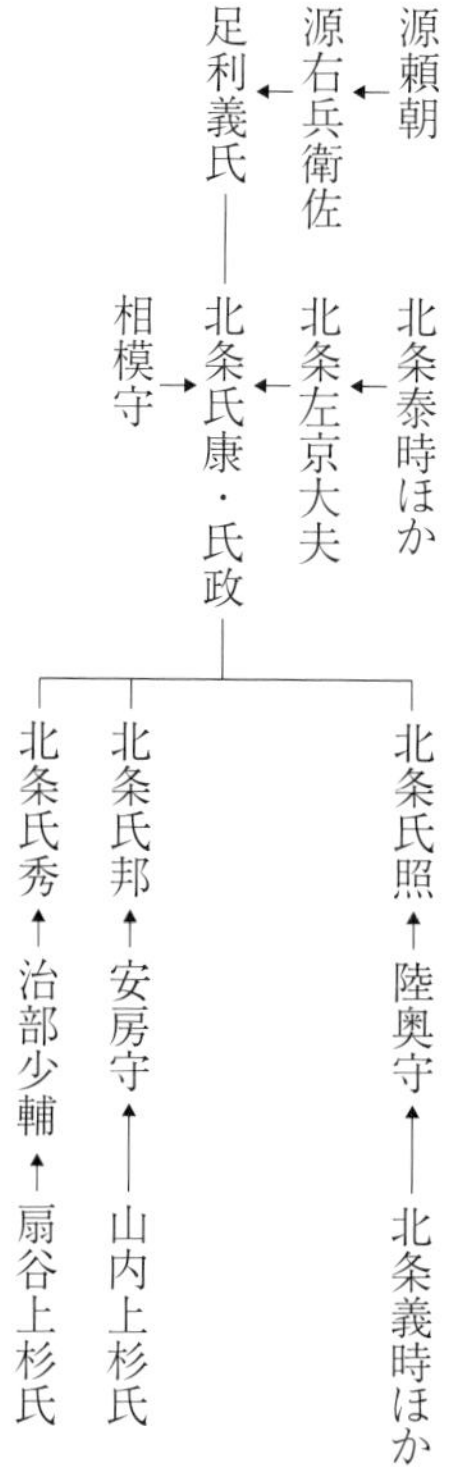

官途・受領名関係図◆長塚孝「戦国武将の官途・受領名―古河公方足利氏と後北条氏を事例として―」（黒田基樹編著『北条氏康』戎光祥出版、二〇一八年、初出一九八八年）を一部改変　北条氏康・氏政といった北条家当主、氏照・氏邦・氏秀らの兄弟、また古河公方の官途や受領は支配の正当性を主張する意味もあって、前代の権力者を意識したものとなっている。詳細は長塚論文を参照

輝虎の関東経略の失敗、動揺する駿甲相三国同盟

氏康は、永禄九年（一五六六）には、領国統治のほとんどを氏政に委ねるようになっていた。そのとき、氏康は五二歳、氏政は家督を継いでから七年で二八歳になっていた。この年齢は氏康が家督を継いだ年齢とほとんど変わらない。氏康は氏政の政治的成長をうけて、そのように対応したのだろう。その後の氏康は、先に述べたように北条家本国における領民への租税の賦課・徴収に関わる内容について管轄を続けた。ただ、それ以外にも氏康が最後まで管轄を続けた内容に、京都政界との外交と子どもたちに関わる事柄があった。

同年二月、将軍候補の足利義秋《よしあき》（のち義昭、義輝の弟）は、上杉輝虎に上洛支援をさせようとして輝虎からの要請をうけてであろう、氏康・氏政に輝虎と和睦を命じる御内書を出してきた。氏康・氏政がどう対応したのかは判明しないが、おそらく了承する旨を返事し、その際に武田信玄を加えた「三和」とすることを要請したとみられる。それをうけて、義秋から再び輝虎との和睦を要請する御内書が出されて、それへの返事を氏政が八月二十五日付で出している。義秋は信玄を加えた「三和」を了解したことを伝えてきたようで、氏政はそれをうけて信玄にも要請するよう求めている。しかし、このときの交渉はその後はみられない。ここでの返事も現在は氏政からのものしか残らないが、同時に氏康も出したことだろう。

その間の同年六月三日、三浦衆の山本正直《やまもとまさなお》に江戸湾での里見方との海戦で挙げた戦功に感状を出している。これはそれまで氏康が三浦衆の軍事指揮を担っていたことによるが、同時に氏規からも同様の感状が出されているので、実際には三浦衆への軍事指揮は氏規に担われるようになっていた。氏康がこれ以降、三浦郡支配に関わることはなくなっている。

同年八月二十日、氏康は古河公方足利家の直臣で医者の豊前山城守に、「彼の病」が治療

足利義昭画像◆「古画類聚」東京国立博物館蔵

栗橋城跡◆古河公方足利氏の重臣・野田氏の城　茨城県五霞町

により快復したことについて大喜びし、「東国において御名誉」と最大限に賞賛している。病気だったのが誰か判明しないが、氏康がこれだけ喜んでいるのをみると、あるいは妻の瑞渓院殿かもしれない。同年九月二日には、京都の医者の半井光成《みつなり》が小田原から無事に京都に帰還したとの連絡に返事しているなかで、足利義秋から上洛にあたっての供奉の催促があったのかを尋ねている。数日前に義秋方に返事したばかりであったから、その後の義秋方の動静を気にしていたことがうかがえる。

氏康が出陣しなくなって以降、関東の政治情勢には大きな変化がみられた。永禄九年三月の輝虎の臼井城攻め失敗により、輝虎の権威は大きく揺らいだ。その結果、同年五月から翌十年五月にかけて、上杉方であった大名・国衆が相次いで北条家に従属してきた。武蔵では成田家、上野では由良《ゆら》（もと横瀬）家・館林長尾家・富岡家、下野では小山家・宇都宮家・皆川家、下総では結城家・簗田家・栗橋野田家、常陸では小田家であった。輝虎の重臣で上野厩橋領・大胡《おおご》領の毛利《もうり》北条《きたじょう》高広《たかひろ》も従属した。常陸佐竹家も同十年正月に盟約を結んだ。同年十月、輝虎は佐竹家・宇都宮家との盟約を復活させ、佐野領維持のため同領に進軍してくるも果たせず、在城衆を引き上げて佐野領を佐野昌綱に返還した。そのうえで佐野家は北条家に従属した。同族の桐生佐野家も北条家に従属したとみられる。

武田家も同十年五月までに、西上野の全域と北上野のうち白井領を経略した。結果、輝虎の関東での勢力は上野沼田領とその近辺のみに縮小し、味方勢力も佐竹家・宇都宮家・里見家だけになった。同十一年八月には簗田家が北条家から離叛して上杉方になっているが、同年に輝虎の関東出陣はみられず、輝虎の関東経略は完全に頓挫した。そ

北条氏康の妻・瑞渓院が帰依した善栄寺とその墓◆神奈川県小田原市市・善栄寺境内

佐野昌綱画像◆北条氏や上杉謙信と何度も激戦を繰り広げた　栃木県佐野市・大庵寺蔵

して北条家は、関東大名・国衆のほとんどを従属させ、西上野は武田家領国として確立し、佐竹・宇都宮・里見家らだけが北条家に対抗するという情勢になった。

その一方で、変化がみられたのは駿甲相三国同盟のほうであった。永禄十年八月、今川氏真は甲斐への塩留《しおどめ》を行った。同年十月、信玄の嫡男であったが謀叛事件により幽閉されていた義信が死去した。病死であったが、世間では信玄の命令による自害とうけとめられたらしい。氏真はそれに反応して、義信妻の嶺寒院殿の駿河帰国を信玄に申し入れた。信玄は今川家との同盟解消につながるために拒否したが、氏真の要請をうけて氏康・氏政が仲介に入り、十一月頃に信玄と氏真で同盟を継続する旨を誓約した起請文を交換することで嶺寒院殿の帰国に合意した。そして同十一年二月、嶺寒院殿は北条家の差配により伊豆を経由して駿河に帰国した。

ところが今川氏真は、その十一月に上杉輝虎から同盟を申し入れられ、十二月にそれに応じる返答をした。氏真に武田家との同盟を継続する意思はなかったとみられる。こうして長く東国の政治状況を規定していた駿甲相三国同盟は、にわかに綻び始めた。

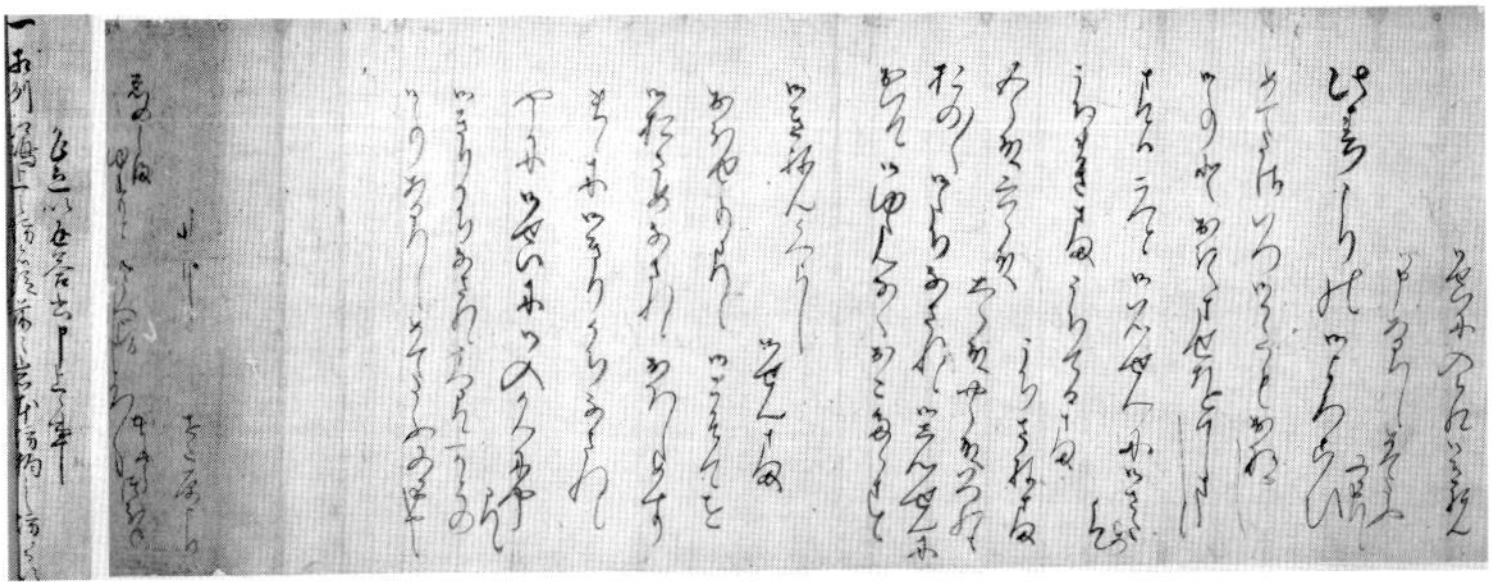

北条氏康室局の書状◆氏康の室瑞渓院殿の意を奉じて出されたもの　岩本院文書　藤沢市文書館寄託

三国同盟崩壊と今川氏真の焦燥、越相同盟交渉が始まる

永禄十一年（一五六八）三月に、将軍候補の足利義秋は上杉輝虎に御内書を出して、越・甲・相三和について武田家・北条家にも御内書を出したところ、両家から承知する旨の返事があったことを伝え、すぐの上洛を要請している。「三和」については、すでに述べたように氏康・氏政からの提案であり、前々年八月に氏政は義秋方に武田家にも要請することを求めていた。このことから、その間に義秋はあらためて北条家に、そして武田家に「三和」を要請する御内書を出してきたことがわかる。時期は判明しないが、前年のことであったろう。両家はともに承知の旨の返事をしたことが知られる。これをうけて義秋は、輝虎に上洛を要請したのであった。

輝虎と同盟交渉を行っていた今川氏真は、四月に越・相・甲三和がすすめられていることを聞いて、その中人《ちゅうにん》（仲介者）になることを輝虎方に申し入れている。信玄との決裂を想定して輝虎と同盟締結をすすめていた氏真にとって、輝虎と信玄が和睦すれば信玄と決裂した場合に孤立する懸念があった。それを回避すべく中人を務め、駿甲相の三国同盟を連動させることで、自家の存立の維持を図ったといえるだろう。

しかし、輝虎は上洛しなかった。そのため、足利義秋は尾張の織田信長（信秀の子）を頼ることとした。信玄も義秋を支援する立場にあったため、七月にそれにともない信玄と織田信長との間で婚姻関係を予定した同盟が形成された。そして九月、信長の支援で義秋は上洛を果たし、これによって越・甲・相三和の構想は瓦解した。氏真と信玄の間は、すでに四月には断交必至の状況で、十一月三日には両国の通路も封鎖され、事実上の敵対関係になっていた。そして同月二十五日、氏真は輝虎に同盟締結の起請文を送り、信玄との断交に踏み切っ

上洛当時、織田信長の居城であった岐阜城◆手前は長良川　岐阜市

織田信長画像◆東京大学史料編纂所蔵模写

た。

その状況から、信玄は十二月六日、駿甲相三国同盟を破棄し今川家領国の駿河への侵攻を開始した。侵攻にあたり、信玄は氏康・氏政に味方になることを誘ってきた。そこでは氏真が輝虎と示し合わせ、信玄を滅亡させようとする企てが歴然のため駿河に侵攻した、とその理由を説明してきた。しかし、氏康・氏政はただちに氏真を支援し、信玄と抗争することを決断した。信玄の行為を「領国を望むだけの行為」とみなした。そもそも氏康・氏政は、前年に氏真と信玄の同盟継続において中人を務めていた。にもかかわらず、信玄はそれを無視して中人の北条家に断りもなく一方的に同盟を破棄しており、それは中人の面目を潰す行為であった。面目を潰されたら、潰した側に報復するのが常道であった。氏康・氏政はそれに従ったといえる。

氏康・氏政はすぐに援軍を駿河に派遣し、十四日には先陣が河東を通過して駿河蒲原城に入城している。氏政も十二日に小田原を出陣し、伊豆に進軍した。それに先だって、上杉輝虎と里見義弘に和睦を申し入れることにしたと考えられる。輝虎に対しては、五男氏邦が指南を務める上野由良家を通じ上杉方への接触を図った。当初、接触は難航したが、十七日には外交回路が開かれて、氏康の側近家臣・遠山康英が上杉方最前線の沼田城に派遣された。輝虎や里見家との具体的な交渉は、氏政が出陣のため小田原城に在城する氏康が担った。しかし独断ではなく、常に戦陣の氏政に確認をとりつつすすめていくのである。

上杉家との交渉は由良家を通じてすすめられ、指南を務める氏邦が外交での取次を務めることになった。ただし当初、由良家の交渉ルートが開始されなかったことをうけて、元上杉家重臣の厩橋毛利北条家の指南を務める三男氏照が、十九日に自身の判断という体裁をとって上杉家への通信を図っている。そこで氏照は信玄の行為について、氏真が輝虎に内通した

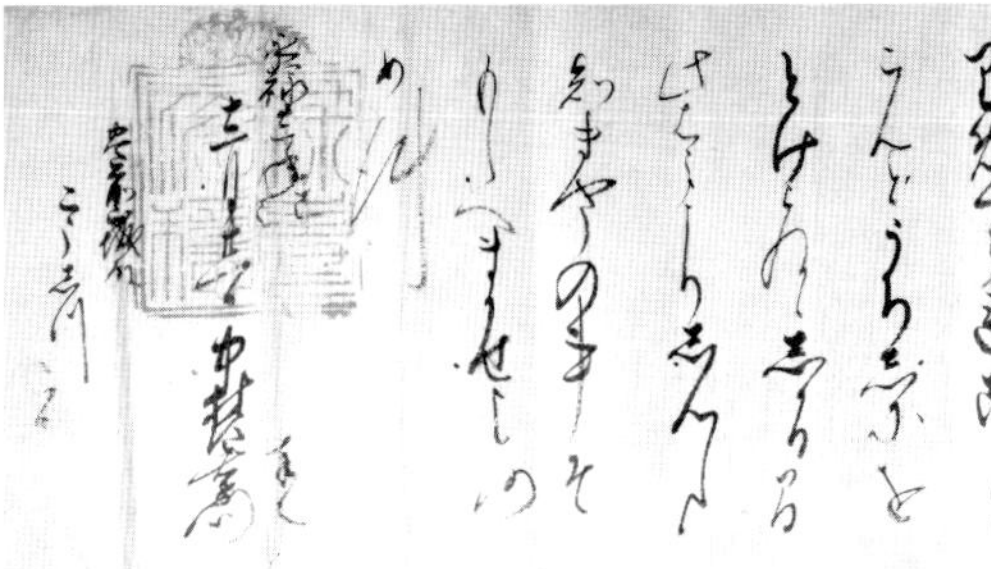

永禄十二年十二月二十八日付け北条家朱印状◆三増峠の戦いで討ち死にした豊前山城守の後室に宛てて出されている　豊前氏古文書　神奈川県立公文書館蔵

左頁：今川氏真（右）と早川殿（左：氏康の娘）の墓◆東京都杉並区・観泉寺

のだから氏真の滅亡は仕方ない旨を述べている。北条家のなかには、信玄を擁護する意見もあったことがうかがえる。

しかし、北条家の意志としては氏真支援で決められた。さらに氏政が出陣した直後の十三日、駿府は信玄に攻略されるが、その際、氏真の妻である早川殿は輿を用意する暇もなかったため、徒《かち》で逃避する事態であった。このことを聞いた氏康は、娘に身分相応の行動をとらせなかったとして、「この恥辱、雪《そそ》ぎ難し」と激しく怒った。氏康にとって中人の面目を潰されたこと、娘に恥をかかせたことで信玄の行為を決して容赦できなかったといえる。

氏邦と由良家から上杉家への同盟の申し入れに対して、永禄十二年（一五六九）正月二日までに上杉方から交渉開始に同意し、それにあたって三ヶ条の条件が示された。氏康は上杉方の取次窓口であった沼田三人衆（松《まつ》本景繁《もとかげしげ》・河田重親《かわだしげちか》・上野家成《うえのいえなり》）に、基本的に受け容れる内意を示した。そのうえで、本来は当主の氏政から返答すべきであったためだろう、自分が小田原城に在城しているので、まずは自分から返答したと述べている。こうして、上杉家との同盟交渉が開始された。

武田信玄銅像◆JR 甲府駅南口　甲府市

越相同盟が成立、信玄の小田原攻めと三増峠の戦い

上杉家との同盟交渉は氏康が下交渉し、その内容について戦陣の氏政から了解をとるというかたちですすめられた。上杉方から示された三ヶ条の内容は明確でないが、その後の経緯からみて、①関東管領職の譲渡、②領土の協定、③氏政は輝虎に同陣すること、と推定される。その契約の証拠として、起請文の交換、北条家子息を輝虎の養子にする縁組みがあげられたと考えられる。永禄十二年（一五六九）二月六日には、氏康・氏政の起請文と北条家からの条件を列記した条目が作成され、氏康はそれを由良家や上杉家家臣に伝えた。起請文には取次にあたっていた氏照・氏邦が連署した書状も副えられるはずであったが、それぞれ別に在陣（氏照は下総、氏邦は駿河）していたため、すぐに用意されず、それが小田原に到着したのは十三日であった。

氏康・氏政の起請文は使者によって沼田城にもたらされ、二月下旬には松本景繁によって上杉輝虎に届けられた。上杉方からは、起請文が到着すれば武田家領国に出陣するとの連絡が届いた。これをうけて氏康は、三月三日に輝虎とその家臣に氏照・氏邦連署状を送付するとともに、上杉方から氏照と氏邦の両者が別ルートで取次しており、それについて不審が示されたことに対し、今後は氏照も由良家の取次ルートに加わることを伝えている。

四月下旬、北条家・上杉家双方の家臣が由良家本拠の金山城で会談し、同盟条件について摺り合わせを行った。上杉家から提示された三ヶ条のうち、①③は北条家が承認し、②は細

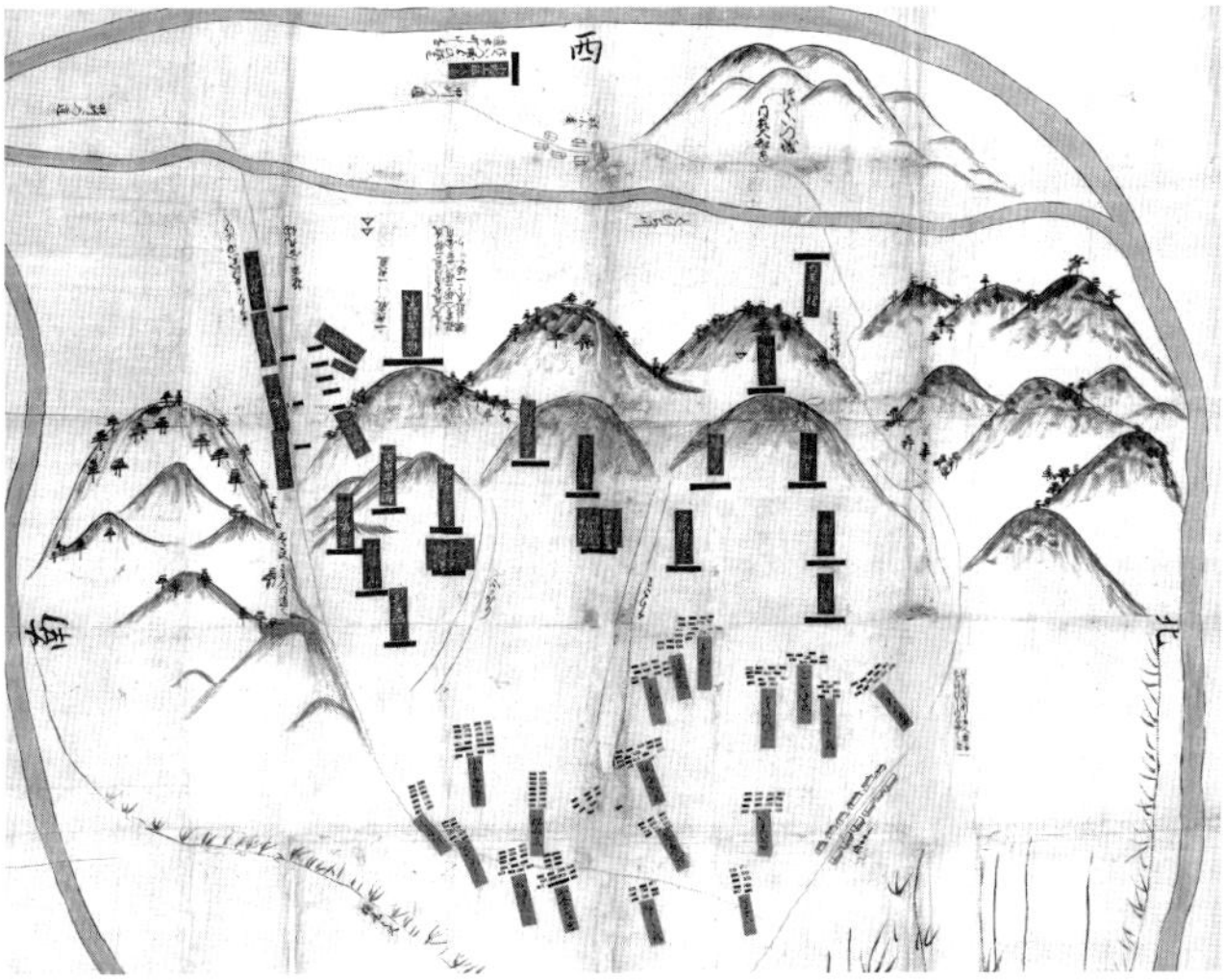

三増峠合戦図◆山岳地帯に展開する濃色の短冊が武田勢で、武田典厩・四郎勝頼、原・甘利・山県・小山田・土屋などの名前が見える。一方で下部の北条方は氏照・氏邦などの名前が見えず、河越衆・松山衆などと記されている。これは本図が武田側の絵師によって描かれたためであろう　個人蔵

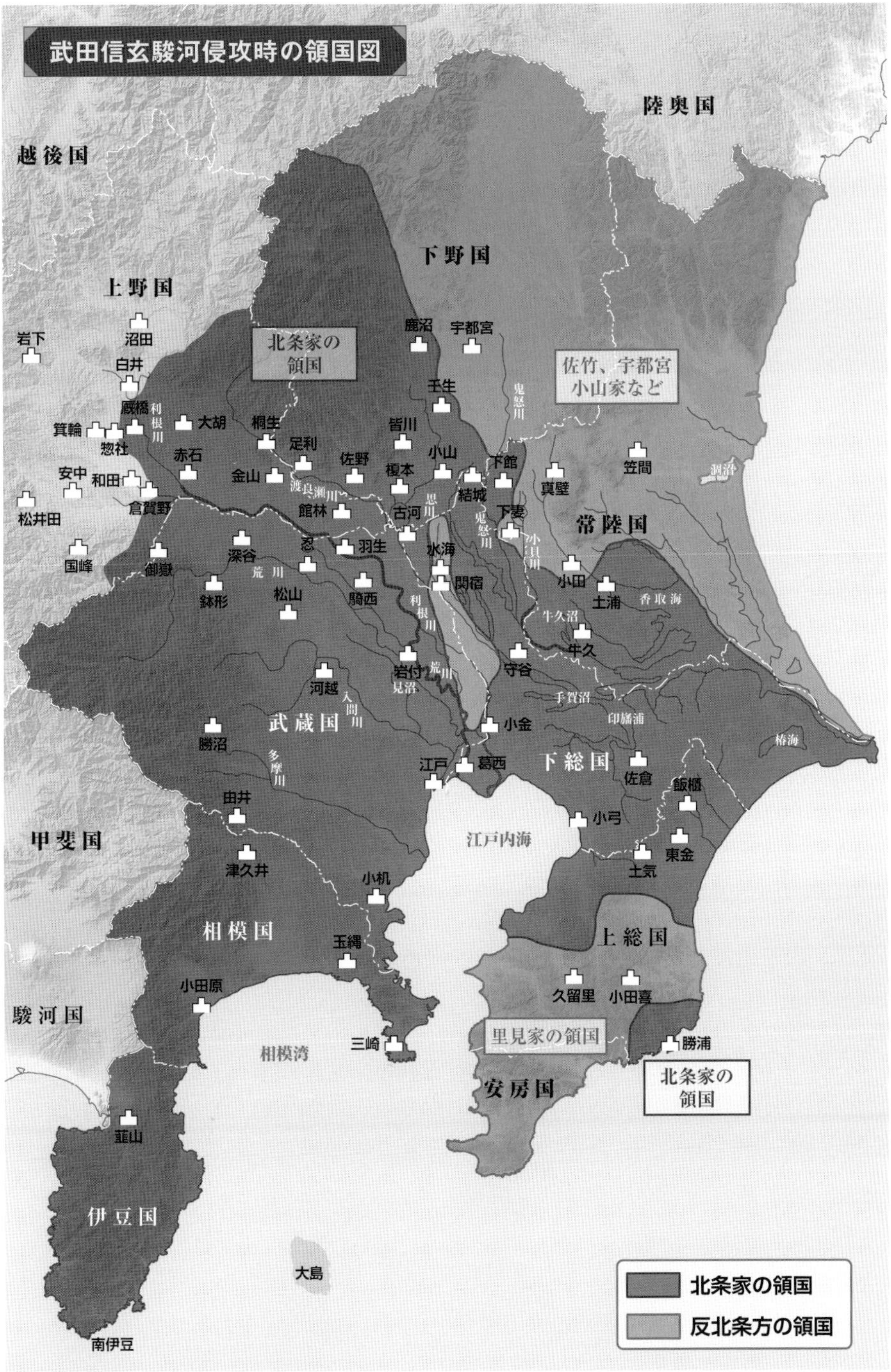
武田信玄駿河侵攻時の領国図
陸奥国
越後国
下野国
上野国
北条家の領国
佐竹、宇都宮
小山家など
岩下
沼田
白井
厩橋
利根川
大胡
桐生
箕輪
惣社
赤石
足利
佐野
皆川
小山
安中
和田
金山
榎本
結城
下館
真壁
笠間
倉賀野
渡良瀬川
思川
鬼怒川
松井田
館林
古河
下妻
常陸国
涸沼
深谷
忍
羽生
水海
小貝川
国峰
御嶽
荒川
関宿
小田
土浦
香取海
鉢形
松山
騎西
利根川
牛久沼
牛久
岩付
荒川
守谷
河越
見沼
手賀沼
入間川
印旛浦
武蔵国
小金
椿海
勝沼
多摩川
江戸
葛西
下総国
佐倉
飯櫃
由井
小弓
甲斐国
江戸内海
東金
津久井
土気
小机
相模国
上総国
玉縄
小田原
久留里
小田喜
駿河国
里見家の領国
三崎
相模湾
勝浦
安房国
北条家の
領国
韮山
伊豆国
大島
北条家の領国
反北条方の領国
南伊豆

部で合意できず引き続き交渉が続けられていくが、大筋では合意が成立した。そのため両家は起請文交換の段取りに入り、あわせて北条方と上杉方の停戦が成立し、関宿城攻めを行っていた氏照は退陣した。

五月九日、今川氏真が在城していた遠江懸川《かけがわ》城（静岡県掛川市）について、三河の徳川家康との間で和睦が成立して同城は開城、氏真とその家族は北条方に引き取られた。その後、氏真と早川殿は駿河大平城（同沼津市）に在城し、翌元亀元年（一五七〇）四月、早川殿は出産のためか小田原城近くの早川に移住し、やがて氏真も同地に移住してくる。それら氏真・早川殿の処遇については、実父の氏康が管轄していった。

永禄十二年閏五月初め、輝虎から氏康・氏政に宛てた起請文が北条方の使者の眼前で作成され、使者はそれを携えて月末に小田原に帰着、それをうけて氏康・氏政は六月九日、輝虎に宛てた起請文を上杉家の使者の眼前で作成した。同時に御一家衆の氏照・康成も起請文を作成している。このとき、氏康・氏政は輝虎との養子縁組に関し、氏政次男の国増丸《くにますまる》（のち太田源五郎）をあてることを申し入れた。しかし、これは氏康の右筆《ゆうひつ》（書記官）が執筆したものである。氏政はいまだ伊豆三島に在陣していたが、氏康・氏政の連署の場合、永禄九年以降はすべて氏政の右筆で執筆されていたから、これは異例である。のちに氏政はこれを反故にすることからすると、同盟成立を優先して氏康が勝手に取り決めたと思われる。

氏康・氏政らの起請文が輝虎に届けられたことで、ついに越相《えっそう》同盟が成立した。これによって上杉方との抗争も停止された。氏康はこの年正月二十日に里見家にも同盟を打診したが、すぐに里見家から拒否された。その後、里見家は下総の千葉家領国への侵攻を展開し、その

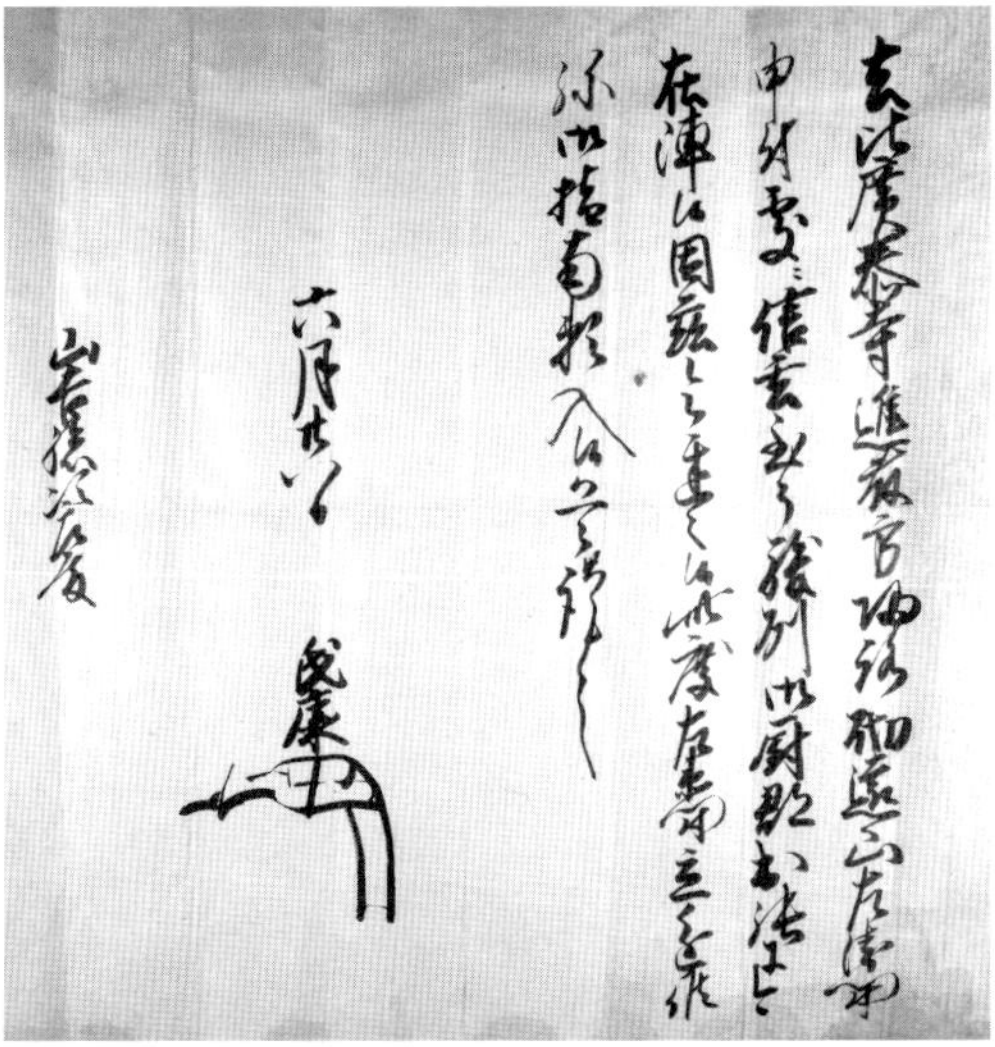

永禄十二年六月二十八日付け北条氏康書状◆氏康が上杉輝虎の家臣である山吉豊守に宛てたもの　山吉家文書　神奈川県立公文書館蔵

うえで武田信玄と同盟を成立させた。さらに佐竹・宇都宮・結城家らも信玄と盟約した。また、信玄は将軍足利義昭・織田信長を通じて輝虎との和睦を図った（甲越和与）。輝虎は七月末頃に和睦を受諾し、信玄と輝虎との間では停戦が成立した。これにより、輝虎は北条家への支援を行わなかった。対する北条家も、領土割譲と養子縁組をすすめなかった。そうしたなかで九月、信玄が武蔵・相模に進軍して二十七日には小田原城にまで迫ってきた。しかし、信玄は十月四日に相模津久井領に向けて退陣した。五日、武田軍を追撃してきた氏照・氏邦らは、三増《みませ》峠（神奈川県愛川町）で待ち構えた。氏政も小田原を出陣して追撃した。そのため六日早朝、信玄は三増峠布陣の北条軍を突破して、甲斐に帰国した（三増峠合戦）。これについて氏康は、本軍が一日遅れたため信玄を取り逃がした、と悔しがっている。

北条家と上杉家は、双方にとって同盟の実効性がみられないことから、十月に氏康・氏政から、十一月に輝虎からあらためて起請文が作成され、交換された。これにより両家の関係は回復し、同月下旬、輝虎は関東に出陣してきた。ところが、北条家を支援するのでなく輝虎に従属の態度をとらなかった下野佐野家を攻撃した。佐野在陣の輝虎との間で、養子縁組についての協議がすすめられていった。

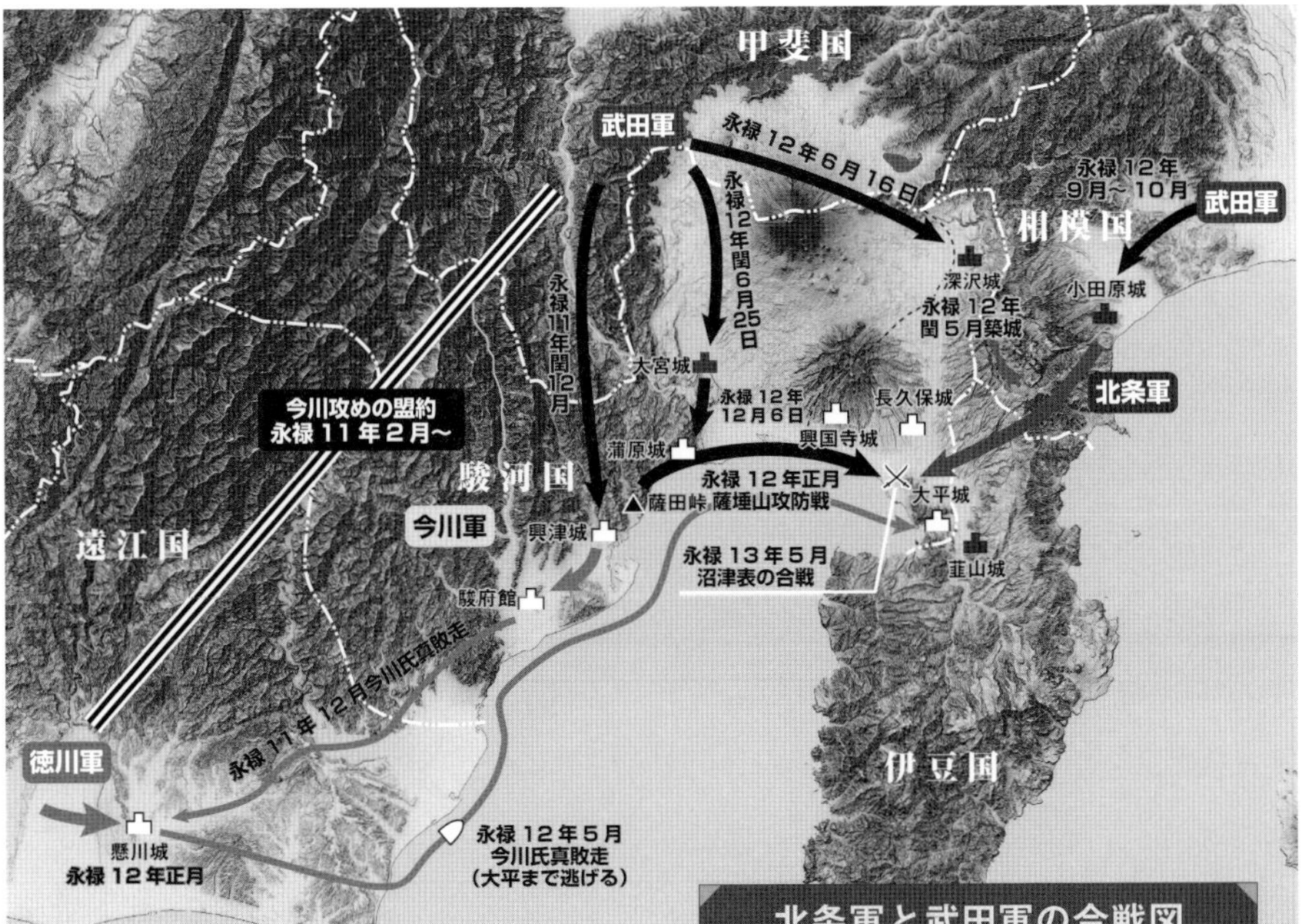

北条軍と武田軍の合戦図

氏康の重態、そして死去

元亀元年（一五七〇）二月、氏政の次男である国増丸に代えて、氏康六男の三郎（のち上杉景虎）を輝虎の養子とすることになった。三郎は前年末、久野北条宗哲の婿養子になっていたが、それを破棄しての決定であった。そして二月十八日、氏康・氏政はあらためて輝虎に起請文を提出、さらに三月に入って両者の間で起請文が交換された。

そのうえで三郎は上杉家のもとに赴き、四月十日に沼田城に着城、翌日に輝虎に対面し、十八日に春日山《かすがやま》城（新潟県上越市）に帰国、二十五日に養子縁組の祝言が行われた。三郎は輝虎から初名を与えられて、「上杉三郎景虎」を名乗った。これによって、北条家と上杉家は姻戚関係をともなう攻守軍事同盟を成立させることになった。にもかかわらず、氏政と輝虎の同陣の問題が解決されないため同盟はなかなか実効されなかった。それでも両者は、同盟の維持に努めて交渉を続けた。

ところが八月六日、氏康が病気で倒れてしまい、しかもかなりの重態になってしまった。ちょうど、上杉家から交渉の使者が小田原を訪れていたが、氏康が病気のためまったく交渉ができなかった。氏康の状態は子供の見分けもつかず、食事も食べたい物を指すだけで、まったく話せない状態であったという。すでに五六歳、越相同盟の交渉と武田家との抗争に心身ともに疲弊した結果のように思われる。

もっとも氏康はすぐに快復したとみられ、八月二十六日から「武栄」朱印状の発給を再開している。十二月十八日には花押を据えた書状を出して、今川氏真家臣の岡部《おかべ》大和守と諸足

上杉謙信の居城・春日山城◆北条氏康の六男・三郎は元亀元年、謙信との養子縁組の成立によって景虎と名乗り春日山城へ入城した。写真は近年復元された総構　新潟県上越市

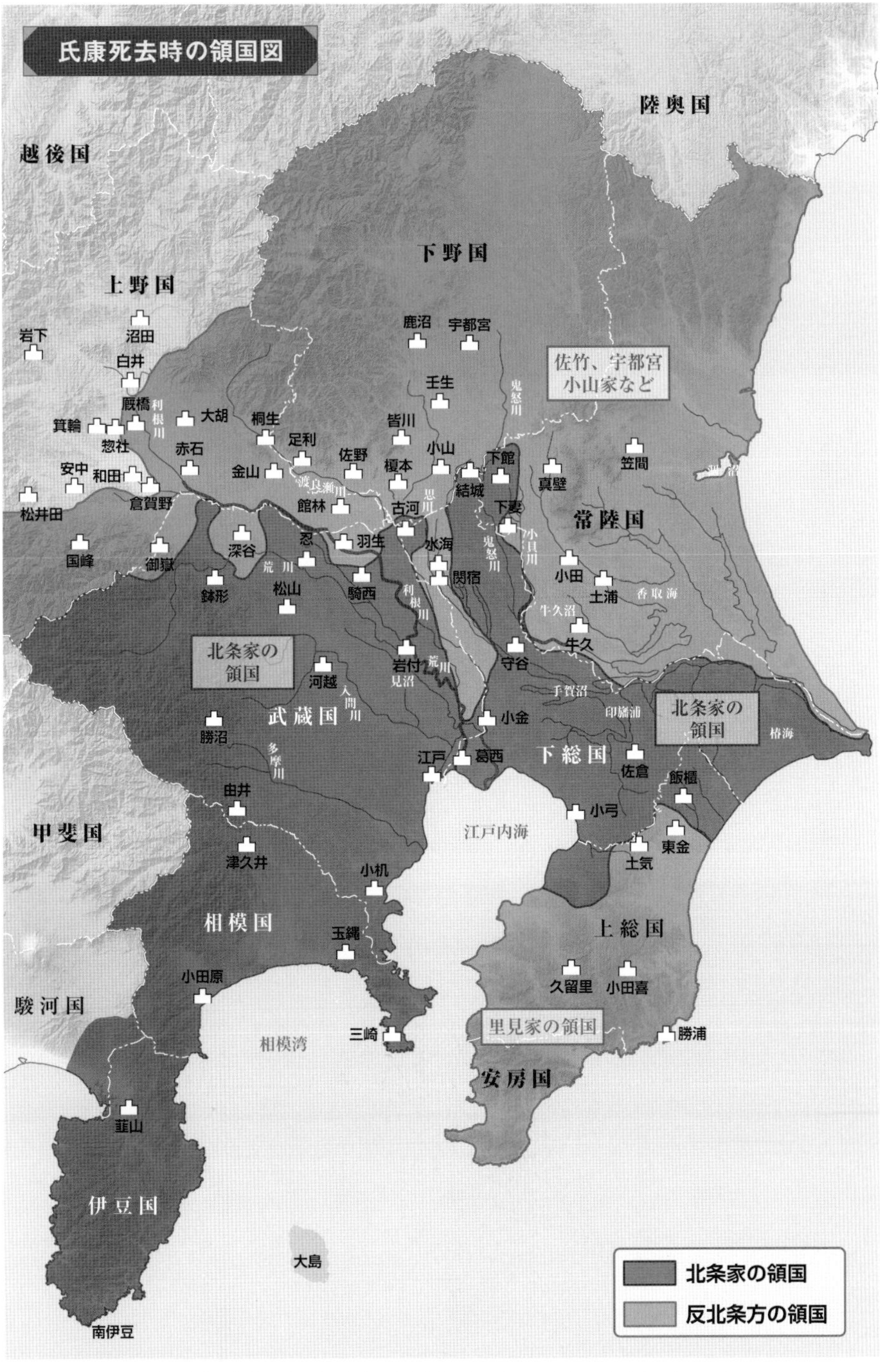
氏康死去時の領国図
陸奥国
越後国
下野国
上野国
鹿沼
宇都宮
佐竹、宇都宮
小山家など
岩下
沼田
白井
壬生
鬼怒川
厩橋
利根川
大胡
桐生
皆川
箕輪
惣社
赤石
足利
小山
佐野
下館
笠間
安中
和田
金山
榎本
結城
真壁
松井田
倉賀野
渡良瀬川
館林
古河
思川
下妻
常陸国
国峰
深谷
忍
羽生
水海
小貝川
御嶽
荒川
鬼怒川
鉢形
松山
騎西
関宿
小田
土浦
香取海
利根川
牛久沼
北条家の
領国
牛久
岩付
荒川
守谷
河越
見沼
入間川
手賀沼
北条家の
領国
武蔵国
小金
印旛沼
椿海
勝沼
江戸
葛西
下総国
佐倉
多摩川
飯櫃
由井
小弓
甲斐国
江戸内海
東金
津久井
土気
小机
相模国
上総国
玉縄
小田原
久留里
小田喜
駿河国
里見家の領国
勝浦
三崎
相模湾
安房国
韮山
伊豆国
大島
南伊豆
北条家の領国
反北条方の領国

軽衆の大藤秀信に軍事行動について指示しているので、このときには完全に快復していたとみられる。なお、今川家家臣に軍事的に指示しているのは、今川家家臣は氏康が管轄していたためであった。

しかし、元亀二年（一五七一）四月に氏康は再び体調を崩したように思われる。四月十五日に上杉謙信（前年に出家）に宛てた条書には、花押を据えず、個人使用印の「機」朱印を花押代用印として捺している。謙信から、北条家が武田家と同盟を復活させるという風聞を問い質してきたことに対し、それを否定し、七月に援軍としての出陣を要請している。同日に氏政も謙信に書状を出しているが、武田家との再同盟に関しては触れず、援軍を要請するだけの簡略なものであった。

それに比べて氏康は、謙信から伝えられたことに対して逐一返答していて誠実さを示している。北条家の意向としては、武田家との再同盟に傾くようになっていたのだろう。しかし氏康は、実子景虎の存在もあり、謙信との同盟関係が継続しているうちはていねいな応対を心がけていたように思われる。

氏康の政治行動は、五月十六日に「武栄」朱印状を出したのを最後に、その後は確認できなくなる。再び病気が悪化したのであろう。七月には重態になり、四男の氏規は小田原城に詰めるほどであった。八月には、それまで「武栄」朱印状で出されていた配符が虎朱印状で出されるようになっており、もはや快復は見込めない状態になったとみられる。そうして十月三日、ついに死去した。五七歳であった。葬儀は二日後の五日に行われ、御一家衆はいうまでもなく家老衆の面々は嘆息し、その死を悼み、それは父母との別れ以上のものであったという（「異本小田原記」）。

法名は大聖寺《だいしょうじ》殿《でん》東陽宗岱《とうようそうだい》大居士《だいこじ》と諡《おくりな》され、菩提寺として北条家の菩提寺・早雲寺（神

北条五代の墓◆五基のうち中央が氏康の墓塔。寛文十三年（一六七二）、氏康の子氏規の子孫である狭山藩主北条氏治によって建立された　神奈川県箱根町・早雲寺境内

奈川県箱根町）の塔頭《たっちゅう》として大聖院が建立された。十一月二十日には、氏照が高野山に氏康の供養を依頼し、あわせて氏康妻の瑞渓院殿、氏康五女の古河公方足利義氏妻（浄光院殿）の逆修《ぎゃくしゅう》供養を行っている。ちなみに、足利義氏は前年六月に鎌倉から古河城に入部していた。上杉方からも古河公方足利家の当主として承認され、本拠も古河城にすることが取り決められたことによる。おそらく、その入部にあわせて浄光院殿は義氏と結婚したとみられる。瑞渓院殿の実子ではなかったが、瑞渓院殿とともに逆修していることから、それと養子縁組して嫡出子になっていたと推定される。そして、彼女によって古河城下にも供養寺として大聖院が建立されたという（「異本小田原記」）。

ここに戦国稀代の名将の一人といってよい、北条氏康は死去した。氏康は生前から文武両道に秀で、領国統治に優れた「今代天下無双の覇主」と賞賛されていた。北条家を主題とする軍記史料「異本小田原記」でも、「一生を通じて仁義正しく、慈悲も深く、諸芸に達者で、和歌も三条西《さんじょうにし》家の弟子になっていて、関東では無双の存在であった、領国を安全に統治したため、従う武士は吹く風が草木を靡《なび》かせるようであった。生涯で三六回の合戦に勝利し、一度も敵に「揚巻《あげまき》」（鎧の背に付けた飾り紐）を見せなかった、日本広しといっても古今に例のない名将だった」と評されている。氏康の魅力を余すことなく記した的確な表現といえるのではないだろうか。

北条氏康画像◆狩野派の絵師によって十六世紀に描かれたと考えられている。氏康の風貌を伝える絵画資料として貴重である　神奈川県箱根町・早雲寺蔵

【主要参考文献】

浅倉直美『後北条領国の地域的展開〈戦国史研究叢書2〉』（岩田書院、一九九七年）
同『小田原北条氏一門と家臣〈中世史研究叢書37〉』（岩田書院、二〇二三年）
同編『北条氏邦と猪俣邦憲〈論集戦国大名と国衆3〉』（岩田書院、二〇一〇年）
同『玉縄北条氏〈論集戦国大名と国衆9〉』（岩田書院、二〇一二年）
同『北条氏照〈シリーズ・中世関東武士の研究31〉』（戎光祥出版、二〇二一年）
荒川善夫『戦国期北関東の地域権力〈戦国史研究叢書3〉』（岩田書院、一九九七年）
池享・矢田俊文編『増補改訂版　上杉氏年表　為景・謙信・景勝』（高志書院、二〇一三年）
今福　匡『図説 上杉謙信』（戎光祥出版、二〇二二年）
大石泰史編『今川氏年表　氏親・氏輝・義元・氏真』（高志書院、二〇一七年）
小田原城天守閣編『没後四五〇年　北条氏康伝』（小田原城天守閣、二〇二一年）
黒田基樹『太田道灌と扇谷上杉氏〈岩田選書・地域の中世1〉』（岩田書院、二〇〇四年）
同『戦国の房総と北条氏〈岩田選書・地域の中世4〉』（岩田書院、二〇〇八年）
同『古河公方と北条氏〈岩田選書・地域の中世12〉』（岩田書院、二〇一二年）
同『戦国期山内上杉氏の研究〈中世史研究叢書24〉』（岩田書院、二〇一三年）
同『北条氏康の妻　瑞渓院〈中世から近世へ〉』（平凡社、二〇一七年）
同『関東戦国史〈角川ソフィア文庫〉』（KADOKAWA、二〇一七年）
同『戦国大名の危機管理〈角川ソフィア文庫〉』（KADOKAWA、二〇一七年）
同『北条氏政〈ミネルヴァ日本評伝選179〉』（ミネルヴァ書房、二〇一八年）
同『戦国大名・伊勢宗瑞〈角川選書624〉』（KADOKAWA、二〇一九年）
同『北条氏綱〈ミネルヴァ日本評伝選209〉』（ミネルヴァ書房、二〇二〇年）
同『戦国北条家の判子行政〈平凡社新書958〉』（平凡社、二〇二〇年）
同『戦国期関東動乱と大名・国衆〈戎光祥研究叢書18〉』（戎光祥出版、二〇二〇年）

同　『戦国関東覇権史　北条氏康の家臣団〈角川ソフィア文庫〉』（KADOKAWA、二〇二一年）
同　『今川のおんな家長　寿桂尼〈中世から近世へ〉』（平凡社、二〇二一年）
同　『戦国「おんな家長」の群像』（笠間書院、二〇二一年）
同　『武田信玄の妻、三条殿』（東京堂出版、二〇二二年）
同　『家康の正妻　築山殿〈平凡社新書1014〉』（平凡社、二〇二二年）
同　『徳川家康と今川氏真〈朝日選書1033〉』（朝日新聞出版、二〇二三年）
同　『増補改訂　戦国北条家一族事典』（戎光祥出版、二〇二三年）
同　『「おんな家長」芳春院殿』（平凡社、二〇二四年）
同　編　『武蔵大石氏〈論集戦国大名と国衆1〉』（岩田書院、二〇一〇年）
同　『武蔵三田氏〈論集戦国大名と国衆4〉』（岩田書院、二〇一〇年）
同　『武蔵成田氏〈論集戦国大名と国衆7〉』（岩田書院、二〇一二年）
同　『北条氏年表　宗瑞・氏綱・氏康・氏政・氏直』（高志書院、二〇一三年）
同　『岩付太田氏〈論集戦国大名と国衆12〉』（岩田書院、二〇一三年）
同　『武蔵上田氏〈論集戦国大名と国衆15〉』（岩田書院、二〇一四年）
同　『北条氏綱〈シリーズ・中世関東武士の研究21〉』（戎光祥出版、二〇一六年）
同　『北条氏康〈シリーズ・中世関東武士の研究23〉』（戎光祥出版、二〇一八年）
同　『北条氏政〈シリーズ・中世関東武士の研究24〉』（戎光祥出版、二〇一九年）
同　『今川義元とその時代〈戦国大名の新研究1〉』（戎光祥出版、二〇一九年）
同　『北条氏康とその時代〈戦国大名の新研究2〉』（戎光祥出版、二〇二一年）
同　『足利高基・晴氏〈シリーズ古河公方の新研究2〉』（戎光祥出版、二〇二三年）
黒田基樹・浅倉直美編　『北条氏邦と武蔵藤田氏〈論集戦国大名と国衆2〉』（岩田書院、二〇一〇年）
同　『北条氏康の子供たち』（宮帯出版社、二〇一五年）
佐々木建策　『戦国期小田原の城と城下町〈山川歴史モノグラフ43〉』（山川出版社、二〇二三年）

同　『戦国期小田原城の正体〈歴史文化ライブラリー584〉』（吉川弘文館、二〇二四年）
滝川恒昭『里見義堯〈人物叢書314〉』（吉川弘文館、二〇二二年）
滝川恒昭・細田大樹編著『図説 戦国里見氏』（戎光祥出版、二〇二二年）
竹井英文『杉山城問題と戦国期東国城郭〈戎光祥城郭叢書3〉』（戎光祥出版、二〇二三年）
武田氏研究会編『武田氏年表 信虎・信玄・勝頼』（高志書院、二〇一〇年）
平山　優『戦史ドキュメント　川中島の戦い　上下〈学研M文庫〉』（学習研究社、二〇〇二年）
同　『図説 武田信玄』（戎光祥出版、二〇二二年）
森　幸夫『小田原北条氏権力の諸相〈日本史史料研究会研究選書5〉』（日本史史料研究会、二〇一二年）
山口　博『北条氏康と東国の戦国世界〈小田原ライブラリー13〉』（夢工房、二〇〇四年）
同　『戦国大名北条氏文書の研究〈戦国史研究叢書4〉』（岩田書院、二〇〇七年）

【著者略歴】

黒田基樹（くろだ・もとき）

1965年生まれ。

早稲田大学教育学部卒。駒沢大学大学院博士後期課程満期退学。

博士（日本史学、駒沢大学）。現在、駿河台大学教授。

著書に、『増補改訂 戦国北条家一族事典』『図説 戦国北条氏と合戦』『太田道灌と長尾景春』『増補改訂 戦国大名と外様国衆』『戦国期関東動乱と大名・国衆』（いずれも戎光祥出版）、『戦国期山内上杉氏の研究』（岩田書院）、『増補 戦国大名』『北条氏康の妻 瑞渓院』（平凡社）、『戦国大名・伊勢宗瑞』（KADOKAWA）、『北条氏綱』『北条氏政』（ミネルヴァ書房）ほか多数。

編著に、『北条氏政』『北条氏直』『山内上杉氏』『鎌倉府発給文書の研究』『今川義元とその時代』『北条氏康とその時代』（いずれも戎光祥出版）ほか多数。

図説《ずせつ》 北条氏康《ほうじょううじやす》　クロニクルでたどる〝天下無双《てんかむそう》の覇主《はしゅ》〟

2024年7月1日　初版初刷発行

著　者　黒田基樹
発行者　伊藤光祥
発行所　戎光祥出版株式会社
〒102-0083 東京都千代田区麹町1－7 相互半蔵門ビル8F
TEL：03-5275-3361（代表）　FAX：03-5275-3365
https://www.ebisukosyo.co.jp
制作協力　株式会社イズシエ・コーポレーション
印刷・製本　株式会社シナノパブリッシングプレス
装　　丁　川本 要

ISBN：978-4-86403-535-4